安徽大学区域经济与产业发展研究丛书

高 铁 建 设
与中国区域经济发展研究

李 彦 ◎著

Research on High-Speed Railway
Construction and Regional Economic
Development in China

中国财经出版传媒集团

经济科学出版社
Economic Science Press

·北京·

图书在版编目（CIP）数据

高铁建设与中国区域经济发展研究/李彦著 . −−北
京：经济科学出版社，2024.3
（安徽大学区域经济与产业发展研究丛书）
ISBN 978 − 7 − 5218 − 5643 − 9

Ⅰ.①高…　Ⅱ.①李…　Ⅲ.①高速铁路 − 影响 − 区域
经济发展 − 研究 − 中国　Ⅳ.①F127

中国国家版本馆 CIP 数据核字（2024）第 048131 号

责任编辑：刘　丽
责任校对：王京宁
责任印制：范　艳

高铁建设与中国区域经济发展研究
GAOTIE JIANSHE YU ZHONGGUO QUYU JINGJI FAZHAN YANJIU
李　彦　著
经济科学出版社出版、发行　新华书店经销
社址：北京市海淀区阜成路甲 28 号　邮编：100142
总编部电话：010 − 88191217　发行部电话：010 − 88191522
网址：www. esp. com. cn
电子邮箱：esp@ esp. com. cn
天猫网店：经济科学出版社旗舰店
网址：http：//jjkxcbs. tmall. com
北京季蜂印刷有限公司印装
710 × 1000　16 开　17.5 印张　270000 字
2024 年 3 月第 1 版　2024 年 3 月第 1 次印刷
ISBN 978 − 7 − 5218 − 5643 − 9　定价：88.00 元
（图书出现印装问题，本社负责调换。电话：010 − 88191545）
（版权所有　侵权必究　打击盗版　举报热线：010 − 88191661
QQ：2242791300　营销中心电话：010 − 88191537
电子邮箱：dbts@ esp. com. cn）

目 录

第 1 章　绪　　论

1.1　研　究　背　景

新发展格局下，高铁建设作为中国大基建工程中的一张"亮丽名片"，对于区域经济发展产生了重要影响（Chen & Haynes，2017；徐厚广，2017；覃成林和黄龙杰，2018）。中国高铁为什么会受到如此高的关注，会成为中国的名片呢？它对中国的区域经济发展又产生了什么样的影响呢？对此，佩尔和戈茨（Perl & Goetz，2014）总结了近50年以来，亚洲和欧洲各国在高铁建设领域的三种模式，他们认为相比于日本通道式的高铁线路、欧盟的跨国界混合网络式高速铁路，以中国和西班牙为代表的综合网络式的高速铁路建设模式不仅最大限度地将国内的主要城市联系在一起，而且取得的经济效益十分显著。事实上，交通方式的改善能够有效地降低运输成本，进而促进经济要素的集聚或扩散，作为现代客运技术发展的一项重要成就，高速铁路的开通和运营对于区域经济发展和要素集聚格局也产生了深远的影响。

交通运输网络的扩张是中国区域经济增长的主要引擎（Zhang，2008；唐可月和姜昱汐，2021）。改革开放四十多年以来，中国经济的快速增长不仅伴随着GDP的增长，而且伴随着交通网络的快速发展。中国高铁（HSR）系统的发展规模是迄今为止世界上前所未见的。自2003年以来，该网络以前所未有的速度建设。经过十多年的稳定投资和建设，中国高铁客运系统的主干线路"八纵八横"已经建成。国家铁路局数据显示，截至2022年底，这个庞大的高铁客运交通体系，已涵盖超过 4 万公里的总运营线路和 800 多个建成的高铁车站，被认为是全球交通基础设施建设的奇迹。该系统覆盖 28 个省级以上的区域，连接 28 个以上的省会城市，每个城市人口超过 500 万。至此，人们乘火车旅行的时间已大大缩短，例如，现在从北京乘坐高铁至香港仅需不到 9 小时。新的高铁系统的建立不仅重塑了中国人对铁路旅行的印象，也从根本上促进了区域经济活动的开展。多年来，中国的长途铁路旅行被认为是一种可怕的经历，尤其是在旅游旺季。以前，在这些高峰期，一节最多能容纳 120 人的普通车厢通常会塞 250 多人，还有他们的行李，一趟需要 15 小时左右的旅行通常要花费 45 小时，出于安全考虑，列车的速度被降低了。自从高铁开通以来，所有这些铁路旅行经历都发生了根本性的变化。

值得注意的是，高铁的发展不仅重塑了人们对时间和距离的观念，而且为区域经济活动的顺利开展提供了极大的便利。2020 年 1 月中下旬，为了更好地控制新冠疫情的蔓延，协调统筹医护资源，许多省市开始对湖北省尤其是武汉市开展"对口支援"工作。其中，高铁运输发挥出了举足轻重的作用。在高铁的新时代，医护人员从相距 1070 公里的广州出发，坐高铁到武汉只要不到 5 小时，而以正常速度行驶的火车至少需要 8 小时。

高铁服务通过扩大铁路基础设施的运输能力，能够为恢复区域经济活动提供强有力的支持。事实上，高铁建设的大规模投资和运营，不仅缩短了人们的旅行时间，而且促进了沿线城市间资源要素的流动和配置。因此，本书试图在理论分析和实证检验的基础上，基于要素流动视角，就高铁建设与中国区域经济发展之间的关系进行深入的研究，从而为新时代构建现代交通运输体系、促进区域经济高质量发展提供相应的对策建议和实践方向。

1.2　研究目的及意义

1.2.1　研究目的

本书研究目的可以归纳为以下三点。

（1）以集聚经济理论、复杂网络理论等理论为基础，对它们在交通网络、城市经济等研究领域中的应用进行深入的探讨和分析，并通过梳理有关高铁建设与区域经济发展之间的研究动态，总结不足，提出建议。

（2）以高铁建设作为研究对象，将其划分为高铁开通、高铁服务供给和交通可达性三个方面，接着以"要素流动"为切入点，深入分析高铁建设对区域经济发展的影响以及其中的作用机制。

（3）借助于高铁建设影响区域经济发展的分析框架，结合当前中国区域经济研究领域最关心的现实问题，系统地开展一系列的实证研究。具体来说，在特定区域研究层面，我们关注到长三角经济一体化、粤港澳大湾区经济增长差异等问题；在城市群研究层面，我们关注到城市群经济集聚演化、城市群经济高质量发展等问题；在城市研究层面，我们关注到城市劳动生产率、收缩型城市转型发展以及沿边城市跨境贸易发展等问题。

总体而言，本书将采取"理论—现实—机制—实证—政策"的撰写步骤，层层递进、环环相扣地来探讨高铁建设对我国区域经济发展的影响（见图 1-1）。

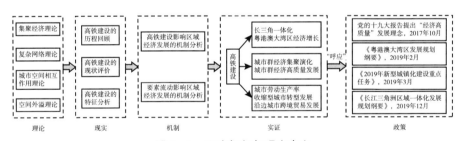

图 1-1 研究框架与现实意义

1.2.2 研究意义

作为构建现代综合交通运输体系的重要组成部分，高铁建设对于区域经济活动产生了重要的影响。随着中国经济的快速发展，高铁建设成果也取得了举世瞩目的成就。在此背景下，通过系统分析高铁经济学的相关理论，深入探讨高铁建设影响区域经济发展的作用机理，可以更好地诠释中国特色社会主义经济的发展途径，对于实现区域经济高质量发展也具有重要的现实意义。

具体而言，本书通过"四个理论""七个实证"深入分析高铁建设与中国区域经济发展的关系。

1. 理论意义

"四个理论"将为本书的实证分析奠定基础。首先，集聚经济理论在5.3节"高铁开通对城市群经济集聚演化"的实证研究中得到应用，复杂网络思想和城市间相互作用理论将用于探讨5.1节"长三角经济一体化"中的区域经济关联问题，空间外溢理论将在7.2节"沿边城市的跨境贸易发展"的实证研究中得到体现；其次，本书认为三大要素流动（包括劳动力要素、资本要素和技术要素）是高铁建设影响区域经济发展的主要机制，为了更好地验证这一假设，将三大要素流动的变量指标应用于5.1节"长三角经济一体化发展"和5.2节"收缩型城市转型发展"的实证分析中。交通可达性提升是高铁建设所带来的最直观影响，在其他实证章节中，将采取理论推导的方式，来说明交通可达性对区域经济发展的影响。

2. 现实意义

"七个实证"旨在为国家和地方政府颁布的最新区域发展政策的落地实施提供有益的借鉴。具体而言，高铁建设这一概念主要体现在国务院于2017年2月颁布的《"十三五"现代综合交通运输体系发展规划》以及在2019年9月提出的《交通强国建设纲要》当中；第5章实证部分将探讨高铁开通对长三角经济一体化、收缩型城市转型发展和城市群经济集聚演化的影响，分别对应中共中央、国务院在2019年12月出台的《长江三角洲区域一体化发展规划纲要》和国家发展改革委在2019年3月颁布的《2019年新型城镇化建设重点任务》以及2014年3月颁布的《国家新型城镇化规划（2014—2020年）》；第6章实证部分将探讨高铁服务供给对城市劳动生产率和城市群经济高质量发展的影响，对应党的十九大报告所提出的"经济高质量"发展理念；第7章实证部分将探讨交通可达性对粤港澳大湾区经济增长差异和沿边城市的跨境贸易发展问题，呼应《粤港澳大湾区发展规划纲要》（2019 年 2 月）和《国务院关于加快外贸转型升级推进贸易高质量发展工作情况的报告》（2019 年 10 月）两个政策文件。

显而易见，本书具有较高的现实意义，基于要素流动视角来深入分析高铁建设对我国区域经济发展的综合影响，对于构建现代交通运输体系、实现区域经济高质量发展具有重要的政策指导价值。

1.3 研 究 内 容

本书分为 8 章，具体包括以下研究内容。

第 1 章，绪论。介绍本书的研究背景和研究意义、我国高铁建设背景，结合我国城区域经济发展概况，阐述本书的研究内容、研究方法及研究价值，简要介绍本书的主要创新点。

第 2 章，相关概念、理论基础与文献综述。首先界定相关概念（包括高铁建设、要素流动和交通可达性），并对所涉及的集聚经济理论、复杂网络理论和城市空间相互作用理论等进行梳理和说明。进一步地，针对当前相关的已有文献和研究成果，从高铁建设与区域经济发展、要素流动与区域经济发展等方面进行文献综述，总结当前研究不足和有待深入研究的内容。

第 3 章，描述中国高铁的现实发展情况。首先归纳了中国高铁的建设历程，包括高铁元年、大提速阶段和走向世界三个阶段，接着从高铁开通情况、高铁服务供给情况和交通可达性情况三个方面对中国高铁的建设现状进行评价，并总结出中国高铁建设的布局特点。

第 4 章，进行理论机制分析。从高铁建设与区域经济发展、要素流动与区域经济发展两大视角展开详尽的机制分析。其中，前者包括高铁建设影响区域经济增长的机制分析、高铁建设影响区域经济一体化发展的机制分析、高铁建设影响区域劳动生产率的机制分析、高铁建设影响收缩型城市转型发展的机制分析、高铁建设影响城市群经济集聚演化的机制分析和高铁建设影响城市群经济高质量发展的机制分析；后者包括劳动力要素、资本要素和技术要素对区域经济发展的机制分析，通过构建理论分析框架，提出相应的研究假说。

第5章，高铁开通影响区域经济发展的实证研究。本章包括三节实证：5.1节研究高铁开通、要素流动与长三角区域经济一体化发展之间的关系，其中经济一体化用城市间经济关联水平和城乡收入差距两个指标来反映；5.2节基于三大要素集聚的观察视角，研究高铁开通对收缩型城市转型发展的影响，其中收缩型城市转型发展用其常住人口变化和人均收入变化两方面来衡量；5.3节研究高铁开通对城市群经济集聚演化的影响，以中国长三角、长江中游和成渝三大城市群为例，通过构建多期双重差分（DID）模型，来研究高铁开通对城市群经济集聚演化的影响。

第6章，高铁服务供给影响区域经济发展的实证研究。本章包括两节实证：6.1节研究高铁服务供给对城市劳动生产率的影响，兼论人口要素集聚和公共交通水平的门槛效应；6.2节通过构建中介效应模型，就高铁服务供给对城市群经济高质量发展的影响及其作用渠道进行实证检验，其中城市群经济高质量水平通过全要素生产率和经济发展变异系数两个指标来反映，分别代表生产效率的提升和城市间经济的协调发展。

第7章，交通可达性影响区域经济发展的实证研究。本章包括两节实证：7.1节构建了一个内生经济增长模型，研究了交通可达性变化对粤港澳大湾区内部经济差异的影响，此外还研究了不同交通方式（高速公路和铁路）可达性变化对于不同经济部门的影响；7.2节基于空间经济学的分析框架，构建了交通可达性和边界效应对沿边地区进出口贸易影响的理论模型，利用2000—2013年中国沿边地区76个城市与毗邻国家的贸易数据以及自身内贸数据，采取跨境可达性来反映沿边城市的交通可达性水平，并进行相应的实证分析。

第8章，结论与政策建议。基于研究获得的实证结论，系统总结出高铁建设对于我国区域经济发展的全方位影响，并提出相应的政策建议，包括长三角经济一体化发展、粤港澳大湾区经济增长、收缩型城市转型发展等方面。结合高速铁路建设规划，本书提出相应的政策建议，旨在为地方政府实施区域发展战略提供有益的参考，从而更好地享受高铁建设所带来的经济福利。

1.4 研 究 思 路

本书研究内容重点解决以下三大问题，具体技术路线如图1-2所示。

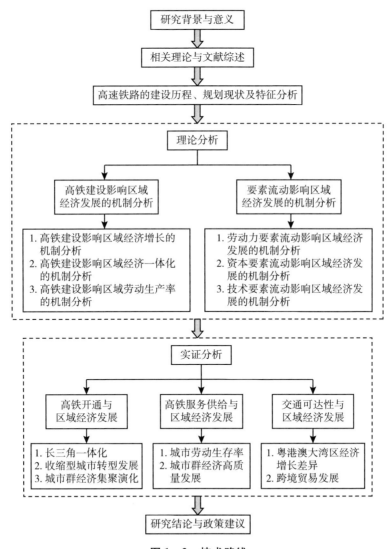

图1-2 技术路线

　　首先，高铁建设对区域经济发展的影响是多方面的，本书旨在基于要素流动的研究视角，系统地探讨高铁建设对区域经济发展的具体作用途径。在理论机制方面，本书将深入探讨高铁建设对区域经济增长、区域经济一体化发展、区域劳动力生产率等的具体影响机制，以及劳动力要素、资本要素和技术要素对区域经济发展的具体影响机制。

　　其次，理论机制分析将为后续的"七大实证"研究奠定基础。为了更好地研究高铁建设所产生的经济效应，本书将选取代表性的区域进行实证分析。例如，在分析高铁建设与区域经济一体化的关系时，本书以长三角27个城市为例来进行研究，而在分析高铁建设与城市群经济高质量发展的关系时，则以中国十大城市群为例来进行研究。

　　最后，"七大实证"将为政策建议提供多方位的指导。例如，基于以高铁轨道为主的现代交通运输网络，如何进一步推动长三角区域经济一体化发展？如何提高收缩型城市的核心竞争力，进而促进其转型发展？如何看待城市群经济集聚演化？在高铁扩建的宏观背景下，怎么样兼顾人口集聚和交通公平问题，进而提高城市劳动生产率？高铁服务供给在实现城市群经济高质量发展的过程中，究竟发挥出什么样的影响，有哪些可以进一步改进的地方？高铁建设提高了沿线城市的交通可达性，在此背景下，粤港澳大湾区内部经济增长差异是否趋向减少？如何推动跨境交通网络建设，降低城市间边界效应，进而推动沿边地区的外贸发展？针对这些问题的解答，本书将在第5章～第7章进行一一阐述。

1.5　研究方法及创新之处

1.5.1　研究方法

　　本书立足于集聚经济、复杂网络、城市间空间相互作用和空间溢出四个经济学理论，结合中国高铁建设的发展现状和特征优势，采取以下三种方法来层层递进、环环相扣地研究高铁建设、要素流动对中国区域经济发展的影响。

（1）文献研究法。第一，通过查阅和研读国内外关于高铁建设与区域经济发展的研究成果，对相关概念、理论和研究动态进行了梳理和回顾。第二，在前人研究成果的基础上，运用系统分析法，归纳概括出现有研究的不足之处，并提出本书的研究贡献，为后续的机制分析和实证检验奠定基础。

（2）定性分析法。第一，运用时间轴法对中国高铁建设的发展历程进行详尽的回顾。第二，运用属性分析法，从开通个数、供给程度和可达性水平三个角度来总结中国高铁的发展现状。第三，运用统计分析法就中国高铁建设的特征进行客观分析。第四，结合理论公式推导，就高铁建设、要素流动如何影响区域经济发展进行系统的机制分析。

（3）定量分析法。第一，结合机制分析，运用多期双重差分（multi-stage DID）的实证方法来研究高铁开通对于长三角区域经济一体化、收缩型城市转型发展和城市群经济集聚演化三方面的影响；特别地，在测度长三角城市间的经济关联水平时，用到了复杂网络分析方法。第二，运用静态门槛效应模型，实证分析在人口集聚程度和公共交通通达性的门槛条件下，高铁服务供给如何影响城市群劳动生产率。第三，运用多重中介效应模型，实证分析高铁服务供给对城市群经济高质量发展的影响，特别地，在测度中国十大城市群的全要素生产率时，运用到了随机前沿分析方法（SFA）。第四，运用内生经济增长模型，就交通可达性对粤港澳大湾区经济增长差异的影响进行实证分析，其中在探讨不同交通方式（高速公路和高速铁路）的异质性影响时，用到了对比分析方法。第五，通过构建空间杜宾模型，实证分析交通可达性对沿边城市跨境贸易发展的影响。

1.5.2 创新之处

本书的创新之处主要有以下四点。

（1）以集聚经济理论、复杂网络理论等理论为基础，结合新经济地理学的观点，从劳动力、资本和技术三大要素流动的视角出发，力图构建一套系统完整的理论分析框架，进而深入分析高铁建设对区域经济发展的作用机制，包括区域经济增长、区域经济一体化、区域劳动生产率、区域转型发展、区域要素集聚和区域经济高质量发展六个方面的影响机制和具体路径。

（2）区别于传统的政策评估研究，本书较为系统地探讨了高铁建设所产生的区域经济效应。其中，高铁建设采取高铁开通与否、高铁服务供给频次和交通可达性水平三个代表性指标来反映。结合各区域发展现状，选取典型案例进行相应的实证分析。

（3）关注到高铁建设对特定区域发展的差异化影响。既有文献大多肯定高铁建设的正面效应，然而，所有城市都适合发展高铁项目吗？对于正在遭受人口流失的收缩型城市而言，当它们连接到高铁网络时，高铁建设的影响是否是有利的？对此，本书聚焦2006—2017年我国发生人口流失的城市，就高铁开通对这些城市转型发展的影响进行定量评估，弥补了现有研究空白。

（4）不同于以往的实证分析，本书在评估高铁建设对中国区域经济发展的影响时，在模型构建、指标选取、稳健性检验等方面进行了诸多创新。例如，第一，将社会网络分析方法与多期DID模型综合运用，系统评估高铁开通对长三角一体化发展的影响；第二，采用内生增长模型，对比分析高速公路可达性和高铁可达性对粤港澳大湾区经济增长差异的影响，并考察了通关便利化因素的调节效应；第三，基于雷丁（Redding，2016）提出的空间经济模型，进一步构建包含交通可达性因素的空间经济学一般均衡分析框架，在高铁建设的大背景下，深入考察交通可达性对跨境贸易发展的空间外溢影响。

第2章 相关概念、理论基础与文献综述

2.1 相关概念的界定与内涵

2.1.1 高铁建设

1. 高铁建设的含义

早在 1996 年，欧盟将高速铁路（以下简称"高铁"）定义为新建线路的时速超过 250 公里/小时和升级线路速度超过 200 公里/小时的铁路类型（Givoni，2006）。2008 年，我国第一条高速铁路——京津城际客运专线建成，速度超过 300 公里/小时，是当时世界上运营时速最快、现代化程度最高的高速铁路。按照中国《中长期铁路网规划》的规定，高速铁路泛指运行速度大于 200 公里/小时的铁路运输种类，主要包括动车组（D 字头）、高速动车组（G 字头）和城际高速（C 字头）三种类型。特别地，尽管上海磁悬浮轨道线的设计速度达 430 公里/小时，但该车型没有接入国家铁路网，也不是由中国铁路部门管理，因而不计入高速铁路的范畴。中国高铁的快速、方便、准时的特性，创造了中国前所未有的社会和经济地理景观，其平均运行速度为 250 公里/小时至 350 公里/小时，是原来普通列车速度的两倍多。

目前，中国高铁客运系统主要由铁路公司、高铁运输及配套服务和消费者三个微观部分构成（王宇光和安树伟，2016）。如图 2 - 1 所示，其中铁路公司主要负责高铁运输及配套服务，包括高铁线路的规划和高铁站的运营等，地方政府拥有对高铁站区的物业经营权，而消费者（乘客）则是高铁建设最直接的受益者。

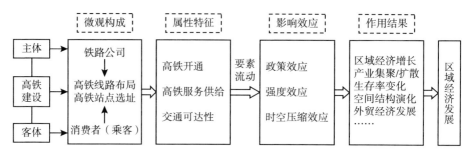

图 2 - 1　高铁建设影响区域经济发展的作用路径

2. 高铁建设的属性特征与影响效应

当前，我国高铁建设进入网络化建设时期。在此情境下，我国高铁建设呈现出网络规模不断扩大、服务水平不断提升等特征。作为一种典型的轨道交通方式，高铁建设的属性特征主要包括高铁开通、高铁服务供给和交通可达性三方面内容。

（1）在探讨高铁建设的经济效应时，许多学者将高铁开通视为一项准自然实验，并采用 DID 模型来评估高铁开通这一政策实施的效果（Ghani et al.，2016；吉赟和杨青，2020）。

（2）高铁服务供给表示高铁沿线城市的高铁发车频次或服务频率，反映了高铁运输所承载的客流强度（Shao et al.，2017；Jia et al.，2017；朱文涛等，2019）。

（3）交通可达性体现了高铁建设的时空压缩效应，与其他交通方式相比，高铁的开通和服务有助于改善当地的区位条件，并降低要素流动的时间成本，从而有效保障区域间经济活动的顺利进行（李学伟等，2018；孙卿，2023）。

3. 高铁建设的作用路径

凭借轨道交通方式的大容量和便捷性优势，高铁建设可以有效地加快区域间的要素流动，进而对沿线地区经济发展产生影响。总体而言，高铁建设的优势具体反映在两方面，一是通过改善可达性来提高整体网络效率（BrÖCker et al.，2010），二是通过影响运输方式的需求来改变网络性能的格局（Adler et. al，2010；Monzón et al.，2013）。因此，随着高铁运输网络的质量和能力的提高，区域经济主体之间的时间距离和通勤障碍会大大减少，生产活动能够更有效地进行。

目前，已有研究从区域经济增长（王雨飞和倪鹏飞，2016）、产业集聚（Shao et al.，2017；许丽萍等，2023）、生产率变化（冯山等，2018）、空间结构演化（蒋华雄和孟晓晨，2017）以及外贸经济发展（唐宜红等，2019）等多个方面，就高铁建设的作用结果进行了广泛且深入的探讨，但缺乏完整统一的路径分析和解释框架。对此，本书后续部分将基于"七大机制分析"和"七大实证检验"来弥补这一研究不足。

2.1.2　要素流动

1. 要素流动的内涵

要素是进行物质生产的基础，其概念范畴较为广泛，一般包括可流动性要素（如劳动、资本和技术等）以及不可流动性要素（如土地和自然资源）。张辽（2013）认为要素在空间上的分布具有非均衡性的特征，由于产业链分工和资源优化配置的需要，要素会在不同的空间位置上发生流动，进而获得效用最大化。

本书的要素流动主要指生产要素在地域和空间上的位移现象。对此，周加来和李刚（2008）认为要素流动是区域经济一体化发展的具体体现，旨在实现资源的优化配置，并拓展更广阔的市场。张幼文等（2016）则强调了国际生产要素流动的重要性，认为其不仅深化了国际分工，还带来产业链布局的变化，最终促进经济全球化发展。在分析要素流动的方向和大小时，空间区位是不可忽视的重要因素。董直庆和赵星（2018）运用空间计量模型，研究发现要素的区际流动对于要素流入地的经济增长发挥了重要的作用。何雄浪（2019）基于新经济地理学理论，拓展了传统的自由企业家模型，通过理论推导验证了多要素流动对产业空间演化的重要影响。

从属性特征上而言，要素流动可以划分为劳动力要素流动、资本要素流动和技术要素流动三类（张辽，2013；陈磊等，2019）。当然，也有一部分学者探讨了公共资源要素流动（常野，2015）、信息要素流动（梁辉，2009）等内容。考虑到研究的代表性和数据的可得性，本书主要选取了劳动力、资本、技术这三大要素作为分析重点。

2. 要素流动的特征

要素流动具有趋利性、趋同性和层次性三个特征，具体说明如下。

（1）趋利性。多数研究认为趋利性是要素流动的本质特征。任晓红和张宗益（2013）认为要素流动的主要动因在于获得更高的要素回报率，并追求经济收益的最大化，具体表现在要素流入地与流出地之间的实际收益差距或预期收入差距，而这二者之差是要素的名义收益扣除运输成本或通勤成本后的余额。因此，要素流动实际上属于帕累托改进的过程。

（2）趋同性。丰裕的要素供给是中国出口持续增长的主要原因，国际要素流动不仅提高了本国外贸企业的国际竞争力，也促进了国际的贸易合作（张幼文等，2016）。根据赫克歇尔－俄林模型，在自由贸易的条件下，同质要素可以获得同等报酬，产品价格在国际上也有逐步趋同的倾向。

（3）层次性。要素流动的第三个特征是具有层次性，具体表现为它可以在区域层面（包括区域内要素流动和区域间要素流动）、产业层面（包括产业内要素流动和产业间要素流动），以及企业层面（包括企业间要素流动和企业内不同部门间要素流动）等不同层面上进行转移，并且各转移过程互不排斥。

3. 高铁建设对要素流动的影响

需要强调的是，要素流动的结果并不会带来要素空间分布的均衡化，而往往会导致要素在某一区域的集聚、虹吸或者扩散。从作用结果来看，高铁建设对要素流动的影响可以被归纳为以下三点。

（1）要素集聚效果。交通基础设施建设有利于提高区位优势，这一方面的作用通常被认为是吸引人才集聚和实现资源优化配置的关键因素（周加来和李刚 2008；Chatman & Noland，2011）。运输基础设施的改善降低了劳动力的流动成本，扩大了其就业范围，并最终影响了城市的人口规模（邓涛涛等，2019）。

（2）要素扩散效果。交通基础设施改善所带来的经济影响可以通过一个综合网络来进行溢出和扩散，并且各种经济活动在不同地区之间具有空间关联性特征（张学良，2012；李红昌等，2016）。同样，在运输基础设施改善的推动下，整个工业部门之间可能会有更多的部门间溢出效应（Cohen，2010）。

（3）要素虹吸效果。在市场经济的条件下，居民倾向于迁移到工作机会较多、工资水平较高的地区（肖挺，2018）。由于交通基础设施的改善，欠发达城市的生产资源（例如私人资本和劳动力）将可能向较发达城市外流，从而影响经济活动的区域分布（Haughwout，2002；刘秉镰和杨晨，2016）。

要素流动如图 2－2 所示。

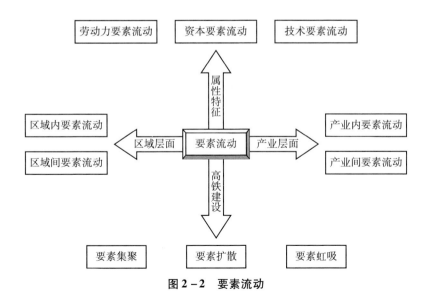

图 2－2 要素流动

2.1.3 交通可达性

1. 交通可达性的内涵

在分析高铁建设对城市经济发展所产生的影响时，国内外诸多学者采用了可达性这一指标。可达性最早被定义为"交通网络中各节点相互作用机会的潜能"（Hansen，1959），之后被广泛地应用于地理交通的相关研究中，多用来衡量区域之间社会经济联系的便利程度（Andersson et al.，2010）。目前，有关可达性的研究已拓展到交通可达性、市场可达性、知识可达性等方面，并在交通基础设施建设、城市规划等领域得到了广泛的应用（Monzón et al.，2013；李红昌等，2016；王振华等，2020）。

交通运输网络是形成区域经济网络的重要前提之一，良好的交通连接对于区域经济联系与空间整合具有重要的意义。许多国内外学者在分析高铁建设对经济活动分布和区域空间结构变化的影响时，采用了可达性这一指标。高铁可以将连接在一起的城市带转变为整体经济走廊，在一定程度上提高了区域内城市间的可达性（Blum et al.，1997）。对于中国区域经济而言，高速铁路发挥着"走廊效应"和"辐射效应"两方面的影响，随着高速铁路网络化程度的提高，中国城市间的整体可达性得到了提升（Shaw et al.，2014）。可达性的增强不仅可以促进经济要素的流动，而且对沿线地区城市间的空间经济联系产生一定的影响。彭宇拓（2010）认为高速铁路网的完善在一定程度上触发了我国城市群的集聚和扩散效应。王雨飞和倪鹏飞（2016）研究发现高铁的开通缩短了各城市间的时间距离，促使散落的城市联结成群，中国区域间经济增长的溢出效应由此得到增强。

2. 交通可达性指标的测算

测算交通可达性最常用的指标主要有以下三个。

（1）加权平均旅行时间（WATT）。该指标从通勤时间节约的角度，来衡量城市交通可达性的改善程度。一般来说，WATT 与该城市的社会经济要素流量有关，其表达式为

$$WATT_i = \frac{\sum_{j=1}^{n} t_{ij}M_j}{\sum_{j=1}^{n} M_j} \qquad (2-1)$$

其中，$WATT_i$ 为 i 城市的加权平均旅行时间，t_{ij} 为通过某种交通方式，从 i 城市到区域内其他城市 j 的旅行时间，n 为除节点城市 i 之外的城市数量，M_j 用于衡量 j 城市的综合吸引力，多用 j 城市的人口或 GDP 来表示（丁秋贤等，2015）。从式（2-1）的设置可以看出，$WATT_i$ 的值越大，就意味着 i 城市可达性水平越低，反之亦然。

（2）潜在可达性（PA）。该指标从经济潜力的角度，来衡量由于交通基础设施改善而导致的节点城市 i 与周边城市 j 相互作用力的变化，进而反映城市交通可达性的改善程度（Martin & Reggiani，2017）。PA 的计算借鉴于物理学中的引力模型，其表达式为

$$PA_i = \sum_{j=1}^{n} \frac{M_j}{t_{ij}^s} \qquad (2-2)$$

其中，PA_i 为节点城市 i 在区域交通网络内的潜在可达性，该值越大，则表明该城市可达性水平越高；t_{ij}、M_j 的指标含义同式（2-1）；s 表示距离衰减系数，通常取 1。

（3）日常可达性（DA）。该指标基于一个固定的旅行时间限制视角，来衡量测量乘客在给定的旅行时间内从一个地点可以到达目的地的机会数量，反映了节点城市对周边城市的辐射效应（López et al.，2008），其表达式为

$$DA_i = \sum_{j=1}^{n} N_j\delta_{ij} \qquad (2-3)$$

其中，DA_i 为节点城市 i 的日常可达性，该值越大，则表明该城市日常可达性水平越高；N_j 表示城市 j 的总人口或者物流运输水平；根据不同的研究对象，旅行时间取不同的阈值。在省际旅行层面，4 小时通常被认为是一个舒适的旅行时间限制（Cao et al.，2013；Chen & Haynes，2017），如果 $t_{ij} < 4$ 小时，则 δ_{ij} 等于 1，否则为 0；在城际旅行层面，考虑到中国多数城市群正致力打造"1 小时通勤圈"，因而旅行时间的阈值往往被设置为 1 小时。

总之，在测量城市的交通可达性水平时，加权平均旅行时间（$WATT$）

侧重于时间权重的视角，潜在可达性（PA）侧重于城市间相互作用力的视角，并考虑到了距离衰减效应的影响，而日常可达性（DA）的计算则相对直观。对此，在 7.1 节探讨交通可达性对粤港澳大湾区经济增长差异的影响时，将运用到上述三个指标。

3. 可达性指标在高铁建设领域的应用

在规划高铁扩建时，可达性指标越来越多地被用作一种分析工具，因为它能够有效地解决效率与公平性问题（钟业喜和陆玉麒，2009）。李贤文等（2019）借助"节点成本"网络分析方法，实证研究了陕西省不同时期高铁网络扩张对可达性空间格局的影响，结果发现高铁建设打破了城市原有的可达性空间格局，但当高铁网形成之后，可达性不公平问题将得以改善。有关交通可达性的相关研究动态参见表 2 - 1。

表 2 - 1　　　　　　　　关于交通可达性的代表性研究成果

研究主题	代表学者	研究时段	研究区域	核心结论
交通可达性的变化	Gutiérrez et al.（1996）	1992—2002 年	欧洲	公路可达性的提高弱化了地理距离的影响，使边缘区域更加接近中心区域
	Shaw et al.（2014）	2008—2013 年	中国	高铁建设提升了中国城市的整体可达性
	姜博和初楠臣（2015）	2013 年前后	中国	哈大高铁的运营显著改善了沿线城市的可达性，加权平均旅行时间减少程度均在 60% 左右
不同交通方式所带来的可达性影响	阎福礼等（2017）	2014 年前后	中国	中国公路、铁路、机场、港口构成的综合交通网络总体可达性水平较高，与人口分布具有一定的相似性
	Jiang et al.（2018）	2008—2015 年	中国	铁路可达性和水路可达性的改善都可以加快产业转移的进程
交通可达性对经济增长的影响	Chen & Haynes（2017）	2000—2014 年	中国	高铁发展促进了区域经济一体化进程
	Jiao et al.（2016）	1990—2010 年	中国	从可达性和 GDP 的角度来看，交通与经济发展呈现正向关联关系

研究主题	代表学者	研究时段	研究区域	核心结论
交通可达性对空间公平性的影响	Monzón et al.（2013）	2005—2020 年	西班牙	高铁扩建可能会加剧空间不平衡，导致空间发展模式更加极化
	Wang et al.（2016）	2010—2030 年	中国	高铁网络提升了江苏省的整体可达性水平，减少了区域不平等

2.2 理论基础

2.2.1 集聚经济理论

1. 集聚经济的内涵

集聚经济，又称为聚集经济效益，该概念最早见于马歇尔（Marshall，1920）撰写的《经济学原理》一书，作者认为经济集聚所带来的外部性是形成产业区的基础。随后，韦伯（1997）对产业集聚的原因进行了深入的研究，结果发现集聚经济能够给企业带来成本节约的好处。接着，克鲁格曼（Krugman，1991）将交通成本因素纳入国际贸易问题的研究当中，认为报酬递增对于企业集聚发挥了重要影响。此外，研究经济集聚的成因时，许多学者强调了知识溢出（Feldman，1994；Audretsch & Feldman，1996；齐讴歌等，2012）、分工与专业化（高鸿鹰和武康平，2007；赵雪娇，2018）的重要性。

从要素流动的角度来看，集聚经济反映了劳动力、资本和技术要素向某地区集中而产生的经济效益（见图 2-3），其内涵主要体现在生产要素流动和空间范围邻近两方面，并且可以产生成本节约、效率提升等影响。总之，集聚经济主要反映了经济活动在地理空间上集中而产生的正外部性效果；反之，当经济活动在某个区域内发生过度集聚时，这种正外部性效果会消失，进而造成要素成本上升、拥塞效应等负面影响，由此便形成了集聚不经济（郝伟伟，2017）。

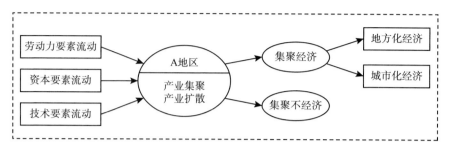

图 2-3　集聚经济的起因与分类

2. 集聚经济的分类

根据奥利沙文（2003）的提法，集聚经济包括地方化经济和城市化经济，这是目前常用的划分方法，并被广泛应用于解释城市间的产业分工现象（胡煜和李红昌，2017）。其中，地方化经济也被称作 MAR 外部性（Edward et al.，1992），它聚焦于同一产业中的企业，并强调产业专业化的正向影响，即这些企业在某一区域的集聚会有效提高它们自身的生产效益，进而有利于促进当地经济增长（吴启焰等，2008）；城市化经济也被称作Jacobs 外部性（Jacobs，1969），它聚焦于整个城市中的企业，并强调产业多样化的正向影响，即城市整体经济规模的扩大有利于降低其内部企业的生产成本，进而提升城市整体效益。需要说明的是，不论是 MAR 外部性还是 Jacobs 外部性，二者的出现都受益于劳动力市场共享、中间品投入和知识溢出（李金培等，2018）。

3. 交通基础设施建设对集聚经济的影响

国内外许多学者关注到交通基础设施建设对集聚经济的影响（Graham，2007；李金培等，2018）。在探讨其中具体的作用路径时，艾伯特和麦克米伦（Eberts & McMillen，1999）认为交通基础设施建设可以有效增强区域内经济主体之间的联系程度。查特曼和诺兰（Chatman & Noland，2011）认为公共交通的改善能够促进城市、市中心或工业集群的增长和紧凑化，从而增加外部集聚经济，并且提高区域经济的生产率。刘修岩（2010）、张浩然和衣保中（2012）的研究均发现加快城市道路建设有利于促进生产要素的流动，进而提高当地的经济效率。胡煜和李红昌（2017）通过构建 SDM 模型来探讨城市集聚经济的影响因素，结果证实了建设区域性交通枢纽的重要性。

需要强调的是，在分析区域经济集聚的格局和态势时，运输成本的变化值得重点关注，因为它直接改变了生产要素的流向和大小（覃成林和杨礼杉，2016）。事实上，不论是区位理论还是新经济地理学的观点，都强调了运输成本对集聚经济的影响（Behrens et al.，2004）。如郎（Lang，2010）构建了一个异质性的制成品运输成本模型，结果发现经济活动在运输成本提高时会趋向分散，而运输成本降低时则趋向于集聚。邱毅和郑勇军（2010）基于拓展的"中心—外围"模型，分析了在市场组织体系中中心型专业市场的形成过程，结果发现降低运输成本能够有效地促进专业市场中的贸易集聚。在分析城市群经济增长的影响因素时，李煜伟和倪鹏飞（2013）强调了运输网络的外部性作用，他们认为就城市群中的非中心性城市而言，当这些城市之间的运输成本降低时，交通网络的正向作用会有所增大。张勋等（2018）在统一的框架下，探讨了交通基础设施对我国工业企业库存的影响，研究发现运输成本是其中的重要中介路径。

进一步来说，作为交通运输体系中的一种快捷轨道交通方式，高铁建设有效降低了经济活动主体的通勤成本，增强了沿线地区的区位优势，对于吸引人才集聚和企业布局具有重要意义，进而推动城市集聚经济的快速发展。

2.2.2 复杂网络理论

1. 复杂网络理论的内涵及分类

目前，复杂网络研究已得到广泛普及，从数学领域扩展到经济学、物理学、生物学等领域，其思想最早可追溯到欧拉对"七桥问题"的研究，后来逐渐发展成随机图理论，这也是复杂网络研究的基础理论（汪小帆等，2006；刘晓庆和陈仕鸿，2010）。现实生活中，人们发现许多网络不像随机网络那样，而是按照有序的原则进行连接。瓦茨和斯特罗加茨（Watts & Strogatz，1998）提出小世界网络的概念，强调了现实网络的集聚特征。在此之后，无标度网络也被提出。

复杂网络主要有两种分类方法，一个划分标准是根据边有无方向，包括有向网络和无向网络；另一个划分标准是根据边有无权值，包括有权网络和无权网络（刘果，2017）。至此，网络的复杂性可体现在节点和联系两个方面：其一，如果网络中节点数量过多，则网络中的节点十分庞大，比如微博社交网络就是由上亿节点构成的复杂网络；其二，边由节点之间的关系决定，根据关系选择的标准不同，关系的方向、大小等均有差异。同时，这些关系也会随着时间而发生变化。因此，联系的复杂性导致网络的复杂性。

2. 基于复杂网络理论的高铁经济研究

复杂网络通过把实体的具有网络特性的连接抽象成网络，可以更深入地探究实际系统的拓扑特性。根据复杂网络理论观点，交通网络具有典型的复杂网络特征。已有研究也对地铁网络、传统铁路、航空等网络进行了复杂网络属性探索（王红勇等，2014；丁卓，2015）。高铁作为轨道交通系统的一部分，具有交通的一般属性。因此，高铁网络可以抽象成由节点和线组成，以表示我国高铁建设的网络布局（见图2-4）。其中，节点可以用站点表示，线可以象征着实际的高铁线路或者路段（张兰霞等，2016）。于宝等（2017）构建了3个发展时期的高铁网络拓扑结构，分析结果表明我国高铁网络在中期发展阶段是以增加网络连通度为主，在长期发展阶段则以丰富集聚效应为主。

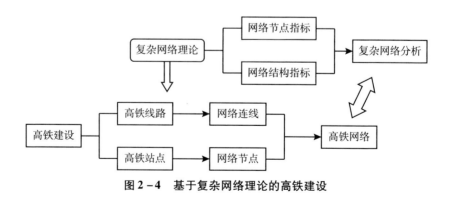

图2-4 基于复杂网络理论的高铁建设

基于复杂网络理论视角，许多学者探讨了高铁网络的风险或脆弱性。在设计对高铁网络模拟蓄意攻击的指标选取过程中，大部分学者采用节点度、介数等单一指标来直接衡量站点的重要性，因此具有一定的片面性。雷永霞和钱晓东（2015）建立了高铁客运专线无向加权运输网络模型，分析了网络在随机站点攻击和蓄意站点攻击下的鲁棒性。张等（Zhang et al.，2016）基于中国、日本等国的高铁建设案例，研究高铁网络在受到严重扰动或恶意攻击时是非常脆弱的，但采用最近邻法进行拓扑干预可以有效增强高铁网络的连通性和可靠性。特别地，交通系统受恶劣天气影响会变得更加脆弱。对此，陈和王（Chen & Wang，2019）使用2016年10月至2017年9月期间的中国高铁和航空服务准时运行记录，研究表明恶劣天气事件对高铁和航空准点率的影响存在时空差异，一般而言，高铁比航空更不易受到大多数恶劣天气事件的影响。作为中国的"九省通衢"，武汉在高铁网络的地位十分关键，万里阳和万千（2020）基于 COVID-19 的中国城市疫情数据，研究发现武汉等疫情严重城市所采取的"封城"措施对 COVID-19 跨城传播的防控具有重要意义。

2.2.3 空间相互作用理论

1. 空间相互作用理论的内涵

乌尔曼（Ullman，1957）最早提出空间相互作用理论，并总结出该理论的三个特征，具体包括：互补性（complementary），由区域单元之间的差异性决定；可达性（accessibility），与交通条件和空间距离有关；干扰机会（intervening opportunity），反映了其他地区对本地经济联系强度的影响，进而呈现空间多样化的特征。借鉴"热传递"的思想，哈吉特（Haggett，1965）将空间相互作用划分为对流、传导和辐射三种类型。进一步地，城市空间相互作用是该理论在城市研究层面的具体应用，反映了城市之间通过交通、通信等方式进行人员交流和物质交换的相互作用过程。

2. 空间相互作用的测度

学术界在研究城市空间相互作用时，通常采用神经网络分析模型（杨志民等，2014）、引力模型（侯赟慧等，2009）、城市流强度模型（梁晨和曾坚，2019）等来表示城市之间的经济联系强度。特别地，在考察城市群内城市间的联系程度时，可以用城市的相对位置变化（杨丽华和孙桂平，2014）或交通路网的可达性变化（董春等，2013）来表示。

3. 空间相互作用理论的应用

目前，该理论已被广泛应用于交通网络规划（董春等，2013；唐恩斌和张梅青，2018）、产业结构优化（万庆和曾菊新，2013）、物流效率分析（李红启，2008）等领域。从相关研究的侧重点来看，主要集中在以下两个方面：其一，考察区域经济增长中的空间相互作用。例如，李敬等（2014）研究发现中国区域经济增长溢出效应存在明显的梯度特征。其二，考察空间相互作用的方向性。对此，许多学者关注到相同层次城市之间的空间溢出效应（丁嵩和孙斌栋，2016）以及高层次城市对低层级城市的辐射效应（柯善咨，2009；Wu et al.，2013）。在5.1节的实证分析中，将运用城市空间相互作用理论的思想以及引力模型来测度长三角区域城市间的经济关联水平。

2.2.4　空间外溢理论

1. 空间外溢理论的内涵

新经济地理学派学者对区域经济外溢效应的发展机理进行了早期的研究，英格曼和瓦尔兹（Englmann & Walz，1995）最早将其定义为一个区域通过资本与知识的外部性而对与之相邻区域的经济活动产生的影响。张学良（2012）研究发现交通网络使得某地区的经济单元与相邻地区经济单元发生一定的联系，由此表现出空间溢出特征。

就知识积累而言，当它仅对本地区内的企业生产产生正向影响的时候，这就是局域空间外溢；进一步地，如果受益的不只是本地企业，还包括其他地区的企业生产，此时即为全域空间外溢（胡鹏和覃成林，2011）。

就空间外溢的表现形式而言，主要包括要素禀赋外溢（张月玲等，

2016）、知识外溢（赵勇和白永秀，2009；David & Maksim，2020）和环境外溢（舒元和黄亮雄，2012）三种形式。从当前国内学术界的相关研究对象和成果来看，也基本集中在这三个方面。就空间外溢的形成原因而言，刘迎霞（2013）认为生产要素流动、信息交流等区域间的相互作用是主要的动因。

2. 交通基础设施建设的空间外溢效应

交通基础设施建设对区域经济增长具有重要影响，但如果忽略空间溢出效应，将各区域作为独立样本来考察，则有可能高估交通基础设施的总效应（张学良，2012）。由于向心力和离心力的作用，交通基础设施会影响到城市间经济要素的流动，进而对不同城市的经济活动产生异质性影响，形成中心—外围结构（安虎森，2009；王春杨等，2018；马为彪等，2022）。其中，向心力会促使经济要素的集聚，扩大本地市场规模，而离心力则包括市场拥挤效应等负外部性效应，会造成产业扩散（Venables，1996），它们二者的权重变化对于区域空间格局的重塑产生了重要影响。

对于处在不同发展阶段的不同区域来说，交通基础设施建设所引起的空间溢出效应并不确定，这要取决于生产要素的流动方向和规模大小。姜竹青等（2019）探讨了道路交通密度对城市化的影响及其空间效应，研究发现在中国城市化进程中，交通拥堵的空间外溢效应在整体上随城市规模等级提高而呈递增趋势，且各等级城市交通拥堵的外溢效应空间边界均由东向西依次递减，但各地区内部不同等级城市交通拥堵对人口城市化的空间作用效果表现各异。江等（Jiang et al.，2016）基于1985—2012年的中国省际面板数据，采用索洛增长模型的简化形式来估计交通运输的溢出效应，研究发现生产要素的流动和迁移是负外溢的根源，而产业的再配置和市场的扩张则是正向外溢的原因。

值得注意的是，随着数据量的增加和分析方法的快速发展，国内外学者逐渐运用空间计量分析方法来探讨高铁建设的空间外溢效应，因为高铁建设与区域经济发展的关系本质上是一个空间地理问题（王雨飞和倪鹏飞，2016；孙学涛等，2020）。在7.2节中，将基于高铁建设的大背景，探讨跨境要素流动对外贸的影响及其空间外溢效应。

2.3 文献综述

2.3.1 高铁建设与区域经济发展的研究动态

目前，已有许多学者从区域经济增长、区域经济协调发展、空间格局变化等多个方面，就高铁建设所产生的经济效应进行了深入的探讨。

1. 高铁建设对区域经济增长的影响

学者们经常使用计量方法来探讨交通运输与经济增长之间的关系。例如，贝再勒（Beyzatlar et al.，2014）研究了欧盟 15 个国家的收入与交通运输之间的格兰杰因果关系，结果发现二者的关系类型是双向的。艾科阿和贝洛米尼（Achour & Belloumi，2016）使用 Johansen 多元协整方法、广义脉冲响应函数和方差分解技术研究了 1971—2012 年突尼斯交通运输基础设施对其经济增长和环境的影响，结果表明，从交通运输增值、道路运输相关的能源消耗、交通运输中二氧化碳排放以及总资本的形成到道路基础设施，均存在长期的单向因果关系。陈等（Chen et al.，2016）使用完全修正的普通最小二乘法和向量误差修正模型（VECM），基于 1999—2012 年中国 219个城市的面板数据集，研究了城市间和城市内交通基础设施的异质效应，他们发现交通运输与经济增长之间存在非对称的双向因果关系。

国内外学者较多从可达性提升、要素集聚、人口流动、就业等角度，来分析高铁建设对区域经济增长的影响，既有研究成果大多肯定了高铁建设的正面效应（董艳梅和朱英明，2016；王雨飞和倪鹏飞，2016），主要体现在以下三个方面：其一，高铁建设改善了城市交通，显而易见，高铁在加强城市之间的经济联系和加快产品流通方面发挥了重要作用（Givoni，2006；Shaw et al.，2014）。其二，高铁的开放促进了城市产业集聚。长期以来，高铁的实施一直被认为是吸引经济要素聚集的重要因素（Willigers & Wee，2011；王鹏和李彦，2018）。邵等（Shao et al.，2017）、邓涛涛等

（2017）分析了高铁对长三角地区服务业集聚的影响，发现高铁的发展显著促进了城市服务业集聚。其三，高铁的开放无疑大大缩短了城市间的时空距离，加速了经济要素的自由流动，增加了就业和城市人口聚集。陈等（Chen et al.，2016）基于 CGE 模型分析了中国高铁建设的经济影响主要通过对于需求侧的影响，长期来看则主要通过对于交通成本的降低以及对于生产效率的提升两方面来影响经济增长。林（Lin，2017）指出，高铁在中国的开放使旅客旅行增加了 10%，就业人数增加了 7%。

值得注意的是，也有部分学者认为高铁建设并没有有效地带动当地的经济增长。王垚和年猛（2014）研究发现，就区域经济增长的驱动力而言，高铁发展在短期内并未发挥出正面的促进作用。考虑到人口集聚和行政等级等原因，地级市在开通高铁方面往往具有一定的先行优势，因而周边的县级市或者县可能会受到虹吸效应的不利影响。如张俊（2017）研究发现高铁开通并没有很好地促进县域经济增长和产业结构升级。覃（Qin，2017）也发现在改造升级原有的铁路后，县的 GDP 和人均 GDP 都发生了一定程度上的下降，这在很大程度上是由同期固定资产投资降低所导致的。从根本原因上来看，在分析区域经济增长问题时，高铁建设的空间溢出效应（张学良，2012；王雨飞和倪鹏飞，2016；俞路和赵佳敏，2019）和集聚经济效应（李红昌等，2016）是不可忽视的，二者的相对大小共同决定了高铁建设是否能够有效地带动当地经济增长（覃成林和黄龙杰，2018）。

2. 高铁对区域经济协调发展的影响

在机制上，通过促进要素流动的方式，高铁建设可以加强区域间经济联系，从而促进区域协调发展。但是在实践中，由于各城市的经济基础和规模大小不同，加上高铁网络建设的非均衡性，高铁对沿线地区各城市经济发展的影响效果不尽相同（王鹏和李彦，2018）。此外，由于选取的时空尺度不同或者研究的视角不同，关于高铁能否促进区域经济协调发展，既有研究尚未达成一致的结论。

一方面，部分学者认为高铁建设会增强我国区域经济格局的整体均衡性，有益于实现区域经济协调发展（贾善铭和覃成林，2015）。从影响内容来看，包括促进经济要素向西部地区集聚（李红昌等，2016），以及能够在一定程度上缩小发达地区与欠发达地区之间的差距（张恒龙和陈方圆，2018）。从作用方式来看，有学者研究发现随着高铁建设的网络化发展，沿线城市间的经济联系强度可以得到很大程度上的增强（覃成林和黄小雅，2014）。例如，王昊和龙慧（2009）认为高铁建设的网络化发展趋势增强了不同城市间的空间经济联系。此外，消费活动会集中于城市群的非高铁沿线城市，二三线城市的产业投资和经济发展能够被极大地带动（Li et al.，2016），这对于推动当地市场一体化进程具有重要作用（Zheng & Kahn，2013）。

另一方面，部分学者认为高铁建设会改变区域经济要素的空间分布，这种分布效应通常不利于实现区域经济均衡化发展（Ureña et al.，2009；王列辉等，2017），究其原因，主要是由于高铁建设具有双重特性，尽管在提高可达性和释放经济潜力等方面具有诸多优势，但受"廊道效应"的影响，高铁沿线城市的受益程度要明显高于周边非高铁城市（刘莉文和张明，2017），由于要素流动的作用，中心城市与外围城市间的发展差距会被拉大（卞元超等，2018）。古铁雷斯（Gutiérrez，2001）认为高铁建设通过促进要素流动和高端产业集聚的方式，进而惠及了所连接的中心城市。蒙松等（Monzón et al.，2013）强调了高铁扩建带来了空间两极分化的风险，从而很难兼顾效率与公平问题。在另一项关注欧洲西北部经济发展的研究中，维克曼（Vickerman，2015）指出，高铁网络未能实现减少可达性方面的区域差异的主要目标。就服务业发展而言，李和徐（Li & Xu，2016）研究表明高铁建设显著地改变了长三角城市群经济活动的空间分布，强化了中心城市的经济地位，带动了二线城市的投资，并促使更多的消费活动集中于城市群的非高铁沿线城市。王姣娥和丁金学（2011）着眼于中国的高铁网络化发展，表明高铁建设可能会增强中心大城市的区位优势，并加速了中心城市的经济集聚，扩大中心城市与中小城市之间的可达性差距。高铁开通之所以会加剧区域经济失衡，张克中和陶东杰（2016）认为其主要原因在于高铁运营方便了经济要素流动，会加剧经济要素向中心城市流动和集聚，强化了中心城市对周边城市的虹吸效应。

3. 高铁建设对区域空间格局演化的影响

目前，国内外学者们从全国、城市、城市群等不同的空间层次来探讨高铁建设对空间经济演化的影响。其一，在全国层面，学者们多关注于高铁建设对空间经济格局的改变及其增长效应（贾善铭和覃成林，2015）。科托 - 米兰等（Coto - Millán et al.，2007）研究发现高铁促进了欧洲中部城市发展，但对西班牙、葡萄牙等边缘地区经济发展产生了不利影响。就中国的空间经济格局而言，王雨飞和倪鹏飞（2016）认为高铁建设将会加速推动东部、中部城市进入中心区，这可能进一步威胁到东北、西部地区城市的经济发展，相反，李红昌等（2016）研究发现高铁建设将促进经济要素向西部地区集聚。其二，在城市空间层面的研究上，学者们多关注于车站选址、高铁站区周边的空间经济变化等问题。王丽等（2012）研究发现南京高铁站区的产业空间分布存在明显的圈层结构。其三，在城市群层面上，学者们多关注于高铁开通后城市间的经济联系、城市群内经济空间格局等方面的变化。兰秀娟和张卫国（2023）研究发现高铁网络的扩展在很大程度上增强了我国城市群内部的经济联系。

总之，就高铁建设对城市群空间经济演化的影响而言，学者们的研究成果既有共识，也有分歧。共识主要体现在高铁建设加快城市群生产要素流动，促进沿线城市产业分工并发生结构转型（Chen，2012；张洪鸣和孙铁山，2022），进而促进城市群内城市间的空间经济关联。高铁建设会重塑中国区域经济的空间分布格局（董艳梅和朱英明，2016），但究竟朝着一体化还是非均衡化的方向发展，由于研究对象、时段和方法等方面的差异，学者们的研究结论并未达成一致，这是目前的分歧所在。

2.3.2　高铁建设与区域要素流动的研究动态

要素流动的主要载体包括劳动力、资本和技术三大类，下面分别论述相关研究动态。

1. 高铁建设对劳动力要素流动的影响

高铁是人们进行跨城通勤的主要交通方式之一，由于可达性的改善，高铁的发展可以促进人口迁移和增加就业率（Garmendia et al.，2012；Hiramatsu，2018）。下面从劳动力分布和劳动力就业两个方面来分析。

在劳动力分布方面，佐佐木等（Sasaki et al.，1997）认为新干线的开放并不一定会导致人口和经济活动向其他未开发高铁城市的重新分配。在韩国案例中，金姆（Kim，2000）发现，釜山通过高铁与首尔相连之后，首尔的人口分布更加集中，在英国也观察到了类似的现象。哈勒（Hall，2009）指出随着劳动力从低工资地区向高工资地区的迁移，高铁的核心区域对边缘地区产生了不利影响。桑切斯－马特奥斯和詹妮弗（Sánchez－Mateos & Givoni，2012）发现，高铁大大缩短了出行时间，但这种影响仅限于一些停靠高铁的城市。此外，高铁进一步巩固了伦敦作为英国经济和政治中心的地位。就西班牙而言，吉劳和坎帕（Guirao & Campa，2018）研究发现西班牙的高铁通勤服务对劳务移民有重大影响。徐和孙（Xu & Sun，2021）研究发现高铁开通后，大城市在内部移民方面相比于小城市具有巨大的虹吸效应。

在劳动力就业方面，虽然很容易确定高铁通过增加交通可达性和要素流动性来影响劳动力转移和分布，但有必要考虑它的正面和负面影响（王巍和马慧，2019）。一方面，高铁建设可以大大改善高铁服务城市的可达性，并扩大其市场。因此，高铁成本和消费所引起的工资效应将导致城市就业空间的重塑（董艳梅和朱英明，2016）。另一方面，高铁虽然可以导致大城市人口的集中，但也可能导致其他城市的城市人口流失（刘勇和王雨飞，2019）。例如，邓等（Deng et al.，2019）研究发现对于收缩型城市而言，当它们连接上高铁网络时，高铁进一步加剧了城市的人口流失。

2. 高铁建设对资本要素流动的影响

近年来，关于高铁建设与资本要素流动的相关研究逐渐增多，学者们多关注于高铁在风险投资、股价同步性和信息效率等方面的影响。

第一，高铁开通有利于增加风险投资，并提高投资绩效。龙玉等（2017）研究表明交通可达性的提高使得高铁城市对风险投资机构更加具有吸引力，且降低了风险投资机构的信息敏感性，在另一项研究中，龙玉等（2019）还发现高铁通车加剧了高铁沿线城市风险投资（VC）市场的竞争，VC 同城投资的退出率显著提升，但竞争也降低了 VC 的投资回报率。查诺兹等（Charnoz et al.，2018）认为高铁开通不仅可以能够通过增加风险投资促进资本要素流入高铁城市中的公司，而且可以通过降低管理层的沟通成本提高公司整体的组织效率和生产专业性。杜兴强（2018）以 2001—2014 年 A 股上市公司为样本，研究发现公司所在城市开通高速列车的次数与公司聘请异地审计师的概率呈现明显的正相关关系。董建卫（2019）基于风险资本监督视角，研究表明高铁开通对风险资本投资的企业创新有显著正向影响。

第二，高铁作为一种高效便捷的交通工具，可以通过促进地区之间的信息流动和加强与投资者之间的互动，降低当地上市公司的股价同步性。黄张凯等（2016）认为高铁可以通过提高信息沟通的便利性，降低地理距离对 IPO 定价的扭曲，提高股价定价效率。赵静等（2018）认为高铁建设可以通过降低高铁城市中公司的 IPO 折价率，从而间接地降低公司的股价崩盘风险。杨昌安和何熙琼（2020）研究发现高铁开通不仅能够降低公司的股价同步性，而且能够增加机构投资者持股、分析师调研和媒体关注度，促进区域间的信息流转，并最终提高资本市场的信息效率。

第三，高铁建设可以促进信息的跨地区流动，这对于提升地区资本市场的信息效率具有重要意义。黄张凯等（2016）认为高铁能够有效地缓解因地理距离，产生时空压缩效应，促进投资者与公司之间的互动且拉近二者距离，从而有效地缓解信息不对称及其对 IPO 定价的负面影响，提高市场信息效率。此外，高铁建设能够降低沟通和互动的成本，有助于公司高效和准确地传达各种经营和管理的策略以及未来发展战略等信息，进而弱化地理距离对知识溢出和信息传递成本的影响，拓展公司和各利益相关者之间信息沟通的广度和深度，降低公司与市场之间的信息不对称。龙玉等（2019）研究发现在高铁通车之后，风险投资和被投资企业之间的交流便利性提升，软信息更加容易传递，异地投资（尤其是距 VC 所在地 50 公里 ~ 400 公里距离范围内的投资项目）的绩效较之前明显有所提高。

3. 高铁建设对技术要素流动的影响

地理邻近性一直被视为影响跨区域创新合作的重要因素，对于消除科研合作中的机会主义倾向具有重要意义（Liang & Zhu, 2002），而中国飞速发展的高铁建设则打破了空间阻碍，为跨区域、跨城市合作提供了便利条件。马等（Ma et al.，2014）使用 ISI 数据库探究了 1990—2010 年中国 60 个城市的合作演变网络，并发现地理邻近度对城市间科学合作的影响逐年增强。蒋等（Jiang et al.，2017）使用 2012 年 224 个城市间专利合作的数据，以两城市间是否开通高铁为准自然实验，发现在通过高速铁路连接的城市之间更有可能进行专利研发合作。董等（Dong et al.，2018）在排除人员流动、旅行速度等因素的情况下，发现如果城市开通了高铁，则该城市的科研人员将在论文发表的数量和质量方面都有显著的提高。

国内部分文献证实了高铁建设对区域技术进步和企业创新的正向促进作用。在城市创新方面，高铁建设的影响存在异质性。卞元超等（2018）认为高铁开通带来了创新要素的跨区域流动，这不仅提升了沿线城市的创新能力和创新速度，也进一步扩大了区域之间的创新差距，尤其是对东部地区而言。曾轩芩等（2019）探讨技术进步拉近时空距离之后产生的社会影响，研究表明京沪高铁开通之后，沿线城市的学术合作强度发生了显著提升，并且中小城市从中受益更大。

此外，高铁建设对技术要素流动的影响需要充分考虑地理距离的大小和范围。石敏俊和张雪（2020）研究发现高铁开通能够显著提高城市创新水平，但对不同规模和地理区位的城市存在差异。高铁对城市创新的作用不仅存在城市规模的门槛效应，具体表现在高铁开通对超大城市创新发展的作用最显著，也存在空间上的有效区间，具体表现在高铁开通对距中心城市两小时圈层城市的影响最大。叶德珠等（2020）研究发现高铁开通的城市创新效应呈现"与中心城市的距离"增加而递减的特征，同时高铁开通对中心城市周边 100 公里范围内的城市创新提升效果不明显，表现出虹吸效应特征，综合这两种效应，最终高铁开通的城市创新效应在"与中心城市的距离"这个维度上呈现"﹏"型结构特征，其作用的最优半径为距离中心城市 200 公里的范围。

2.3.3 要素流动与区域经济发展的相关研究

目前，已有研究探讨了要素流动对于区域经济增长、区域发展差距、产业经济发展等方面的影响，下面依次梳理并评述相关研究成果。

1. 要素流动对区域经济增长的影响

要素流动对区域经济增长发挥着重要影响。张辽（2013）研究发现劳动力流动对中国经济增长有一定的压抑效应，而资本和技术的流动扩散则对其具有正向效应。张幼文和薛安伟（2013）分析了要素流动对世界经济增长不平衡的影响，他们认为，传统的经济增长模型只关注了要素积累导致的经济增长，却忽略了要素流动对经济增长的影响作用。白俊红等（2017）运用多种空间计量分析，研究发现技术研发要素的区际流动具有明显的空间溢出效应，且这一溢出效应对中国省级经济增长呈现显著的正向影响。张治栋等（2018）采用固定效应模型，研究表明促进地区间生产要素流动可以促进中国省级经济增长，但存在区域异质性影响。

2. 要素流动对区域发展差距的影响

新古典经济理论认为由于报酬递减性质的存在，要素在区域间的自由流动将导致要素报酬均等化的趋势，从而最终使各地区的经济到达收敛稳态。王小鲁和樊纲（2004）认为要素流动对区域经济收敛产生了积极作用。任晓红和张宗益（2013）基于新经济地理学模型的理论框架，分析得出交通基础设施建设在促进生产要素流动和缩小城乡收入差距两方面的正向作用。陈燕儿和白俊红（2019）实证考察了要素流动对区域经济收敛的影响，研究发现中国的要素流动呈现"资本向西，劳动力向东"的特点，资本要素流动能显著促进区域经济收敛，劳动力要素流动则导致了区域经济发散。劳动力流动可以在全国范围内优化资源配置，减小地区间资源禀赋差异，并通过追赶效应、"干中学"效应等（侯燕飞和陈仲常，2016），缩小地区差距，促使经济走向趋同。

持相反观点的学者却认为，流动要素会在要素流入地不断累积，形成地区聚集力优势的循环累积过程，最终导致区域经济差异。对此，陈良文和杨开忠（2007）详细论述了导致我国区域间经济差异的影响，并发现中国的省际经济增长差异有所减小，但四大板块间的差距不断扩大。刘彦军（2016）认为要素的循环累积本质上是生产要素追逐"集聚红利"的过程。樊士德和姜德波（2011）、黄文军和荆娴（2013）也通过实证研究验证了劳动力、资本的流动加剧了中国区域经济不平衡。此外，还有学者认为由于劳动力流动规模的差异（沈坤荣和唐文健，2006）、资本外部性以及城市拥挤效应的存在（许召元和李善同，2009），这些因素最终导致区域经济增长趋于收敛或者扩散。

3. 要素流动对产业经济发展的影响

要素流动对产业集聚、转型升级等方面发挥着重要影响。陈计旺（1999）分析了产业区际转移的形成机制，从要素流动视角详细阐述了要素流动对区域经济发展的影响。邹璇（2009）认为地区间之间的地方保护和市场分割会导致要素效率的低下，产业集聚通过与要素流动发挥协同作用而促进区域平衡发展。何雄浪（2014）从多要素流动角度出发，研究发现贸易自由度的变化可以引起多样化的产业空间结构稳态。

由于地区经济发展水平、要素禀赋条件和政策差异，不同地区的要素流动强度、方向和产业集聚类型存在一定的异质性，进而对经济增长影响不同（王林辉和赵星，2020）。魏益华（2000）认为西部地区的要素流动之所以处于不利地位，主要原因在于该地区分工收益低下，市场容量较小，不利于优势产业的培育。张治栋和吴迪（2019）基于经济发展差距的视角，研究发现产业集聚在一定程度上加大了长江经济带地区的经济发展差距，但能通过与要素流动的交互作用而促进区域平衡发展。

2.4 文献评述与本书贡献

2.4.1 文献评述

综上所述，已有学者从人口流动、资本投资、知识溢出等方面就高铁建设的区域经济效应进行广泛的研究，以下从研究指标和研究方法两方面进行评述。

1. 研究指标

在高铁测量方面，学者们通常采用虚拟变量来表示研究区域内是否开通高铁（Chen et al.，2020）。此外，也有部分学者采用列车数量、发车频次等代理指标来反映高铁的服务质量。例如，邵等（Shao et al.，2017）使用运营的高铁列车数量来衡量高铁服务强度，结果发现每增加 10 列服务列车，城市服务业集聚指数就会上升 0.005。李等（Li et al.，2020）通过构建门槛模型，实证研究高铁服务频次与城市经济效率之间的关系，结果表明高铁服务频次对城市经济效率具有显著的门槛效应，当城市人口密度超过 763 人/平方公里时，高铁服务对城市经济效率的影响得到很大程度的提升。

值得一提的是，许多学者采用可达性变化来反映高铁发展的结果。可达性是指通过各种交通方式达到或访问的能力，它可以用到一个地方的旅行时间、每天可到达的人口和该地方的经济机会来表示（Cao et al.，2013）。目前，有关高铁可达性变化的研究主要集中在以下两方面。其一，高铁发展后的可达性变化。大多数研究认为，高铁提高了城际可达性，因为它节省了出行时间（Shaw et al.，2014；Wang et al.，2016）；相反，也有部分研究表明高铁的可达性影响仅局限于大城市和高铁直接服务的城市。例如，桑切斯 - 马特奥斯和詹妮弗（2012）表明，英国部分城市的可达性并没有因为高铁发展而得到改善，因为高铁对可达性的积极影响仅限于有高铁站的主要城市，而其他没有与高铁直接连接的城市则获益甚微。其二，关于交通可达性对空间均衡性的影响，由于研究对象和尺度不同，学者们并未达成一致的结论。例如，蒙松等（2013）以西班牙为例，研究发现高铁扩建可能会加剧空间不平衡，导致空间发展模式更加极化；相反，王等（Wang et al.，2016）研究发现高铁网络提升了我国江苏省的整体可达性水平，减少了区域不平等现象。

2. 研究方法

根据不同的研究目的，学者们通常采用成本—收益分析、计量模型分析、栅格数据分析等方法，来估计高铁建设的社会经济效应，如表 2 - 2 所示。

表2-2　　　　　　　　研究高铁建设经济效应的主要方法

方法名称	研究文献	核心观点或结论
双重差分模型	董艳梅和朱英明（2016）	高铁建设对高铁城市的就业、工资和经济增长的总效应显著为正
多期差分模型	Li et al.（2020）	高铁运营时间越久，对城市经济效率的影响越大
社会网络分析	方大春和孙明月（2016）	高铁建成后长三角城市群空间结构得到优化
成本—收益分析	Andersson et al.（2010）	高铁站距离市中心的远近、高铁运价的高低等均会影响人们乘坐高铁的需求
复杂网络分析	王列辉等（2017）	揭示高铁建设发展过程中的非均衡发展现象
空间计量分析	王雨飞和倪鹏飞（2016）	高铁交通发展改变了区域和城市的空间结构、分布结构和层级结构
引力模型	张座铭等（2016）	高铁加强了湖北省各城市间的经济联系
节点—场所模型	侯雪等（2012）	高铁交通枢纽对周边区域产生节点效应和场所效应
市场潜力模型	蒋华雄和孟晓晨（2017）	高铁提升了城市服务业的比重，降低了城市制造业的比重
投入—产出模型	蒋茂荣等（2017）	快速客运网提升了区域间劳动力、资本、自然资源等配置效率
矢量—栅格集成法	吴旗韬等（2015）	分析高铁开通前后广东省东部区域可达性变化程度和空间分布

第一，成本—收益分析主要用于评价公共政策规划的合理性，其中的成本主要包括基础设施、运营、乘客和社会四方面，而收益则主要包括运营收入、节省时间、减少交通拥堵和事故以及环境影响等（Levinson et al.，1997）。以乘客成本为例，从公共政策规划角度来看，影响人们通勤行为的因素主要是时间和金钱，而当高铁站距离城市中心较远，或高铁运价超出人们心理预期时，这些因素均会降低人们乘坐高铁的需求（Andersson et al.，2010）。现如今，中国许多城市都在大力发展高铁新城，其高铁站位置往往

建立在城市郊区，这无疑大大增加了人们的通勤时间成本。因此，为了促进人口流动和劳动力就业，未来在完善高铁公共政策规划时应当充分考虑城市空间布局，尤其加强高铁站与城市公共交通的衔接（李彦等，2021）。

第二，计量模型分析主要用于评价高铁项目规划的长期社会经济影响，其中既包括可达性提高、要素流动加快等直接影响，也包括劳动力迁移、旅游业发展等后续经济活动所带来的间接影响。通过构建计量模型以及测算 GDP、人均 GDP、企业生产率等指标，可以识别高铁发展变量与这些经济产出变量之间的相关关系。在这当中，双重差分法（DID）是最常用的评估高铁影响的计量方法之一，通过确定实验组（已开通高铁）和对照组（未开通高铁），再测算两组的经济产出，可以判断高铁对经济产出的影响是否在不同群体之间存在显著差异（Li et al.，2020）。此外，部分学者结合社会网络分析、地理信息分析、复杂网络分析方法来估计高铁发展对区域空间格局演变的影响（Monzón et al.，2013；方大春和孙明月，2016；Cao et al.，2019）。

综上所述，学术界对于高铁建设所产生经济影响的研究是较为广泛的。在探讨高铁建设的社会经济效应时，学者们多采用实证方法来研究，由于选取对象、指标数据的不同，加上各国设置的公共政策规划的差异，因而研究结论存在一定的差异。虽然现有成果较为丰富，但仍有许多问题值得进一步探讨，具体涵盖以下四方面问题。

其一，内生性问题。从既有成果来看，多采取诸如仅选择沿线地级市（不包含区域中心城市、直辖市、大城市等）；创新选择工具变量和控制变量，如刘勇政和李岩（2017）采取的历史工具变量法，李欣泽等（2017）采用的"平均坡度法"，法贝尔（Faber，2014）、张梦婷等（2018）构建的"最小生成树"方法，等等。但是对于解决内生性问题的效果，尚未达成一致，这也导致研究结论和相关政策建议存在一定的争议。

其二，影响机制和内在机理高度雷同。目前既有成果，无论是对经济增长、就业、劳动生产率的影响，还是对产业结构或者区域差距的影响，其影响机制、途径和内在机理均高度相似，导致核心影响因素不清晰，其相对应的政策含义也缺乏针对性。

其三，高铁建设的净效应估计偏差。很多研究将高铁开通对经济体系的影响归结为促进了信息的传播，从而产生正向溢出效应。笔者认为，在影响机制的分析中，信息传播的真实效果存在疑问。在互联网技术高度发达的情况下，信息交流方式更加多样和快捷，信息传播途径是否需要通过加快客运速度、增加见面次数等方式来实现？此外，高铁的影响是否存在最优辐射范围？高铁开通对城市、产业和企业的影响是普遍性的，还是异质性的？这些问题，仍然需要进一步明确。

其四，高铁与其他交通方式的影响差异。尽管有一些学者从交通方式竞争的视角，对高铁与航空、传统铁路、高速公路等其他交通方式的性能进行初步比较分析，但考虑到高铁是一种可选择的城际运输模式，未来应当深入评估不同交通方式的影响差异，包括出行需求、运输效率、运营成本、运价等方面的综合评价结果，这对于完善未来高铁公共政策规划，特别是优化城际交通系统性能，增强不同交通方式之间的可替代性和互补性具有重要意义。

2.4.2　本书贡献

需要说明的是，"高铁建设"是近年来城市经济学、交通网络研究领域的重要选题之一。截至 2023 年底，在中国知网上，以"高铁""高铁开通""高铁建设""高铁网络""高铁站"为关键词进行搜索，除去重复文章以外，可以得到累计超过 2 万条检索结果，其中 2008—2023 年累计发表的 CSSCI 类超过 2800 篇，横跨经济、管理、交通地理、交通运输和服务业发展等各个领域。

之所以学术界如此高度关注高铁的发展，笔者认为可能的原因在于以下三方面。其一，高铁开通本身可以作为"准自然实验"，为政策和事件效果的评估提供实证研究的条件；其二，高铁建设是近年来中国经济发展中独特的、标志性事件，具有典型的研究意义；其三，高铁建设可以从时间和空间两个角度展开，从而成为多个学科均需要关注的热点问题。然而，通过前述可知，现有研究仍存在许多不足之处有待改进。因此，本书力争在重视各类"新问题"的同时，不断深化对"老问题"的研究，具体包含理论机制、研究视角和研究方法三个层面的贡献。

第一，在理论机制方面，既有研究在高铁经济领域取得了丰硕的研究成果，但缺乏统一完整、具有足够说服力的理论分析框架，所构建的机制分析图也存在高度雷同性，这在某种程度上会导致相关核心概念和影响因素界定不清。对此，本书试图基于要素流动的视角，来深入探讨高铁建设对区域经济发展的影响，要素流动这一指标将应用于实证部分5.1节和5.2节的研究，在其他实证章节中的机制分析中也会得到必要的阐述和体现。

第二，在研究视角方面，本书关注长三角区域经济一体化、粤港澳大湾区经济增长差异、收缩型城市转型发展、城市群经济高质量发展等切实相关的问题，这是目前研究的空白之处，也是当前中国区域经济过程中亟待解决的问题。此外，本书将结合当地实际经济发展政策，选取城市间经济关联水平、城市劳动生产率、城市群全要素生产率等指标进行最相关和最细致的分析，以期从多个视角来诠释中国的区域经济发展问题。

第三，在研究方法方面，本书的实证模型涉及多期 DID 模型（第5章）、门槛效应模型（6.1 节）、多重中介效应模型（6.2 节）、内生经济增长模型（7.1 节）、空间杜宾模型（7.2 节），其中的研究方法包括文献研究法、统计分析法、随机前沿分析方法等，实证部分所包含的稳健性检验包括平行趋势检验、子样本回归、工具变量法和替换核心被解释变量等。总体而言，在探讨高铁建设对区域经济发展的影响时，本书在研究方法及指标选取方面做了诸多创新。

第3章　中国高铁的建设历程、规划现状与发展特征

3.1　中国高铁的建设历程

3.1.1　高铁元年

根据中国铁路总公司公布的官方信息，笔者整理出 2003—2022 年中国高铁建设的详细历程，具体示意如图 3-1 所示。1992 年，铁道部颁布《铁路今后十年和"八五"科技发展纲要》，提出研究开发高铁客运技术，并建设速度达 200 公里/小时以上的高铁，这标志着高铁建设被正式纳入交通规划的日程。2003 年是中国高铁的建设元年，当年开通的秦沈客运专线有效串联了关内与关外通道。

3.1.2　大提速阶段

2007 年，铁道部实施了一次具有划时代意义的高铁大提速计划，在此之前，中国铁路列车的平均速度只有 70.18 公里/小时，自此，中国高铁进入了飞速发展时期。需要说明的是，虽然关于中国第一条标准意义上的高铁有许多说法，但 2008 年开通的京津城际铁路得到了国内多数学者的认同（刘勇政和李岩，2017；陈丰龙等，2018）。

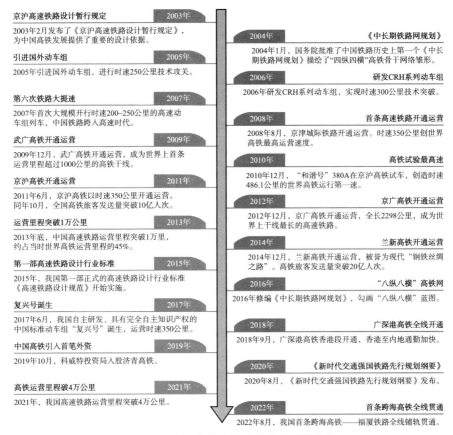

图 3 – 1 中国高铁建设过程中的重要事件

资料来源：国家铁路局，作者整理绘制，数据截至 2022 年底。

3.1.3 走向世界

当前，中国高铁已拥有完整成熟的产品出口体系，具备在多种复杂地质、地形、气候环境下的修建经验以及在运维服务、标准认定等方面的突出优势，这些实力得到了诸多国家领导人的肯定。2009 年，在中俄总理的定期会晤期间，相关部门签署了《关于在俄罗斯联邦境内组织和发展快速及高速铁路运输的谅解备忘录》，这标志着中国高铁正式走向世界。此后，中国领导人在国内外多个主要外交场合，向外宾热情推介中国高铁，国际市场也掀起了"中国高铁热"，可以说，中国的"高铁外交"不仅很好地带动了本国的区域经济发展，而且对于塑造大国形象、提升国际影响力具有深远意义。

3.2　中国高铁建设的公共政策规划

制定科学合理的公共政策规划是开展高铁建设的前提，这不仅能够促进铁路运输系统的高效运行，而且有助于提高本国铁路服务的核心竞争力。根据宏观经济学理论，为实现充分就业的国民收入均衡，单纯依靠市场机制调节是不够的，政府应当适时制定公共政策规划，调节宏观经济的运行，以达到预期政策目标（叶斌和汤晋，2010；李文钊，2019）。事实上，纵观国内外高铁的发展历程，不论是中国、日本、法国、德国、西班牙等高铁发展相对成熟的国家，还是美国、印度等正在兴建高铁的国家，都制定了一系列的公共政策规划。陈等（Chen et al.，2020）认为这些规划大多数是成功的，因为这些国家的铁路运营效率已得到明显的提高。因此，在新型基础设施建设不断推进的背景下，有必要系统梳理和总结中国高铁发展的公共政策规划，进而为完善现代交通运输体系、推动交通强国战略的实施提供相应的对策建议。

3.2.1　宏观管理政策

作为一种公共交通工具，高铁具有典型的公共物品特征，承担着重要的社会职能。从公共物品供给角度来看，我国在高铁发展过程中设置了专门的规划机构及管理部门，并出台了多方面的宏观管理政策来保障高铁系统的顺利运行，以下从建设运营模式和安全监管体系两方面来分析。

一方面，周君等（2013）认为高铁的建设运营模式主要包括"建运分离""建运合一""工程建设指挥部"三种。目前，包括中国、日本在内的多数国家均采取"建运分离"的模式，其特点在于高铁的筹资和建设由一个或多个项目法人来负责，待项目建成后转让或租赁给高铁运营公司，而"建运合一"的模式与之恰恰相反。例如，中国高铁大部分由中国中车股份有限公司、中国铁路通信信号集团有限公司、中国铁路工程集团、中国铁路建筑集团有限公司和中国铁路物资股份有限公司五家机构共同承建，而中国铁路总公司则负责具体的运营业务。

另一方面，安全监管问题是各国发展高铁过程中的重点关注。从立法角度来看，目前我国已建立较为完善的铁路安全法律体系和标准规范，包括 2013 年颁布的《铁路安全管理条例》和 2014 年颁布的《铁路旅客运输安全检查管理办法》以及 2015 年修订的《中华人民共和国铁路法》等。就具体分工而言，国家铁路局负责对高铁运输企业进行监督检查，落实各项安全管理制度，而铁路客运企业则负责加强高铁设备的质量管控和职工队伍的安全培训工作。

3.2.2　体制改革政策

从现有方案来看，高铁的体制改革主要包括"网运分离""区域化改革""网运分离与区域化改革相结合"这三种方式。其中，"网运分离"强调将路网建设与客货运输相分离，即政府下设的工程部门负责路网建设，而客货运输由一个或多个运输公司来承担；"区域化改革"强调因地制宜，基于各客运公司所在地的经济状况，来制定差异化的运输政策；"网运分离与区域化改革相结合"具有两种改革方式共同的特征。

根据《国务院机构改革和职能转变方案》，我国于 2013 年实行铁路政企分开，2019 年中国铁路总公司改制成立中国国家铁路集团有限公司，下辖北京局、郑州局等 18 个区域性的铁路局集团公司，各自负责与地方政府进行对接，避免建设与运营的脱节。贾善铭和覃成林（2015）认为高铁发展可以划分为路网建设和运营管理两方面，其中前者以政府为主导，后者则以公司为主体，即总体表现为政企分开的特点。此外，考虑到我国东中西部地区的人口集聚和经济基础存在较大的差异，周君等（2013）建议采取"网运分离与区域化改革相结合"的方式，即在我国东部、中部、西部地区分别实行平行竞争、"网运分离"与区域性竞争的改革模式，从而更好地推动我国铁路系统的体制改革进程。

3.2.3 产业规制政策

产业规制是政府或社会对产业经济主体及其行为的规制，目的在于实现特定的经济目标。由于高铁产业发展涉及机车设计、装备制造、通信技术等诸多环节，其中许多环节的业务具有高度保密性和自然垄断性特征，因而在其发展过程中，许多发达国家如美国、日本都对其进行不同程度的规制，但是随着市场化程度的不断加深，相关规制措施也逐步放松或取消。

相比于美国的铁路建设，我国普通铁路起步较晚，但高铁产业发展较快，且当前处于放松管制和深化改革阶段。首先，高铁产业在我国属于战略性新兴产业，早在2010年的《国务院关于加快培育和发展战略性新兴产业的决定》文件中，就将发展轨道交通作为"十二五"期间的重点任务之一。就我国国情而言，高铁产业不仅能够创造投资、带动就业，而且能够促进要素在地区间流动。其次，为了保障高铁产业健康发展，我国制定了一系列公共政策法律或法规，对其中的市场进入、技术引进、项目审批等环节作出明确的管制。例如，铁道部在2011年颁布《关于进一步明确铁路基本建设项目审批管理程序的通知》，其中要求在高铁项目动工前，要先向发改委部门报送项目审批书，待批复后再向城乡规划、国土资源、环保等部门报送项目可行性报告等资料，这些举措一度使得铁路项目的审批周期过长。因此，为了适应市场经济的发展，党的十八大以后，我国大力推进"放管服"改革，国家发改委在2015年和2017年相继出台《关于调整铁路建设项目审批手续的通知》和《关于进一步下放政府投资交通项目审批权的通知》，要求缩短高铁项目的审批手续，下放地方高铁项目的审批权至省级政府，这些举措有效提高了高铁项目的审批效率。

3.2.4 土地开发政策

随着高铁的建设施工，沿线城市的土地利用结构发生了重大变化。为了提升高铁站周边区域的土地利用效率，许多城市重新调整了其土地开发政策。在这当中，地方政府主要负责征用土地和协助当地居民进行搬迁，而开发商主要参与后续的物业开发和企业入驻等工作。

当前，我国仍处于快速城镇化时期，土地开发速度相对较快，许多城市为了拓展自身的城市发展空间，致力于打造"高铁新城"。就具体公共政策规划而言，国务院出台诸多有关高铁站土地开发的文件。例如，在 2013 年出台的《关于改革铁路投融资体制加快推进铁路建设的意见》中，要求盘活铁路土地资源，通过加大土地出让力度来支持高铁建设；2014 年发布《关于支持铁路建设实施土地综合开发的意见》，要求根据新型城镇化部署要求，适度增加铁路站及其周边土地的开发强度。陈等（Chen et al.，2020）认为出于任期 GDP 考核、政府债务等因素的考虑，政府往往倾向于通过招标、拍卖或挂牌等方式将公共土地使用权转让给私人土地开发商，以促进高铁站点周边土地更快得到开发。然而，由于多数高铁站距离城市中心较远，很难吸引到高端企业入驻，因而站点周边区域往往只聚集餐饮、住宿等服务产业，加上缺乏必要的配套基础设施，这些站点的土地使用效率相对较低。对此，2018 年国务院出台《关于推进高铁站周边区域合理开发建设的指导意见》，要求合理确定高铁站的位置和规模，促进土地集约化利用。

3.2.5　运价调整政策

运价收入是高铁运输的主要收益，合理的运价调整政策有助于促进交通资源的优化配置。张等（Zhang et al.，2017）认为在制定高铁的运价时，需要综合考虑市场供求关系、运输成本、旅客定位等诸多因素。

当前，中国高铁的运价政策主要采取"基本票价 + 优惠票价"的方式，其中，基本票价依照不同的高铁列车型号、运行时速、座位类型等因素，是无折扣的公布票价，优惠票价则是依照旅客承受能力和季节需求等因素，对符合《铁路旅客运输规程》条件的学生、军人等群体，按一定优惠确定的实际执行票价。2015 年 12 月，国家发改委发布《关于改革完善高铁动车组旅客票价政策的通知》，规定高铁运价从次年起由国家发改委指导、市场定价。由此，中国铁路总公司拥有一定的定价权，这对于提高高铁列车利用率、增强公司盈利能力具有重要意义。相比于原来发改委统一定价的方式，新的运价政策也更加符合市场经济规律。

3.3 中国高铁建设的现状分析

3.3.1 高铁线路开通情况

图 3 - 2 展示了 2003—2022 年我国高铁年度通车里程情况，可以看出，自 2003 年我国真正意义上的第一条高铁秦沈客专建成通车以来，我国高铁累计通车总里程约 4.3 万公里（不含台湾地区），其中 2014 年和 2015 年达到高峰，这两年建成高铁突破 1 万公里，随后 2018 年和 2019 年通车里程均突破 4000 公里。

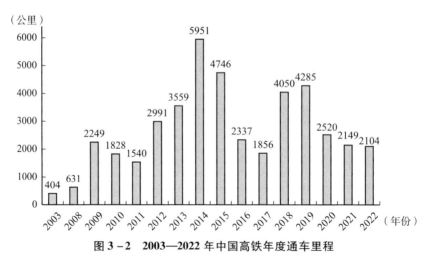

图 3 - 2 2003—2022 年中国高铁年度通车里程

资料来源：国家铁路局，作者整理绘制。

表 3 - 1 展示了近年来我国部分高铁线路的开通情况。截至 2022 年底，中国高铁线路累计开通线路达 174 条，从最早 2003 年的秦沈客运专线开始

到 2022 年 12 月 30 日开通的京唐城际铁路（连接燕郊到唐山）。需要说明的是，尽管国家铁路局在 21 世纪初就有铁路提速的计划，但直到 2008 年京津城际铁路才正式经营客运业务，其缩短旅行时间的影响是直接的，对区域经济也产生了多方面的影响（闫枫和张明玉，2015）。

表 3 - 1 　　　　　中国部分高铁线路的通车情况（2003—2022 年）

年份	高铁项目名称	高铁线路名称	起始站点	运营里程（公里）	设计时速（公里）	通车时间
2003	秦沈客专	京哈线	秦皇岛—沈阳北	404	250	2003.10.12
2008	京津城际铁路	京津城际线	北京南—天津	117	350	2008.08.01
2009	武广高铁	京广高速线	武汉—广州南	969	350	2009.12.26
2010	郑西高铁	徐兰高速线	郑州东—西安北	523	350	2010.02.06
2011	京沪高铁	京沪高速线	北京南—上海虹桥	1318	350	2011.06.30
2012	京广高铁京郑段	京广高速线	北京西—郑州东	663	350	2012.12.26
2013	向蒲铁路	昌福线	南昌西—福州	546	200	2013.09.26
2014	兰新客专	兰新客专线	兰州西—乌鲁木齐	1786	250	2014.12.26
2015	合福高铁	合福高速线	合肥北—福州	850	350	2015.06.28
2016	云桂铁路昆明至百色段	南昆客专线	百色—昆明南	487	250	2016.12.28
2017	西成高铁西安至江油段	西成客专线	西安北—江油	469	250	2017.12.06
2018	京沈高铁承德至沈阳段	京哈高速承沈段	承德南—沈阳	504	350	2018.12.29
2019	昌吉赣高铁	京港高速线昌赣段	横岗—赣州西	402	350	2019.12.26
2020	银西高铁	银西客专线	吴忠—西安北	543	250	2020.12.26

年份	高铁项目名称	高铁线路名称	起始站点	运营里程（公里）	设计时速（公里）	通车时间
2021	赣深高铁	京港高铁赣深段	赣州西—深圳北	438	350	2021.12.10
2022	京唐城际铁路	京唐城际铁路	燕郊—唐山	136	300	2022.12.30

注：统计范围包括设计时速 250～350 公里的准高铁（技术型高铁）、设计时速 200 公里的客货共线铁路（路网型高铁）及都市圈城际铁路，城际铁路不包括地铁制式的城市轨道交通及市域（郊）铁路。限于篇幅，表中仅展示当年建成通车的主要高铁线路。

资料来源：国家铁路局。

3.3.2 高铁站建设情况

截至 2022 年底，中国开通高铁线路的站点达 1254 个，覆盖了除西藏以外的所有内地省级行政单位，城市站点总体覆盖率接近 90%。表 3-2 反映了中国高铁站的建设规模情况。总体而言，截至 2022 年底，上海虹桥站造价最高，南京南占地面积最大，而西安北站规模居首，达 18 台 34 线。

表 3-2　　　　　　　　　中国高铁站建设规模情况（前十名）

排名	站名	站场规模	建筑面积（万平方米）	总投资（亿元）
1	西安北站	18 台 34 线	42.5	61
2	郑州东站	16 台 34 线	41.2	94.7
3	上海虹桥	16 台 30 线	24	150
4	昆明南站	16 台 30 线	33.4	31.8
5	贵阳北站	15 台 32 线	25.5	66.7
6	重庆西站	15 台 31 线	30	30.8
7	杭州东站	15 台 30 线	34	98
8	广州南站	15 台 28 线	33.6	130
9	南京南站	15 台 28 线	45.8	140
10	重庆北站	14 台 29 线	26.6	—

资料来源：国家铁路局以及各地方铁路局，其中重庆北站为改造站，投资数据不详。

3.3.3　高铁服务供给情况

高铁服务供给水平反映了一定时间范围内高速铁路的运营状况，有学者研究发现城市发车频次在一定程度上能够体现客流比重及客流强度（Shao et al.，2017；李彦等，2018），且这种连续变量的指标更能反映高铁服务的边际影响（朱文涛，2019）。因此，本书使用各城市的高铁总发车频次（不包括"过站不停车"的情形）来衡量高铁的服务供给水平。考虑到运营成本、旅客需求和节日效应等因素，中国地方 18 个铁路局通常会对某城市的高铁发车频次进行相应的调整。一个城市与其他城市相连的高铁频次越多，则反映该城市的高铁服务供给水平越高。此外，乘客的旅行时间包括行车时间和候车时间，充足的高铁服务供给水平在一定程度上减少了乘客的候车时间，进而在一定程度上降低了乘客的通勤成本（柴庆元，2019）。

显然，一个城市的高铁服务供给水平越高，与外界的联系越便捷。中国铁路北京局集团有限公司的资料显示，以 2017 年 12 月 1 日北京到上海的 G101 次列车为例，该车次一共经停 11 个城市，那么该车次给这些城市都带来了 10 个高铁服务频次，平均每天有 568 趟高铁车辆经停北京市，通过加总所有的高铁频次，整理计算可得 2017 年北京平均每天的高铁服务频次为 4471。

3.3.4　交通可达性状况

高铁开通产生了时空压缩效应，最直接的影响是改善了交通可达性。本节以沪昆高铁为例，分析高铁开通对城市交通可达性水平的改善情况。该线路又名沪昆客运专线，是中国东西向线路里程最长、经过省份最多的高速铁路。作为国家"八纵八横"高铁的主通道之一，沪昆高铁承载着改善西部交通、促进社会公平的历史使命。该线路起止点自上海虹桥站起，途经省市包括沪、浙、赣、湘、贵、滇，终至昆明南站，线路全长 2252 公里，运营速度为 300 公里/小时，工程总投资达 3000 多亿元。该项目于 2009 年 2 月开工，于 2016 年 12 月正式开通运营，至此，上海至昆明的乘车时间由约 37 小时缩短至 10 小时，极大地促进了中国东、中、西部地区的互联互通。

下面以沪昆高铁沿线 13 个站点地级市为研究对象（包括上海、杭州、金华、鹰潭、南昌、新余、长沙、娄底、怀化、贵阳、安顺、曲靖和昆明），对比分析这些城市在 2010 年与 2018 年的交通可达性水平，相应的列车运营最短时刻如表 3-3 和表 3-4 所示，其中的通行时间不包括中转停留时间。

表 3-3　　　　　2010 年列车运营最短时刻表（上海—昆明）　　　单位：分钟

城市	上海	杭州	金华	鹰潭	南昌	新余	长沙	娄底	怀化	贵阳	安顺	曲靖	昆明
上海		118	232	467	543	617	782	896	1141	1526	1608	2048	2163
杭州	113		114	349	425	499	664	778	1023	1408	1490	1930	2045
金华	224	111		235	311	385	550	664	909	1294	1376	1816	1931
鹰潭	452	339	228		76	150	315	429	674	1059	1141	1581	1696
南昌	526	413	302	74		74	239	353	598	983	1065	1505	1620
新余	598	485	374	146	72		165	279	524	909	991	1431	1546
长沙	755	642	531	303	229	157		114	359	744	826	1266	1381
娄底	865	752	641	413	339	267	110		245	630	712	1152	1267
怀化	1102	989	878	650	576	504	347	237		385	467	907	1022
贵阳	1490	1377	1266	1038	964	892	735	625	388		82	522	637
安顺	1560	1447	1336	1108	1034	962	805	695	458	70		440	555
曲靖	2005	1892	1781	1553	1479	1407	1250	1140	903	515	445		115
昆明	2121	2008	1897	1669	1595	1523	1366	1256	1019	631	561	116	

资料来源：根据《全国铁路旅客列车时刻表》（2010 年 6 月版）整理得出。

表 3-4　　　　　2018 年列车运营最短时刻表（上海—昆明）　　　单位：分钟

城市	上海	杭州	金华	鹰潭	南昌	新余	长沙	娄底	怀化	贵阳	安顺	曲靖	昆明
上海		47	91	164	205	237	293	328	383	488	518	584	626
杭州	49		44	117	158	190	246	281	336	441	471	537	579

城市	上海	杭州	金华	鹰潭	南昌	新余	长沙	娄底	怀化	贵阳	安顺	曲靖	昆明
金华	97	48		73	114	146	202	237	292	397	427	493	535
鹰潭	173	124	76		41	73	129	164	219	324	354	420	462
南昌	214	165	117	41		32	88	123	178	283	313	379	421
新余	246	197	149	73	32		56	91	146	251	281	347	389
长沙	307	258	210	134	93	61		35	90	195	225	291	333
娄底	347	298	250	174	133	101	40		55	160	190	256	298
怀化	407	358	310	234	193	161	100	60		105	135	201	243
贵阳	512	463	415	339	298	266	205	165	105		30	96	138
安顺	542	493	445	369	328	296	235	195	135	30		66	108
曲靖	613	564	516	440	399	367	306	266	206	101	71		42
昆明	658	609	561	485	444	412	351	311	251	146	116	45	

资料来源：根据中国铁路客服中心 12306 官方网站整理得出，查询时间为 2018 年 6 月 1 日。

　　根据表 3-3 和表 3-4 数据，可以计算出沪昆高铁沿线城市间的交通可达性水平变化，这里用加权平均旅行时间的变化来反映，具体表达式见 2.1.3 节的式（2-1），其中 M_j 为城市节点城市 j 的 GDP，数据来源于各省的统计年鉴。

　　由表 3-5 给出的结果可知，在沪昆高铁开通运营之前的 2010 年，沿线城市的加权平均旅行时间超过均值的有怀化、贵阳、安顺、曲靖和昆明，其中金华的加权平均旅行时间最短，耗时 457.332 分钟，而昆明的加权平均旅行时间最长，耗时 1803.223 分钟，相当于金华的 4 倍多，这主要与各城市在交通网络中所处的位置有关。

　　在沪昆高铁开通运营之后的 2018 年，沿线城市的交通可达性水平都得到了很大程度上的改善。根据表 3-5 给出的结果，加权平均旅行时间的均值从 2010 年的 886.306 分钟减少到 2018 年的 288.661 分钟，降低了 67.431%。具体来看，昆明加权平均旅行时间变化得最为明显，从 2010 年的 1803.223 分钟减小到 2018 年的 520.398 分钟，降低了 71.141%，而杭州的加权平均旅行时间的变化率最小，这主要与其初始水平有关，事实上，

2010 年杭州的交通可达性水平已处于相对较高的水平。

表 3 - 5   沪昆高铁开通前后沿线城市的交通可达性变化情况

沿线城市	2010 年（分钟）	2018 年（分钟）	节约时间（分钟）	变化率（%）
上海	768.058	266.604	501.454	65.289
杭州	487.060	182.245	304.815	62.583
金华	457.332	167.957	289.375	63.275
鹰潭	503.069	178.362	324.707	64.545
南昌	552.855	198.458	354.397	64.103
新余	561.168	199.661	361.508	64.421
长沙	705.565	255.542	450.023	63.782
娄底	711.597	253.049	458.548	64.439
怀化	887.514	295.267	592.247	66.731
贵阳	1205.636	382.430	823.206	68.280
安顺	1235.015	393.196	841.819	68.163
曲靖	1643.889	459.418	1184.471	72.053
昆明	1803.223	520.398	1282.825	71.141
均值	886.306	288.661	597.646	67.431

3.4 中国高铁建设的发展特征分析

3.4.1 空间分布特征

参照王列辉等（2017）的界定，下面从七大区域的角度来分析中国高铁建设的空间分布特征，如表 3 - 6 所示。一方面，从高铁站点个数和高铁服务频次来看，截至 2018 年底，华东地区的高铁站点数最多，占全国总值的 25.74%，且其高铁服务频次最高，占全国总和的 39.10%，反映了该地区的人口流动和经济活动较为频繁。另一方面，从高铁运营里程来看，2018

年华东、华中、华南三个区域的高铁运营里程共计 14948 公里，占全国总里程的 60.89%，高于其常住人口比重（57.86%），低于其名义 GDP 比重（64.73%）；东北地区的高铁运营里程最短，仅占全国总里程的 6.46%，略低于其常住人口比重（7.76%），略高于其名义 GDP 比重（6.20%）。

表 3-6   2018 年中国高铁建设的空间分布特征

区域	常住人口 （万人）	名义 GDP （亿元）	高铁站点数 （个）	高铁服务频次 （频次）	高铁运营里程 （公里）	高铁覆盖密度 （公里/万平方公里）
华东	36523.32	323752.95	200	134159	6584	105.02
华南	17206.80	122462.33	134	44556	3947	87.36
华中	27068.34	145832.97	174	80561	4417	60.52
华北	17522.08	119247.22	60	25908	2300	14.69
西北	10279.76	51453.88	43	12052	2633	8.79
西南	20216.11	95206.52	91	24599	3080	12.82
东北	10836.46	56751.59	75	21307	1587	19.80

资料来源：作者计算所得，其中的常住人口、GDP 数据来自《中国统计年鉴（2019 年）》。

总之，中国高铁建设主要集中在华东、华中和华南地区，并呈现与其常住人口、GDP 分布相一致的空间分布特征。考虑到交通基础设施建设主要是为人口密度相对较高的地区而设计开展的，因而这一发现与实际情况较为相符。结合高铁覆盖密度来看，2018 年中国高铁网络的整体覆盖密度为 25.48 公里/万平方公里，其中华东地区的高铁覆盖密度达到 105.02 公里/万平方公里，相当于全国整体均值的 4 倍多，而华北、西北、西南、东北四个区域的高铁覆盖密度则低于全国整体的均值。

3.4.2 网络化特征

下面利用社会网络分析方法，就中国十大城市群内部高铁网络的建设情况进行统计分析。当前，高铁网络已基本将中国十大城市群连为一个整体，例如，京广高铁串联了京津冀、中原、长江中游和粤港澳大湾区城市群，而广珠城际、广深城际等城际铁路的开通则缩短了粤港澳大湾区城市群内部的旅行时间。结合表 3 - 1 可以看出，截至 2018 年底，中国十大城市群之间的高速铁路网络已初步建成，高铁的网络化建设强化了它们彼此之间的经济联系。

根据表 3 - 7 的结果，当前长三角、粤港澳大湾区和海峡西岸三大城市群中已开通高铁的城市占比均超过 90%，高铁网络已基本覆盖所在城市群。从网络密度来看，海峡西岸城市群和粤港澳大湾区的网络密度相对较高，分别达到 0.60 和 0.51，由于这里的网络密度值考虑了城市群内城市间的高铁直达情况，不包括转车情况，而长三角、长江中游城市群的地理范围包括了多个省市，因而它们的高铁直达网络密度相对较低。因此，未来可以通过强化交通枢纽建设，缩短高铁旅行的中转时间，来更好地促进城市群内的经济联系。

表 3 - 7　　　　　　　　2018 年中国高铁建设的网络化特征

城市群	高铁城市占比（%）	网络密度	城市群	高铁城市占比（%）	网络密度
京津冀	70.00	0.27	中原	56.67	0.29
哈长	54.55	0.13	长江中游	80.77	0.29
长三角	96.15	0.31	粤港澳	90.91	0.51
海峡西岸	100.00	0.60	成渝	53.33	0.28
山东半岛	75.00	0.46	关中	66.67	0.17

注：关于十大城市群的涵盖范围，参见 6.2.2 节的划分。

第4章 高铁建设、要素流动影响区域经济发展的理论分析

4.1 高铁建设影响区域经济发展的机制分析

4.1.1 高铁建设影响区域经济增长的机制分析

石和周（Shi & Zhou，2013）、董艳梅和朱英明（2016）、王雨飞和倪鹏飞（2016）的研究结论均表明，高铁建设对于城市经济增长具有重要促进作用。为了更好地分析其中的影响机制，借鉴周亚雄（2013）的研究设计，本节构建了两地区新经济地理模型，并在其中纳入高铁建设等因素，模型构建具体包括以下过程。

1. 基本假设

假设经济体（M）由两个代表性区域构成，即发达地区（A）和欠发达地区（B），A 和 B 均包含工业区（C）和农业区（D）两部分，其中 C 仅生产工业品，需要投入两种要素，包括劳动力要素（L）和资本要素（K）；D 仅生产农业品，需要劳动力要素（L）的投入；A、B 两地的厂商数量分别为 n_A 和 n_B。在初始状态设定中，假设劳动力要素（L）仅能在本地区内的生产部门间自由流动，而资本要素可以跨地区、跨部门流动。

经济体（M）中存在大量理性消费者（L），他们均提供一单位非弹性的同质劳动力，而资本在 L 中平均分配。令 $L = 1$，则有 $L_A + L_B = 1$。此时，发达地区（A）的劳动力市场份额为 $S_{L_A} = L_A$，用于农业生产的劳动力为 l_A；欠发达地区（B）的劳动力市场份额为 $S_{L_B} = L_B$，用于农业生产的劳动力为 l_B。同时，对资本进行标准化处理，令 $K = 1$，则有 $K_A + K_B = 1$，而发达地区（A）和欠发达地区（B）的资本禀赋可以分别表示成 $S_{K_A} = K_A$ 和 $S_{K_B} = K_B$。

假设农产品和工业品的生产分别是同质化和差异化的，对于每种工业品的生产而言，均需要投入 K 和 L 两种要素，其 K 被看作固定成本，L 被看作可变成本。对于 A、B 两地的工业厂商而言，若它们都只投入 1 个单位的资本进行生产，则此时 A、B 两地的资本使用份额分别为 $S_{n_A} = n_A$、$S_{n_B} = n_B$，且满足 $S_{L_A} = S_{K_A} > S_{L_B} = S_{K_B}$。

2. 基本模型

（1）消费者均衡。采用 Cobb – Douglas 函数表示消费者效用，有

$$U = C_m^\mu C_f^{1-\mu} \tag{4-1}$$

其中，C_m 和 C_f 分别表示工业品和农业品的综合消费指数，μ 表示工业品的占比，$1 - \mu$ 表示农业品的占比，$\mu \in (0, 1)$。

假设冰山成本（τ）只存在于工业品的运输过程中，高铁开通前、开通后的交通成本分别为 T 和 $T - G$，其中 G 为交通可达性提升后所节约的交通成本，满足 $G > 0$。为了使工业品在不同地区间进行至少一单位的贸易，应至少运输（$T - G + 1$）的数量。另外，对于同质化的农产品生产而言，其价格为 $P_f = 1$。

假设城镇消费者的期望收入为（$1 - \lambda_1$）W_1，其中 W_1、λ 为城镇工人的工资和失业率，而农民的期望收入为（$1 - \lambda_2$）W_2，其中 W_2、λ_2 为农民的工资和失业率，且 $\lambda_2 = 0$。此时，消费者的效用最大化可以表述为

$$\begin{cases} \max U = C_m^\mu C_f^{1-\mu} \\ \text{s. t.} \int_{i \in N} C_{mi} P_{mi} \mathrm{d}i + C_f = W \end{cases} \tag{4-2}$$

求解上述消费者效用最大化问题，据其一阶条件得 $C_m = \mu W / P_m$。

那么，城镇工人与农村居民对工业品的综合消费指数可以分别表示为

$$\begin{cases} C_m = \mu(1-\lambda)W_1/P_m \\ C_m = \mu W_2/P_m \end{cases} \qquad (4-3)$$

基于 CES 函数，可得

$$C_m = \left[\int_{i \in N} C_{mi}^{\frac{\sigma-1}{\sigma}} \mathrm{d}i \right]^{\frac{\sigma}{\sigma-1}} \qquad (4-4)$$

其中，σ 表示工业品之间的替代弹性，满足 $\sigma > 1$，意味着工业品之间具有替代性。

因为效用最大化等价于成本最小化，那么在工业品消费指数 C_m 已知的前提下，选取最小的 C_{mi} 以实现成本最小，于是有

$$\begin{cases} \min \int_{i \in N} P_{mi} C_{mi} \mathrm{d}i \\ \text{s. t. } C_m = \left[\int_{i \in N} C_{m0i}^{\frac{\sigma-1}{\sigma}} \mathrm{d}i \right]^{\frac{\sigma}{\sigma-1}} \end{cases} \qquad (4-5)$$

对式（4-5）进行一阶求导，可得

$$C_{mi} = C_m P_i^{-\sigma}/P_{mi}^{-\sigma} \quad (i \in N) \qquad (4-6)$$

此时，可得工业品的综合价格指数为

$$P_m = \left[\int_{i \in N} P_{mi}^{1-\sigma} \mathrm{d}i \right]^{\frac{1}{1-\sigma}} \qquad (4-7)$$

（2）生产者均衡。其一，农业厂商生产均衡：考虑到国内的农业劳动力存在劳动力过剩现象（郭剑雄和李志俊，2011），因此，从某种程度上来说，农产品的产量（X_f）与农业部门 L 的投入之间并不具有正向关联性。此时，代表性农民的收入由农业厂商的平均产量来衡量，即

$$W_2 = X_f P_f/l = X_f/l \qquad (4-8)$$

其中，X_f 是农业厂商生产农业品的总量。

其二，工业厂商生产均衡：假设发达地区 A 采用生产技术 R_A，欠发达地区 B 采用生产技术 R_B，此时工业厂商的生产函数可表示为

$$(L-l)(1-\lambda) = (\alpha + \beta X_m)/R \qquad (4-9)$$

其中，等式左边代表工业厂商的有效劳动力，等式右边的 X_m 为工业厂商的生产工业品的总量，发达地区 A 的生产技术明显优于欠发达地区 B，即

$R_A > R_B$；发达地区 A 的工资明显高于欠发达地区 B，即 $W_A > W_B$。

分析可知，工业厂商的成本函数可以表示为

$$TC = \bar{C} + W_1(L-l)(1-\lambda) \tag{4-10}$$

其中，$\bar{C}$ 与 $W_1(L-l)(1-\lambda)$ 分别表示 1 单位资本组成的不变成本和由劳动力组成的可变成本。从厂商利润最大化角度来看，考虑到工业厂商的垄断竞争特征，可按照边际加成法计算，得出工业品的价格为 $P = \sigma\beta W_1/(\sigma-1)$ R。由此，A、B 两地中工业品的出厂价格分别为

$$\begin{cases} P_A = \sigma\beta W_{1A}/(\sigma-1)R_A \\ P_B = \sigma\beta W_{1B}/(\sigma-1)R_B \end{cases} \tag{4-11}$$

考虑到冰山成本的存在，那么 A 地区的工业品在 B 地区的出售价格为 $\overline{P_A} = \sigma\beta W_{1A}(T-G+1)/(\sigma-1)R_A$。同理，$B$ 地区的工业品在 A 地区的出售价格为 $\overline{P_B} = \sigma\beta W_{1B}(T-G+1)/(\sigma-1)R_B$。

根据式（4-5），可得 A 和 B 中工业厂商的工业品价格指数分别为

$$\begin{cases} (P_{mA})^{1-\sigma} = n\left[S_{nA}P_A^{1-\sigma} + S_{nB}(\overline{P_B})^{1-\sigma}\right] \\ (P_{mB})^{1-\sigma} = n\left[S_{nB}P_B^{1-\sigma} + S_{nA}(\overline{P_A})^{1-\sigma}\right] \end{cases} \tag{4-12}$$

在均衡状态下，每个城市的总收入等于总支出，有 $W = Y = \omega L + zK$。根据分析可得，发达地区 A 对本地以及欠发达地区 B 的某种工业品需求量可以分别表示为

$$\begin{cases} C_{Am_0} = \mu Y_A P_{mA}^{\sigma-1}(\overline{P_B})^{-\sigma} \\ C_{Am_1} = \mu Y_A P_{mA}^{\sigma-1}(\overline{P_B})^{-\sigma} \end{cases} \tag{4-13}$$

同样，欠发达地区 B 对本地以及发达地区 A 的某种工业品需求量可以分别表示为

$$\begin{cases} C_{Bm_0} = \mu Y_B P_{mB}^{\sigma-1}P_B^{-\sigma} \\ C_{Bm_1} = \mu Y_B P_{mB}^{\sigma-1}(\overline{P_A})^{-\sigma} \end{cases} \tag{4-14}$$

代入式（4-13）和式（4-14），A、B 两地的工业厂商生产工业品的产量分别为

$$\begin{cases} X_{mA} = P_A C_{Am_0} + \overline{P_A} C_{Bm_0} = \mu Y D_A/n \\ X_{mB} = P_B C_{Bm_0} + \overline{P_B} C_{Am_1} = \mu Y D_B/n \end{cases} \tag{4-15}$$

其中,

$$
\begin{cases}
D_A = \dfrac{S_{YA}P_A^{1-\sigma}}{S_{nA}P_A^{1-\sigma} + S_{nB}P_B^{1-\sigma}} + \dfrac{S_{YB}(\overline{P_A})^{1-\sigma}}{S_{nB}P_B^{1-\sigma} + S_{nA}(\overline{P_A})^{1-\sigma}} \\[4mm]
D_B = \dfrac{S_{YB}P_B^{1-\sigma}}{S_{nB}P_B^{1-\sigma} + S_{nA}(\overline{P_A})^{1-\sigma}} + \dfrac{S_{YA}(\overline{P_B})^{1-\sigma}}{S_{nA}P_A^{1-\sigma} + S_{nB}(\overline{P_B})^{1-\sigma}}
\end{cases}
\quad (4-16)
$$

由于 A、B 两地的工业厂商是垄断竞争厂商,它们的营业利润为

$$
z = PX_m - W_1(L - l)(1 - \lambda) = PX_m - W_1\frac{(\alpha + \beta X_m)}{R} \quad (4-17)
$$

此时, A、B 两地工业厂商的营业利润可以分别表示成

$$
\begin{cases}
z_A = P_A X_{mA} - W_{1A}\dfrac{(\alpha + \beta X_{Am})}{R_A} = \left(\dfrac{\beta X_{mA}}{\sigma - 1} - \alpha\right)\dfrac{W_{1A}}{R_A} = (dD_A - \alpha)\dfrac{W_{1A}}{R_A} = d_1 D_A - d_2 \\[4mm]
z_B = P_B X_{mB} - W_{1B}\dfrac{(\alpha + \beta X_{Bm})}{R_B} = \left(\dfrac{\beta X_{mB}}{\sigma - 1} - \alpha\right)\dfrac{W_{1B}}{R_B} = (dD_B - \alpha)\dfrac{W_{1B}}{R_B} = d_1 D_B - d_2
\end{cases}
$$

$$(4-18)$$

其中, d 表示常数,具体分别表示为 $d = \beta\mu Y/(\sigma - 1)n$, $d_1 = dW_1/R$, $d_2 = \alpha W_1/R$。

(3)均衡效应分析。以发达地区 A 为例,联立式(4 - 11)、式(4 - 13)和式(4 - 15),可得均衡状态的总需求公式为

$$
X_{mA} = \mu Y_A P_{mA}^{\sigma-1}\left[\frac{\sigma\beta W_{1A}}{(\sigma - 1)R_A}\right]^{1-\sigma} + \mu Y_B P_{mB}^{\sigma-1}\left[\frac{\sigma\beta W_{1A}(T - G + 1)}{(\sigma - 1)R_A}\right]^{1-\sigma}
$$

$$(4-19)$$

结合前文分析,工业企业的超额利润为零,由此可得出工业厂商的产量为

$$
X_{mA} = \frac{\sigma(\sigma - 1)(1 - \lambda_A)}{\sigma\beta - (\sigma - 1)(1 - \lambda_A)\beta} \quad (4-20)
$$

考虑到在短期内,均衡需求和产出都不会发生明显变化。由式(4 - 19)可以推出,在开通高铁后,A 地区的工人工资(W_{1A})会得到提高;在较长的时间内,各地区对工业品的贸易需求量会增加,高铁开通后促进了相关行业的就业,失业率(λ)会有所下降,从而达到一种更优的均衡状态。因此,高铁可以提高工人的工资收入,同时也会通过降低失业率增加有效劳动力,这一发现与董艳梅和朱英明(2016)的结论相一致。

考虑到每个区域的资本收益及城镇和农村的有效劳动者的工资收入构成该区域的总收入，并等价于总支出，此时有

$$Y = WL + zK = W_1(L-l)(1-\lambda) + W_2 l + zK \quad (4-21)$$

$$
\begin{aligned}
zK &= z_A S_{nA} K + z_B S_{nB} K = S_{nA}(d_1 D_A - d_2) + S_{nB}(d_1 D_B - d_2)\\
&= d_1(S_{nA} D_A + S_{nB} D_B) + d_2(S_{nA} + S_{nB})\\
&= d_1(W_{1A}/R_A) + d_2(W_{1B}/R_B)
\end{aligned} \quad (4-22)
$$

可以看出，整个地区的总支出（Y）与有效劳动力 $[W_1(L-l)(1-\lambda)]$、劳动力工资（W_1 和 W_2）及生产技术（R_A 和 R_B）有关。

综上可知，高铁建设可以通过增加沿线城市的有效劳动力和劳动力工资的方式，来促进沿线城市的经济增长。由此提出以下假说。

假说 4-1 高铁建设可以促进沿线区域的经济增长。

4.1.2 高铁建设影响区域经济一体化的机制分析

本节对局部溢出模型（LS）进行扩展，这里放宽 4.1.1 节的基本假设，即假定劳动力要素（L）和资本要素（K）可以在 A、B 两地自由流动。在 LS 模型中，除了工业生产部门和农业生产部门以外，还有知识生产部门 PT，该部门利用劳动来生产新的知识，且受到学习曲线的约束（Romer，1990）。

需要说明的是，考虑到高铁建设可能产生的影响，本节中经济一体化的概念不仅包括贸易自由化水平的提高，还包括区域发展差距的缩小，其中，前者体现在资本的区际流动和企业的区位分布上（安虎森，2009；鲁晓东和李荣林，2009），而后者主要体现在区域间收入差距和城乡收入差距的缩小上。任晓红和张宗益（2013）认为生产要素的趋利性特点决定了它将流向收益率更高的区域，而交通网络建设可以影响不同区域的实际收益率，进而改变要素的流动方向及其空间分布状况。至此，A、B 两地的内部均衡可以由以下区位条件来反映：

$$
\begin{cases}
\pi_A = b V_A E^\omega / K^\omega\\
\pi_B = b V_B E^\omega / K^\omega
\end{cases} \quad (4-23)
$$

其中，π_A、π_B 分别表示 A、B 两地的资本收益；b 为聚集力，满足 $b = \mu/\sigma$；E^ω 为总支出；K^ω 为总资本存量，如果考虑单个产品种类和一个单位资本相

对应，则 K^{ω} 等于产品种类总量，于是有 $K^{\omega} = n^w = n_A + n_B$；$V_A$、$V_B$ 分别表示 A、B 两地的短期资本收益，二者都是资本空间分布和支出分布的函数，它们的表达式为

$$\begin{cases} V_A = \phi_{DA} s_{EA}/\Delta_A + \phi_I s_{EB}/\Delta_B \\ V_B = \phi_{DB} s_{EB}/\Delta_B + \phi_I s_{EA}/\Delta_A \end{cases} \tag{4-24}$$

其中，$\phi_{DA} = \tau_{DA}^{1-\sigma}$，$\phi_{DB} = \tau_{DB}^{1-\sigma}$ 来表示 A、B 两地的区内贸易自由度，用 $\phi_I = \tau_I^{1-\sigma}$ 来表示 A、B 两地之间的区际贸易自由度，它们决定了要素流动的方向，τ_{DA}、τ_{DB} 分别表示 A、B 两地的区内交通成本，τ_I 来表示 A、B 两地之间的区际交通成本。需要指出的是，集聚力和分散力之间的相互作用导致了区域空间格局的改变，其中的关键在于贸易自由度的变化。由此，τ 值越小，表示贸易自由度越高，区内或区际的要素流动越快（安虎森，2009）；s_{EA} 和 s_{EB} 分别为 A、B 两地的支出占总支出的份额，反映了市场规模大小，满足 $s_{EA} + s_{EB} = 1$；Δ_A、Δ_B 分别表示 A、B 两地可购买到的工业品价格的某个幂指数的平均值，其表达式为

$$\begin{cases} \Delta_A = P_m/n^w = p^{1-\sigma} \left[\phi_{DA} s_n + \phi_I (1 - s_n) \right] \\ \Delta_B = P_m/n^w = p^{1-\sigma} \left[\phi_{DB} (1 - s_n) + \phi_I s_n \right] \end{cases} \tag{4-25}$$

进一步地，假设将本地生产并销售的产品价格标准化为 1，则式（4-25）可简化为

$$\begin{cases} \Delta_A = \phi_{DA} s_n + \phi_I (1 - s_n) \\ \Delta_B = \phi_{DB} (1 - s_n) + \phi_I s_n \end{cases} \tag{4-26}$$

其中，s_n、$1 - s_n$ 分别用于表示 A、B 两地企业在企业总数中所占的比例，它们反映了资本要素的空间分布状况，且有 $s_n \in (0.5, 1]$。在长期均衡的条件下，资本必然得到一个平均的收益率，即

$$\pi_A = \pi_B \tag{4-27}$$

联立式（4-23）至式（4-27），可以得出

$$s_n = \frac{1}{2} + \frac{(\phi_{DA} \phi_{DB} - \phi_I^2)(s_{EA} - 1/2) + \phi_I(\phi_{DA} - \phi_{DB})}{(\phi_{DA} - \phi_I)(\phi_{DB} - \phi_I)} \tag{4-28}$$

式（4-28）表明，A 地区产业的空间分布主要受到当地的支出份额（s_{EA}）和各种交通成本（τ_I，ϕ_{DA} 和 ϕ_{DB}）的影响。假定 $\tau_I > \tau_{DA} \geqslant \tau_{DB}$，则有

$\phi_I < \phi_{DA} \leqslant \phi_{DB}$，故式（4-28）恒大于 0。此外，在其他因素不变的情况下，产业往往偏向于在交通基础设施水平较高的区域进行布局，这是因为当 τ_{DA}、τ_{DB} 较小时，当地的贸易自由度 ϕ_{DA}、ϕ_{DB} 较大，容易吸引企业的聚集。

以上从区内运输成本和区际运输成本的角度，验证了交通基础设施能够对区域产业布局产生影响，由于产业布局的变化在某种程度上也体现了区域经济联系的强度和方向变化（赵祥，2016），因而这一结论也适用于分析高铁建设对区域经济关联的影响。

下面分析高铁建设对区域经济差距可能产生的影响。为了反映 A、B 两地的收入差距，令 $\psi_E = \dfrac{E_A}{E_A + E_B}$，表示 A 地区收入占两地总收入的份额，$0 < \psi_E < 1$。此外，两地总企业数目由资本禀赋所决定，故有

$$K^\omega = K_A + K_B = n_A + n_B \tag{4-29}$$

将 ψ_E 值代入式（4-28）的均衡条件，可得

$$\psi_E = \frac{(\phi_{DB} - \phi_I)\left[1 + (\phi_{DA} - \phi_I)s_n\right]}{\phi_{DA}\phi_{DB} - (\phi_I)^2} \tag{4-30}$$

根据式（4-30）可知，区域收入差距受交通成本变化和产业空间布局的共同影响。至此，本书构建起了资本要素流动背景下，高铁建设影响地区收入差距的传导机制。由此提出以下假说。

假说 4-2 高铁建设通过降低区内运输成本和区际运输成本，促进了区域间的经济联系，影响了地区间的收入差距，并最终对区域经济一体化产生影响。

4.1.3 高铁建设影响区域劳动生产率的机制分析

下面分析高铁建设影响区域劳动生产率的问题。由于知识溢出的部分本地化特征，发达地区 A 创新部门的平均生产率取决于生产活动的空间分布。对于局部溢出模型，有以下一系列表达式：

$$\begin{cases} F = \omega_L a_I \\ a_I = 1/(K^\omega Z) \\ Z = s_K + \theta(1 - s_K) \\ q = \upsilon/F = 1 \end{cases} \tag{4-31}$$

其中，F 表示创造单位资本的边际成本，ω_L 为单位劳动的名义工资；每单位资本 K 的生产需要 a_l 单位的劳动投入；θ 代表知识溢出本地化程度的参数，反映了公共知识在空间传播的自由程度，满足 $\theta \in [0, 1]$。特别地，当 $\theta = 1$ 时，LS 模型将会退化成全域溢出模型（GS），此时知识溢出是全方位的，公共知识可以完全自由地传播；换句话说，以发达地区 A 为例，θ 越大，表示知识传播越容易，Z 值就越大，a_l 就越小，反之，θ 越小，Z 值就越小，则 a_l 值越大。相反地，当 $\theta = 0$ 时，则意味着知识溢出只限制在区域内部。q 为"托宾 q"的概念，表示资本价值与资本成本的比值；υ 为基期 1 单位的资本价值。

由此，可以求出总资本存量的均衡增长率，即

$$
\begin{aligned}
g &= 2bL[s_n + \theta(1 - s_n)] - \rho(1 - b) - \delta \\
&= 2bL[\theta + (1 - \theta)s_n] - \rho(1 - b) - \delta
\end{aligned} \tag{4-32}
$$

其中，g 也可被看作均衡经济增长率；ρ、δ 分别为资本所有者和物质资本的折现率；在其他因素不变的情况下，当 s_n 越大时，g 越大，这意味着企业的空间集中有利于实现较高的增长率。进一步，对式（4-32）求解关于 L 的一阶偏导数，并代入式（4-28）可得

$$
\begin{aligned}
\frac{\partial g}{\partial L} &= 2b[\theta + (1 - \theta)s_n] \\
&= 2b\left\{\theta + (1 - \theta)\left[\frac{1}{2} + \frac{(\phi_{DA}\phi_{DB} - \phi_I^2)(s_{EA} - 1/2) + \phi_I(\phi_{DA} - \phi_{DB})}{(\phi_{DA} - \phi_I)(\phi_{DB} - \phi_I)}\right]\right\}
\end{aligned}
$$

$$\tag{4-33}$$

式（4-33）表明，区域劳动生产率受交通成本变化、知识溢出本地化程度和产业空间布局共同影响。由此提出以下假说。

假说 4-3 高铁建设通过降低区内运输成本和区际运输成本，影响了区域产业的空间布局和知识溢出的本地化程度，并最终对区域劳动生产率产生影响。

4.1.4 高铁建设影响收缩型城市转型发展的机制分析

运输基础设施投资是公共支出中最大的组成部分，吸引了城市和区域

研究的各种研究工作（Fernald，1999；Banister & Berechman，2001；Banister & Thurstain – Goodwin，2011；Deng，2013）。运输成本的降低表明人们可以更好地克服空间障碍，扩大经济活动空间并加强市场准入。交通基础设施的改善减少了人们出行的时间成本，并极大地促进了人口的流动性，从而影响了城市经济活动的空间再分布（王赟赟和陈宪，2019）。

从历史上看，城市的兴衰经常受到其在交通网络中的位置的影响，特别是受到交通枢纽位置的影响（Banister & Berechman，2001）。运输技术的进步降低了按时间或金钱节省衡量的运输成本，提高了运输效率，并进一步促进了具有运输枢纽城市的市场规模的扩大（Banister & Berechman，2001）。高铁（HSR）被认为是 20 世纪下半叶发展客运技术的突破之一，尤其在过去的十年中，中国发展了大规模的高铁网络。作为一种重要的城际客运方式，高铁在提供高速、高容量和频繁的铁路服务中发挥了重要作用（Givoni，2006）。

高铁开通后带来最明显的变化是可达性的改善（Shaw et al.，2014；叶德珠等，2020），该交通方式可以通过缩短旅行时间（张杨波，2011）、改变空间布局（唐恩斌和张梅青，2018）以及影响消费心理（李红昌等，2016；肖挺，2018）的方式，来对区域间要素的集聚和扩散产生影响。在市场经济中，居民倾向于迁移到收入水平较高的城市，而通过虹吸效应可以轻松实现劳动力从收缩的城市转移到其他城市。由于交通基础设施的改善，欠发达的城市可能遭受生产资源（例如私人资本和劳动力）向较发达城市的外流，也可能由于本地区位优势的提升而发生人口回流现象。根据以上理论分析，高铁对收缩型城市人口变化和经济变化的影响框架如图 4 – 1 所示。

4.1.5　高铁建设影响城市群经济集聚演化的机制分析

结合国内外相关研究成果，笔者认为高铁建设能够促进城市群经济集聚演化，具体包括初步集聚、集聚增强和虹吸/扩散三个阶段，如图 4 – 2 所示，下面分别论述。

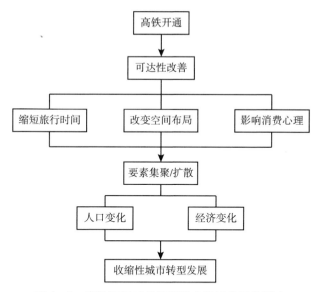

图 4 - 1　高铁开通对收缩型城市转型发展的影响

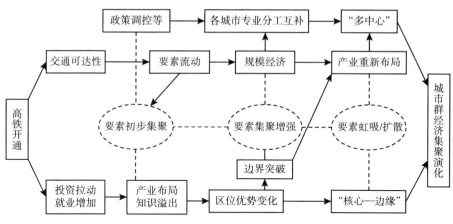

图 4 - 2　高铁开通对城市群经济集聚演化的作用机理

1. 初步集聚阶段

高铁的开通可以极大地缩短城市之间的旅行时间，进而提高沿线城市的可达性水平。可达性水平的改善不仅可以提高资源的配置效率，促进沿线地区劳动力、资本、信息等要素的加速流动（Grengs，2010；Ahlfeldt & Feddersen，2018），而且对沿线城市企业的区位选择产生一定的影响（李红昌等，2016）。当然，高铁也并不是导致人口、资本等要素在区域间流动的唯一原因，其还受到区域发展基础、政策调控、企业偏好等其他因素的影响（Givoni，2006）。高铁建设有利于提高我国东、中部城市和大城市的就业水平，并且这种促进作用的充分发挥有赖于当地的经济发展水平（董艳梅和朱英明，2016）；然而，受路网质量、通道运输能力等配套设施因素的限制，铁路交通对我国中西部地区制造业集聚的促进作用要小于东部地区（刘荷等，2014）。

另外，高速铁路在施工建设的过程中，需要投入大量的劳动力，高铁站区需要新增车站维护和运营的部门，高速铁路通车后也将带动旅游、餐饮和房地产业等相关服务业的就业（Bertolini et al.，2008）。基于国家统计局提供的《2012 年中国投入产出表》分析可知，因高铁投资新增就业岗位高达 565.23 万人，分行业来看，高铁投资对于建筑业、金属制品业等行业的就业拉动效应要明显大于其他社会固定资产投资（蒋茂荣等，2017）。高铁通车后还将引发人才、信息的加速流动，这将有利于改善沿线地区的投资环境，吸引更多外来资本，从而促进该地区的经济增长。此外，经济活动的空间集聚能够有效促进区域知识溢出，并且这种促进作用会随着空间距离的缩短而越发显著（Funke & Niebuhr，2005），而高速铁路的出现则提高了可达性水平，扩大了知识溢出的范围，因而外部知识存量变化较大的省份可能更快地实现产业集聚与升级（赵云和李雪梅，2015）。

2. 集聚增强阶段

集聚增强源于规模经济效应和边界突破效应，高铁建设会产生时空收敛效果，并进一步对生产要素流动和城市空间扩张产生重要影响（王姣娥和焦敬娟，2014）。高铁的开通提升了节点城市的区位优势（Ureña，2009），与此同时，随着高铁站区运输容量的扩大和运输效率的提高，节点城市不断吸引着大量人才和企业集聚，由此产生规模经济效应，这是促使集聚增强的重要原因（Hirota，2004）。

高铁建设会产生边界突破效应，改变原有城市之间的邻近关系格局（覃成林和杨礼杉，2016）。随着高铁建设的网络化发展，一些经济基础雄厚的中心城市往往成为高铁线路的聚集点，都市区出现增长并扩大腹地现象（王昊和龙慧，2009），城市的边界不断外溢，要素流动不断加快，不同城市间的空间经济联系也在不断增强，进而对城市规模的扩张和竞争力的提升带来一定影响（Henderson & Wang，2007）。

3. 虹吸/扩散阶段

高速铁路的开通提高了城市可达性，随着要素流动的不断加快，经济活动会逐渐集聚在具有区位优势的城市中。由于产业集聚所带来的规模效应可以被看作一种聚集租金（要素集聚成本），它的存在使得流动要素可以被征税（刘军等，2015）。在一定的范围内，劳动力、信息等流动要素不会对税率的边际变化做出变化，因而产业聚集区可以适当提高税率而不必担心资本流失（Baldwin & Krugman，2004）。然而，随着聚集租金的不断提高，一些传统产业会沿着高铁线路扩散，选择相对成本更低的区位进行布局。

对于沿线地区而言，同一条高铁的开通对各城市的贸易自由度会产生不同的影响，而聚集租金作为贸易自由度的凹函数，也会表现出不同的变化。这种差异造成了各要素流量与流向的不同，导致有些城市的经济出现扩散效应，而有些城市会出现过度集聚甚至是虹吸效应。因此，聚集租金的变化最终会导致城市群经济空间格局发生改变，形成多中心模式或者核心—边缘模式。

根据以上分析可知，高铁建设对于城市群经济的集聚演化发挥着重要的影响，5.3 节将探讨高铁建设对三大国家级城市群经济集聚演化的影响，以期为实现"高速铁路 + 城市群"的互动发展模式提供相应的对策建议。

4.1.6　高铁建设影响城市群经济高质量发展的机制分析

实现城市群经济高质量发展，需要加强交通基础设施的互联互通。目前，我国高铁服务已基本覆盖了东、中部地区，将全国主要城市群连成一个整体，有关高铁服务供给对城市群经济发展的影响也受到许多学者的关注（Jia et al.，2017；朱文涛，2019）。对于中国区域经济而言，高速铁路发挥着"时空压缩效应"和"网络效应"两方面的影响，随着高铁服务供给程度的提高，中国城市间的整体可达性得到了提升（Ureña et al.，2009；

Shaw et al., 2014）。具体来说，一方面，高铁服务能够节省出行时间，产生时空压缩效应，促进区域间的经济活动（Chen et al., 2016）；另一方面，高铁网络的扩展产生了网络效应，有助于增强综合交通运输能力，进而提高整体网络效率（BrÖCker et al., 2010）。

进一步地，许多国内外学者在分析交通基础设施建设对区域经济高质量发展的影响时，采用交通可达性这一指标，来衡量城市之间社会经济联系的便利程度（Chen & Haynes, 2017；王振华等，2020）。例如，王春杨等（2018）认为新增高铁提高了交通可达性，给沿线地区居民的就业和生活带来了便利。从理论上来说，交通可达性的改善会促进要素在区域间的流动，这里的要素包括劳动力、资本和技术三类。需要说明的是，要素流动主要指生产要素在地域和空间上的位移现象，其本质是追逐"集聚红利"的过程。其一，从空间结构演化的角度来看，要素流动的结果往往会导致要素在某一区域内的集聚或扩散（陈燕儿和白俊红，2019）；其二，从技术进步的角度来看，要素流动增加了产业集聚的可能性，打破了知识溢出在空间范围上的限制（方浪，2016）；其三，从资源配置的角度来看，要素流动的加快能够降低区域间的运输成本，从而有助于企业更好地实现规模经济。此外，要素流动的加快可以提高商品与市场之间的交易效率，借助于交通网络的分布和扩展，具有比较优势的商品能够以较低的成本销售到其他城市，生产要素也可以流向产能较大的区域，因而市场分工程度会不断加深（Bougheas et al., 2010）。

基于相关研究成果，笔者认为高铁服务供给能够对城市群经济高质量发展产生影响，具体包括空间结构演化、技术进步和资源配置三条作用路径，其影响机制如图4-3所示。

1. 城市群空间结构演化

高铁服务提高了交通可达性，促进了城市间的要素流动，当要素需求大于供给时，便会导致沿线城市要素集聚，反之，则会导致要素扩散，二者的相对变化最终会对城市群空间结构演化产生影响（王鹏和李彦，2018）。

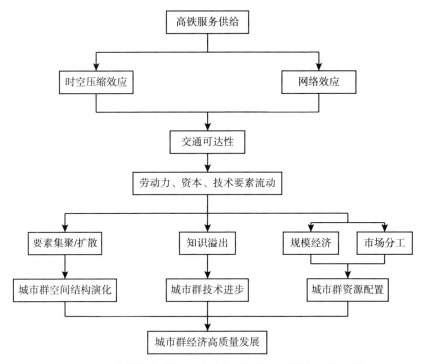

图 4 – 3 高铁服务供给影响城市群经济高质量发展的机制

相对均衡的空间结构有助于实现城市群经济高质量发展。赛维洛（Cervero，2001）认为空间结构紧凑、可达性好的区域可能具有较高的经济效率。卡佩罗和卡马尼（Capello & Camagni，2000）的研究结论表明，随着区域空间范围的不断拓展，集聚经济的优势可以更好地发挥。因此，考虑到城市之间的邻近性可以有效促进集聚经济的形成，梅吉尔斯和伯格（Meijers & Burger，2010）认为具有多中心空间结构的集聚将变得更加有利。由此提出以下假说。

假说 4 – 4 高铁服务供给可以推动城市群空间结构演化，进而对其经济高质量发展产生影响。

2. 城市群技术进步

城市间的知识溢出离不开交通网络的支持和连接，高铁服务促进了要素流动，增强了信息交流的便利性，因而能够为城市吸引到更多的技术创新资源。赵云和李雪梅（2015）从知识溢出的角度解释了高铁网络对区域经济的影响，结果发现就处在网络关键节点的省份而言，高铁的开通极大地增加了这些区域的外部知识存量。

技术进步是实现经济高质量发展的重要驱动力（白俊红和王林东，2016）。索洛的技术进步模型和罗默的知识溢出模型，都证实了技术进步对区域经济增长的积极作用。齐讴歌等（2018）认为城市群功能分工演化会导致城市体系中"核心—边缘"结构的 TFP 分化，而技术进步在这当中发挥了重要的中介作用。因此，高铁服务的完善能够扩大劳动力、资本等要素流动的范围，并通过知识溢出的方式增强了各城市获取外部信息的能力，进而带动城市群的技术进步，并最终有利于实现城市群经济的高质量发展。由此提出以下假说。

假说 4 – 5 高铁服务供给能够有效促进城市群技术进步，进而对其经济高质量发展产生影响。

3. 城市群资源配置

除了空间结构演化和技术进步的作用途径以外，高铁服务供给还可以通过改善资源配置的方式来影响城市群经济高质量发展。一方面，高铁服务的完善能够很好地满足社会运输的多样化需求，当企业沿着高铁线路分布时，便可以充分利用运输网络，降低城市间的通勤成本，从而更好地实现规模经济。这里的规模经济主要体现在：随着高铁服务供给水平的不断提高，高铁服务的平均运营成本会出现逐渐下降的现象。另一方面，根据古典经济学理论可知，市场范围越大，分工越精细。高铁服务在一定程度上扩大了交通运输系统的容量，提高了市场分工的精度，从而为资源的有效配置奠定了物质基础（李彦等，2021）。

需要注意的是，资源能否得到合理配置与实现经济高质量发展密切相关，换言之，资源错配会造成厂商生产效率低下，进而使经济的增长缺乏效率（Hsieh & Klenow，2009）。李金星（2015）认为市场扭曲不利于 TFP 增长率的提高，如果区域间劳动力流动和技术交易遇到阻碍，那么便会导致经济效率的损失。周海波等（2017）认为改善交通基础设施可以促进区域市场分工，从而在一定程度上缓解区域资源错配状况。由此提出以下假说。

假说 4 - 6 高铁服务供给能够有效促进城市群资源配置，进而对其经济高质量发展产生影响。

综上所述，借助于空间结构演化、技术进步和资源配置三条作用渠道，高铁服务可以成为推动城市群经济高质量发展的重要因素。

4.2 要素流动影响区域经济发展的机制分析

4.2.1 劳动力要素流动影响区域经济发展的机制分析

1. 研究假设

为便于研究，现对要素流动作出以下假设。

（1）将发达地区 A、欠发达地区 B 分别视为劳动力净流入区与劳动力净流出区，需要强调的是，这里不考虑劳动力反向流动的情形。

（2）欠发达地区 B 的劳动力处于相对过剩的供给状态，并且劳动力流出不会对其供给水平造成较大影响。

（3）受供给与需求的影响，发达地区 A 的劳动力收入高于欠发达地区 B。因此，劳动力的流动必然将产生正的净经济效益。

（4）因就业变动而形成的劳动力流动不会伴随着户籍转移，所以原户籍所在地将拥有劳动力流动所产生收益，即欠发达地区最终将获得其劳动力因向发达地区流出而产生的收益。

（5）在供需条件的影响下，市场能够自发地调节劳动力的流动，因此不会发生过度流动的现象。

基于上述假设，劳动力流动对 A、B 两地均衡产出的影响如图 4 - 4 所示。

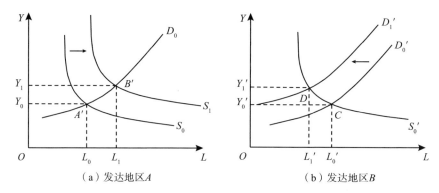

（a）发达地区A   （b）发达地区B

图4-4 劳动力要素跨区域流动对地区均衡产出的影响

2. 图形分析

当劳动力要素未发生流动时，A 地区尚缺乏劳动力，当地劳动力市场供不应求，当发达地区达到供求均衡状态时，即在 A' 点处，劳动力的供给为 L_0，产出水平为 Y_0。与之相反，B 地区劳动力相对充足，劳动力市场的供给大于需求，当欠发达地区达到供求均衡状态时，即在 C 点处，劳动力供给为 L_0'，产出水平为 Y_0'。当工资水平存在差异时，劳动力往往从工资较低的欠发达地区流向工资相对较高的发达地区流动，当工资水平一致时，劳动力将不再流动。当劳动力向发达地区 A 流入时，供给曲线将从 S_0 上移至 S_1，在点 B' 处重新达到均衡状态，劳动力的供给由 L_0 增加到 L_1，产出水平由 Y_0 上升到 Y_1，四边形 $A'L_0L_1B'$ 的面积即为 A 地区因劳动力的流入而获得的净经济效益。由于劳动力的流出并不会改变 B 地区的劳动力供给水平，因此供给曲线 S_0' 不会发生变动，但欠发达地区将因获得劳动力流动所产生的净经济效益而使本地实际收入得到提高，进而推动需求水平的提高，需求曲线将上移，即从 D_0' 移动到 D_1'，则产出水平也将从 Y_0' 上升到 Y_1'，其中四边形 $DL_1'L_0'C$ 的面积即为欠发达地区因劳动力流出而获得的净经济效益。综上所述，劳动力的流动能够增加整体的经济效益。由此提出以下假说。

假说4-7 随着劳动力要素流动强度的增加，经济发展水平将会得到提高。

4.2.2 资本要素流动影响区域经济发展的机制分析

1. 研究假设

资本的流动与劳动力流动具有相同的原理。类似于资本要素流动作出以下假设。

（1）将发达地区 A 视为资本净流出区，欠发达地区 B 则视为资本净流入区，且不需要考虑反向流动和国际资本的影响。

（2）A 地区资本相对过剩，其资本的有效供给并不受资本流出的影响。

（3）受供求影响，B 地区的资本收益率将高于 A 地区。因此，资本的流动必然将产生正的净经济效益。

（4）资本流动不会伴随着资本主体而流动，即 A 地区最终将获得其资本因向 B 地区流动而产生的经济效益。

（5）在供需条件的影响下，市场能够自发地调节资本的流动，因此不会发生过度流动的现象。

基于上述假设，资本流动对 A、B 两地均衡产出的影响如图 4 - 5 所示。

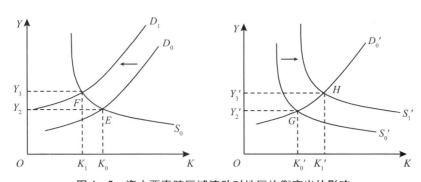

图 4 - 5 资本要素跨区域流动对地区均衡产出的影响

2. 图形分析

当资本未发生流动时，发达地区 A 资本较为充足，资本市场处于供大于求的状态，当 A 地区达到供求均衡状态时，即在 E 点处，资本的供给为 K_0，产出水平为 Y_2。与之相反，欠发达地区 B 的资本相对缺乏，面临供不应求的情况，当 B 地区资本市场实现供求均衡时，即在 G 点处，资本供给为 K_0'，产出水平为 Y_2'。由于资本要素流动的趋利性特征，当 B 地区的资本收益率高于 A 地区时，资本要素偏好于流向 B 地区，而当资本收益率一致时，资本将不再流动。由于资本的流出并不改变 A 地区资本的有效供给，因此供给曲线 S_0 不会发生变动，但 A 地区将因获得资本流动所产生的净经济效益而使本地实际收入得到提高，进而推动需求水平的提高，需求曲线将从 D_0 向上移动到 D_1，则产出水平也将从 Y_2 上升到 Y_3，四边形 FK_1K_0E 的面积即为 A 地区因资本流出而获得的净经济效益。当资本向 B 地区流入时，供给曲线从 S_0' 上升到 S_1'，在点 H 处重新达到均衡状态，资本的供给由 K_0' 增加到 K_1'，产出水平由 Y_2' 上升到 Y_3'，其中四边形 $GK_0'K_1'H$ 的面积即为 B 地区因资本的流入而获得的净经济效益。综上所述，资本的流动能够增加整体的经济效益。由此提出以下假说。

假说 4 - 8   随着资本要素流动强度的增加，经济发展水平将会得到提高。

4.2.3   技术要素流动影响区域经济发展的机制分析

1. 研究假设

由于技术类要素能够在多个时间和空间节点上同时使用，技术类要素的流动显著不同于劳动力、资本的流动，其跨区域流动对地区经济的影响更为复杂。为使研究更加简便，本节作出以下假设。

（1）将发达地区 A 视为技术净流出区，欠发达地区 B 则视为技术净流入区。

（2）技术的流出并不会影响流出地的技术要素存量。

基于上述假设，技术要素流动对 A、B 两地均衡产出的影响如图 4 - 6 所示。

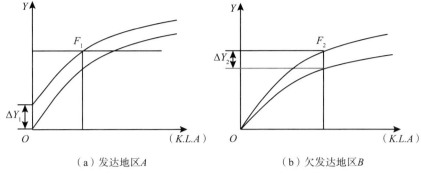

（a）发达地区A　　　　　　　　（b）欠发达地区B

图 4-6　技术要素跨区域流动对地区均衡产出的影响

2. 图形分析

较为发达的 A 地区将专利、技能等出售给欠发达的 B 地区不仅不会改变其拥有的技术类要素存量，反而会使经济收益增加，即使生产函数的截距项增加 ΔY_1。因此可以得出，短期内的技术类要素的流出一定会拉动地区经济增长。地区间竞争关系的存在使得技术类要素的流出将损害流出地的竞争优势，因此，长期来看，技术流动可能对地区经济存在正向和负向两种影响。然而就现有研究和实际情况看，长期的技术流出对区域经济仍具有较强的推动作用（贺俊和刘亮亮，2015）。对于 B 地区来说，由于受到 A 地区技术类要素的流入，使区域发展的技术水平得到了显著的提高，几何图形上表现为生产函数曲线斜率的增加，则在劳动力与资本投入相等的情况下，技术水平的提升使得净经济效益增加 ΔY_2，由于 A 地区技术类要素的流出将会导致其夕阳产业转移至 B 地区，并使 B 地区的劳动力及资本存量得到增长，更大程度地促进 B 地区产出水平的增加。伴随着技术类要素的流入，流入地区的经济必定会有明显的增长。综上所述，技术类要素的流动能够增加整体的经济效益。由此提出以下假说。

假说 4-9　随着技术要素流动强度的增加，经济发展水平将会得到提高。

4.3 相关机制在后续实证章节的应用

以上内容结合公式推导和图形展示，就高铁建设、要素流动如何影响区域经济发展进行系统详尽的机制分析，并提出了相应的假说，在后续三个实证章节中，笔者将一一验证（见图4-7）。

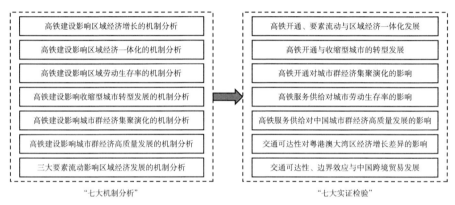

图4-7 相关机制在后续章节的应用

具体来说：（1）关于高铁建设对区域经济增长的影响机制，6.2节从全要素生产率和城市间经济发展差异的双重视角，探讨高铁服务供给对于城市群经济高质量发展的影响。进一步地，7.1节则以粤港澳大湾区为例，探讨铁路提速带来的交通可达性变化对不同行业经济增长的影响；（2）关于高铁建设对区域经济一体化的影响机制，在5.1节中，以两城市之间的经济关联值和城乡收入差距作为经济一体化的指标，探讨高铁开通对长三角区域经济一体化发展的影响；（3）关于高铁建设对区域劳动生产率的影响，6.1节将基于人口集聚和交通公平的观察视角，来实证研究高铁服务供给对城市劳动生产率的门槛效应以及不同产业的异质性影响。（4）关于高铁建设对收缩型城市转型发展的影响，5.2节将以32个收缩型城市为研究样本，来探讨高铁开通对收缩型城市人口变化和经济变化的影响。（5）关于高铁建设对城市群经济集聚演化的影响，5.3 节将从集聚程度视角出发，验证其中的作用机制。（6）关于高铁建设对城市群经济高质量发展的影响，6.2 节将以我国十大城市群为例，构建中介模型进行深入的分析。（7）关于劳动力、资本和技术三大要素流动对区域经济发展的影响，5.1 节中在分析高铁开通对长三角区域城市间经济关联的影响时，探讨了三大要素流动在其中是否发挥了有效的中间机制作用，5.2 节和 5.3 节分别基于收缩型城市和三大城市群层面，分析了高铁开通对经济要素集聚的作用，7.2 节则基于空间经济学的分析框架，探讨了要素跨境流动对沿边地区外贸发展的影响。

第5章 高铁开通与区域经济发展研究

5.1 高铁开通、要素流动与区域经济一体化发展：以长三角区域为例

5.1.1 引言

在经济全球化的背景下，区域经济一体化已成为经济发展的一个重要趋势（Caporaso, 2018；覃成林和柴庆元, 2018）。现阶段，随着我国主要城市间高速铁路的陆续建成及通车，城市之间的经济联系日益密切，区域经济一体化的趋势也在不断增强。作为我国交通网络最为密集、经济效益相对较高的地区，截至 2019 年底，长三角区域高铁营运里程已超过 5000 公里。对此，泰勒和霍勒（Taylor & Hoyler, 2000）认为，城市之间的高效连接网络是实现全球化的主要途径。作为一种交通基础设施，高速铁路缩短了城市间的时空距离，促进了沿线地区人口、资本和信息等要素的快速流动和重新分配，并逐渐成为区域空间经济一体化的重要载体。

2019 年 12 月，《长江三角洲区域一体化发展规划纲要》（以下简称《规划纲要》）正式印发实施，其中特别强调要"构建高品质快速轨道交通网，促进区域一体化发展"。那么，在高铁建设的时代背景下，长三角区域内部各城市之间的经济关联如何？哪些因素影响了长三角区域一体化发展？

回答这些问题对于建设长三角一体化综合交通体系、促进长三角各城市经济协调发展具有重要的现实意义。

5.1.2 文献回顾

目前,有关交通运输与区域经济一体化之间的关系已成为城市经济学和地理学中的重要研究课题(López et al., 2008;Graham & Dender, 2011)。区域经济一体化是指通过创新政府管理、消除行政障碍的方式来增强区域经济竞争力,优化外部发展环境,从而实现整体利益的最大化(王珏和陈雯, 2013)。在城际层面上,区域经济一体化更多地强调地理位置相邻、经济交流密切的城市之间的一体化(侯赟慧等,2009)。

大量研究证实了交通基础设施对区域经济活动的正向影响(Hong et al., 2011;张书明等,2013)。韩会然等(2011)运用社会网络分析方法,研究得出皖江城市带空间经济联系正逐步趋于均衡状态,要素的集聚与扩散、交通方式的创新等因素共同形成了皖江城市带经济联系的变化机理。马蒂 – 亨内贝格(Martí – Henneberg, 2013)从历史演进的角度研究了欧洲铁路系统从 1840 年至 2010 年的变迁,结论表明铁路交通系统的建设离不开国家政策的支持和推动,并且铁路网络对于欧洲经济活动的分布有着长远的影响。柯等(Ke et al., 2017)分析认为中国高速铁路的开通显著地促进了沿线城市的经济增长,并且要素流动性、地方保护主义、旅游资源、本地人力资本等是影响城市从高速铁路中获益程度的重要因素。维克曼(2018)认为交通基础设施建设增加了贸易机会,降低了生产成本,并为城市化发展创造了有利的条件。

进一步地,许多学者从经济关联(侯赟慧等,2009)、市场分割(Zheng & Kahn, 2013;范欣等,2017)、边界效应(刘生龙和胡鞍钢,2011)的观察视角,研究发现交通网络建设是推动区域经济一体化发展的重要途径之一。覃成林和柴庆元(2018)运用社会网络分析方法,研究发现轨道交通网络建设显著增强了粤港澳大湾区城市间的经济联系,这对于推动该地区一体化发展具有重要意义。何等(He et al., 2019)运用城市流强度模型和自回归分布滞后模型分析了交通运输对于中国长株潭区域经济一体化的影响，结果发现有效的交通运输投资和流动性对促进区域经济一体化至关重要。

综上所述，已有大部分学者对交通网络建设对区域经济一体化发展的影响效果和优化调控进行了研究，但关于高铁开通与区域经济一体化之间关系的研究仍然缺乏，基于多期 DID 模型的研究则更少。就当前研究成果来看，尚存在一些不足之处亟待完善。

（1）关于交通基础设施对区域经济一体化的影响，多数学者关注于某一时间段或者某一特定区域的变化，而忽略了其中的具体作用机制。

（2）既有研究在分析区域经济一体化时，多运用社会网络分析、城市流、地缘经济等分析方法，难以有效评估高铁开通这一政策实施的影响和效果，且缺乏有效的稳健性检验。

鉴于此，本章首先通过引力模型和社会网络分析方法来分析长三角区域经济一体化的发展特征；其次基于劳动力、资本和技术要素流动的观察视角，通过构建多期 DID 模型，就高铁开通对长三角区域经济一体化的影响进行实证分析和检验；最后为高铁网络化建设与长三角区域的互动发展提供相应的政策建议。

5.1.3　长三角区域经济一体化的变化特征

基于高铁建设背景，长三角区域作为一个区域开放系统，其经济一体化发展特征主要表现为劳动力、资本、技术等经济要素在高铁沿线城市及周边地区进行集聚和扩散，在一定程度上增强了节点城市的辐射带动作用，实现了要素资源的优化配置，并且由于产业分工、信息技术等因素的影响，各城市之间的相互吸引力会受到一定的影响，并最终形成网络化的空间结构。

1. 分析方法

社会网络分析方法（SNA）可以从"关系"的角度来研究城市间的经济关联和空间结构问题，是刻画网络化空间结构整体形态和特征的重要方法。本节从网络密度和中心度两个方面来研究长三角区域经济一体化的变化趋势和特征。根据《规划纲要》的规定，长三角区域包括江苏、浙江、安徽、上海三省一市，共有 27 个地级及以上城市，其中高铁线路主要包括合武铁路、沪宁高铁和沪杭高铁、宁杭甬高铁以及金温铁路，分别在 2009 年 4 月、2010 年 7 月和 10 月、2013 年底以及 2015 年底建成通车。

本节使用经济关联水平这一指标来反映长三角区域经济一体化的整体特征，对此，需要先测度城市间的经济关联的关系矩阵，其中主要包括城市引力模型、城市流模型和地缘经济关系模型三种方法。借鉴侯赟慧等（2009）的思路，本节以修正后的城市引力模型作为测度方法，并纳入高铁建设因素，距离越近的两城市之间相互作用力越大，将吸引越多的经济要素集聚，具体表达为

$$R_{ijt} = K_{ijt} \frac{\sqrt{P_{it}T_{it}}\sqrt{P_{jt}T_{jt}}}{D_{ijt}^2} \qquad (5-1)$$

$$K_{ijt} = \frac{T_{it}}{T_{it} + T_{jt}} \qquad (5-2)$$

其中，R_{ijt} 表示城市 i 与城市 j 之间经济关联的水平；P_{it}、P_{jt} 为两城市的 t 年末市辖区总人口；T_{it}、T_{jt} 为两城市在 t 年的 GDP。在传统的引力模型中，D_{ijt} 表示两地区之间的地理空间距离，为了体现高铁开通后的时空变化，用 i 城市通过铁路交通到 j 城市的最短时间距离来表示，近似于真实的旅行时间；K_{ijt} 为调节参数，反映城市 i 在 t 年对 R_{ijt} 的贡献率。借助修正后的城市引力模型，可以计算得出 2003—2018 年长三角区域两两城市间的经济关联值，从而构成 27×27 的有向关系矩阵数据。

2. 网络密度分析

网络密度表示各城市间实际拥有的连接关系数与可能拥有的理论最大关系数之比，该值越大，说明节点间联系渠道越强，城市间的可达性也就越强，将有利于区域的协调发展。由图 5-1 可知，2003—2018 年长三角区域的网络密度处于不断上升的趋势，2018 年达到最高值，这与侯赟慧等（2009）的研究结论相一致，他们发现长三角区域 16 个核心城市间的经济联系的整体网络密度处于逐渐增大的趋势。2009—2018 年，伴随着长三角区域内主要高速铁路的相继建成通车，长三角区域的经济关联强度不断提

高，说明高铁建设因素在某种程度上推动了长三角区域空间经济结构的演变，对于各城市在网络结构的地位也产生了一定的影响。

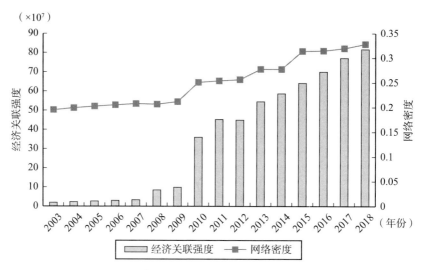

图 5-1   2003—2018 年长三角区域整体经济关联强度和网络密度变化

3. 中心度分析

中心度反映了节点在网络中的地位和权力，主要包括点度中心度、接近中心度和中间中心度。根据 2018 年长三角区域城市间的空间经济关联值，可以计算得出相应的三种中心度指数。考虑到原先被纳入规划的城市往往具有一定的先行优势，为了更好地研究高铁建设因素对于长三角核心区域以及新扩容城市的影响程度和辐射范围，采取分组的方式进行对比分析。

由表 5-1 可以看出，在点度中心度和接近中心度方面，上海和南京的指数值均在 70 以上，大于其他城市，说明这两个城市的经济辐射范围较广。随着高铁的网络化建设，上海、南京在长三角区域中的核心地位不断提升，而池州、宣城和舟山的点度中心度和接近中心度都相对较小，反映了这两个城市的"权力集中度"较小，其他城市的点度、接近中心度则处于中等水平，有待进一步提升。在中间中心度方面，最大值依然为上海和南京，表明它们在长三角区域网络结构中扮演着"桥梁"的作用，对于连接长三角内其他城市起着明显的中介和沟通作用。

表 5 - 1 　　　　　　　　**2018 年长三角区域各城市中心度**

核心城市	点度中心度	接近中心度	中间中心度	新扩容城市	点度中心度	接近中心度	中间中心度
上海	84. 615	76. 471	21. 879	合肥	65. 385	57. 778	6. 535
南京	76. 923	74. 286	12. 026	芜湖	30. 769	54. 167	1. 301
无锡	57. 692	61. 905	2. 309	马鞍山	26. 923	54. 167	0. 200
常州	50. 000	61. 905	1. 765	铜陵	26. 923	41. 935	0. 845
苏州	73. 077	63. 415	7. 448	安庆	50. 000	50. 98	8. 658
南通	46. 154	60. 465	1. 161	滁州	38. 462	50. 98	0. 714
扬州	38. 462	57. 778	0. 55	池州	7. 692	34. 211	0
镇江	38. 462	57. 778	0. 391	宣城	26. 923	50. 98	0. 218
泰州	53. 846	57. 778	1. 437	盐城	42. 308	53. 061	3. 581
杭州	57. 692	61. 905	7. 798	温州	42. 308	56. 522	1. 776
宁波	42. 308	55. 319	6. 466	金华	23. 077	47. 273	0. 038
嘉兴	34. 615	54. 167	0. 161				
湖州	46. 154	61. 905	0. 988				
绍兴	42. 308	56. 522	1. 608				
舟山	7. 692	40. 625	0. 206				
台州	30. 769	55. 319	0. 402				

注：根据 Ucinet 软件计算所得，各中心度均为标准化数据。根据 2010 年的《长江三角洲地区区域规划》，长三角区域仅包括上海、江苏和浙江的一些地级市（共计 16 个核心城市），因而新的"规划"相当于在原有的基础上扩容了 11 个城市。

　　综上所述，三种中心度的指数值较大的城市，一般是经济实力较强、人口密度较大的城市，其实际地位也处于高铁网络中的核心节点。总体而言，在高铁建设背景下，长三角区域的空间经济关联已呈现多中心、网络化的变化趋势。

5.1.4　长三角区域经济一体化的影响因素分析

　　在分析了高铁建设背景下长三角区域经济一体化的发展特征之后，一个自然引出的问题就是哪些因素影响长三角城市群空间经济关联的变化趋势？其中的高铁因素又占多大的比重？考虑到高铁开通政策可以被看作一次自然实验，因而本书采用双重差分方法（DID）来评估该政策的实施效果，这也是目前许多学者分析高铁开通对城市经济所产生影响的方法之一（Ghani et al.，2016；方大春和孙明月，2016）。

1. 模型设计

在资源禀赋、等级规模和经济发展水平等方面，长三角区域各城市存在一定的差异，并且由于交通运输方式改进的影响，各城市间的空间经济关联往往随着时间的推移而呈现出动态变化特征。由此，笔者将已开通高铁城市作为实验组，未开通高铁城市作为控制组，进而构建一个一般化的多期 DID 模型：

$$Y_{it} = \alpha_0 + \alpha_1 G_{it} + \alpha_2 DT_t + \alpha_3 X_{it} \tag{5-3}$$

$$R_{it} = \sum_{j=1}^{n} R_{ijt} \tag{5-4}$$

其中，Y_{it}表示长三角区域的一体化发展水平，借鉴侯赟慧等（2009）、赵康杰和景普秋（2019）的研究设计，本节从城市间经济关联（R_{it}）和城乡收入差距趋同（GAP_{it}）两方面来进行考察：R_{it}用于反映 i 城市在 t 年与其他城市相互吸引、相互作用的程度之和，R_{ijt}表示式（5-1）城市 i 与城市 j 之间空间经济关联水平；GAP_{it}用于 i 城市在 t 年的城乡收入差距，该值越小，则表明长三角区域城乡一体化发展水平越高；G_{it}为高铁建设的政策属性变量，DT_{it}是高铁建设的时间属性变量，X_{it}为控制变量。

2. 变量选取

考虑到影响长三角区域空间经济关联的因素是多方面的，笔者将影响因素划分为高铁建设变量、控制变量、中介变量三大类，并借鉴李红昌等（2016）在研究高速铁路对中国沿线城市经济集聚影响时的研究设计，选取城市属性、经济属性和社会属性三个方面的变量作为控制变量，最终所设置的计量模型如式（5-5）和式（5-6）所示。

$$R_{it} = \alpha_0 + \alpha_1 G_{it} + \alpha_2 DT_{it} + \beta_1 PEO_{it} + \beta_2 IMP_{it} + \beta_3 FINANCE_{it} + \beta_4 FDI_{it}$$
$$+ \beta_5 POST_{it} + \beta_6 GOV_{it} + \mu_i + \delta_t + \varepsilon_{it} \tag{5-5}$$

$$GAP_{it} = \alpha_0 + \alpha_1 G_{it} + \alpha_2 DT_{it} + \beta_1 PEO_{it} + \beta_2 IMP_{it} + \beta_3 FINANCE_{it} + \beta_4 FDI_{it}$$
$$+ \beta_5 POST_{it} + \beta_6 GOV_{it} + \mu_i + \delta_t + \varepsilon_{it} \tag{5-6}$$

其中，R_{it} 与 GAP_{it} 分别表示长三角区域的经济关联水平和城乡收入差距；μ_i 为城市的固定效应；δ_t 为时间固定效应；ε_{it} 表示随机扰动项。各变量的具体说明如表 5-2 所示。

表 5-2   变量的含义及说明（长三角区域）

变量	属性	名称	含义	说明
被解释变量	经济关联	经济关联水平（R_{it}）	i 城市在 t 年与其他城市相互吸引、相互作用的强度	密切的经济关联水平是区域经济一体化发展的重要特征（吴常艳等，2017），R_{it} 越大，表明区域经济一体化发展趋势越明显
	城乡融合	城乡收入差距（GAP_{it}）	城镇居民人均可支配收入与农村居民人均收入纯收入之比	城乡收入差距的缩小是城乡经济协调发展的主要体现，该值越小，表明城乡居民间的贫富差距越小（陈丰龙等，2018）
高铁开通变量	政策属性	虚拟变量（G_{it}）	当 i 城市在实验组且 t 在高铁开通当年及之后的年份，$G_{it} = 1$，否则为 0	经过差分后的系数 α_1 即高铁开通对实验组和控制组的影响差异，若 $\alpha_1 > 0$，则说明高铁开通促进了长三角区域城市间的一体化发展
	时间属性	虚拟变量（DT_{it}）	DT_{it} 在高铁开通的第 T 年为 1，否则为 0	DT_{it} 用于捕捉在高铁没有开通情况下可能存在的时间趋势效应
控制变量	城市属性	城市扩张（PEO_{it}）	城市人口密度（人/平方公里）	在一定的合理范围内，扩大城市规模有利于拓展经济要素的流动空间，但规模过大也可能产生市场拥挤、资源供给不足等负面影响（屠年松和李彦，2015）
		市场内部潜力（IMP_{it}）	社会消费品零售总额/城市内部距离（万元/公里）	借鉴覃成林和种照辉（2014）的做法，采用 IMP_{it} 来衡量一个城市市场的潜在规模和接近程度。IMP_{it} 越大，意味着该城市的市场购买力越大，市场要素更容易进入该城市

变量	属性	变量名称	含义	说明
控制变量	经济属性	金融发展（$FINANCE_{it}$）	金融机构年末贷款余额占 GDP 比重（%）	金融业的发展能够提高资本要素的集聚水平，进而为实现区域经济一体化提供有力的保障（张婧等，2010）
		对外开放水平（FDI_{it}）	当年实际利用外商投资占 GDP 比重（%）	外商直接投资能够加快要素流动和资本集中，因而对城市间经济交流发挥着重要的影响（Dai & Hatoko，2007）
	社会属性	信息化水平（$POST_{it}$）	人均邮电业务总量（元/人）	信息化水平的提高可以促进经济要素的跨时空转移，为城市间相互交流与合作提供了有效的技术支持
		政府干预水平（GOV_{it}）	一般财政支出占 GDP 比重（%）	就城市间经济关联来说，由于各城市的经济基础和市场偏好不同，因而政府财政干预的影响可能具有一定的区域差异
中介变量	要素属性	劳动力流动（$LABOR_{it}$）	非农产业就业人数与农业就业人数之比	旅客输送是高铁建设的主要功能，其目的在于促进劳动力要素在城市间的流动（卞元超等，2018）
		资本流动（$CAPITAL_{it}$）	资本存量增值与实际 GDP 增值之比	高铁开通提高了投资人与创业者之间的信息沟通效率，有利于为沿线城市吸引更多的风险投资（龙玉等，2017）
		技术流动（$PATENT_{it}$）	人均专利申请授权数增值	高铁开通作为一项准自然实验，对于城市间创新要素流动和企业的创新投资具有显著的正向影响（陈婧等，2019）

注：城市内部距离的计算公式为 $d_i = (2/3)(S_i/\pi)^{1/2}$，其中 S_i 为城市 i 的市辖区面积；表中的"增值"为相对上一年的增加值。

3. 数据来源

笔者采用 2003—2018 年长三角区域 27 个地级及以上城市的面板数据，相关数据主要来源于《中国城市统计年鉴（2004—2019）》，资本存量采用永续盘存法来计算，其表达式为 $K_t = K_{t-1}(1-\delta_t) + I_t/P_t$，这里的 K_t 和 K_{t-1} 分别表示 t 年和 $t-1$ 年的资本存量，I_t 是新增固定资本，P_t 是以 2003 年为基期的固定资本价格指数，δ_t 是 t 年的资本折旧率，借鉴单豪杰（2008）的设置方法，δ_t 取 10.96%。各城市专利申请授权数据来自中国研究数据服务平台（CNRDS）。高铁数据中，两城市间的最短旅行时间数据是通过相应年份的《全国铁路旅客列车时刻表》以及 12306 官方网站进行查询，若两城市间无直达高速列车，则依次按照普通列车、高速公路交通方式，取道最近的中转城市进行最短旅行时间的统计；各城市的 GDP 数据利用价格指数来进行平减处理（以 2003 年为基期），为降低异方差的影响，对绝对值变量做对数化处理。

5.1.5　实 证 分 析

1. DID 模型的基准估计

根据式（5－5）和式（5－6），本节分别采取经济关联水平（R_{it}）和城乡收入差距（GAP_{it}）来作为被解释变量，就高铁开通对长三角经济一体化的平均效应进行实证检验。

从表 5－3 的回归结果可以看出，R^2 值均为 0.8~0.9，表明拟合程度都较好。无论模型是否包含控制变量，均可以看出表示高铁是否开通的政策属性变量 G 的系数在 1% 的水平下显著为正，说明高铁的开通促进了长三角区域的经济一体化水平。具体来说，模型 2 的结果表明，高铁开通使得沿线城市的经济关联强度增强了 0.673；模型 4 的结果表明，高铁开通使得沿线城市的城乡收入差距缩小了 0.117，这一结论与陈丰龙等（2018）的研究发现类似，他们认为高铁发展有利于缩小中国城乡收入差距。

表 5－3　　　　　　　DID 模型的基准检验结果（长三角区域）

变量	经济关联水平		城乡收入差距	
	模型 1	模型 2	模型 3	模型 4
G	0.776 *** (8.57)	0.673 *** (7.72)	－0.091 ** (－2.48)	－0.117 *** (－3.26)
PEO	—	1.209 ** (2.26)	—	－0.138 (－0.62)

续表

变量	经济关联水平		城乡收入差距	
	模型 1	模型 2	模型 3	模型 4
IMP	—	-0.327 (-1.53)	—	-0.185 ** (-2.10)
FINANCE	—	-0.753 *** (-4.84)	—	-0.157 ** (-2.45)
FDI	—	2.717 * (1.70)	—	-3.228 *** (-4.89)
POST	—	0.129 ** (2.23)	—	0.012 (0.52)
GOV	—	-9.445 *** (-5.69)	—	-0.019 (-0.03)
常数项	13.242 *** (138.51)	8.070 ** (2.45)	7.995 *** (207.04)	9.535 *** (7.03)
城市固定效应	控制	控制	控制	控制
时间固定效应	控制	控制	控制	控制
N	432	432	432	432
R^2	0.864	0.884	0.920	0.929

注：*** 、** 和 * 分别表示在1%、5%和10%的水平上显著；括号内为 t 值。

控制变量方面，就模型 2 的估计结果而言，对长三角经济一体化影响较大且显著为正的解释变量主要有人口密度（PEO_{it}）和信息化水平（$POST_{it}$），它们每增加 1%，经济关联水平将分别增加 1.209% 和 0.129%，金融发展（$FINANCE_{it}$）和政府干预（GOV_{it}）变量则起到一定的负向作用。GOV_{it} 表示地方财政支出占 GDP 比重，这一指标在许多文献中又被称作地方保护，反映了对于长三角区域而言，其内部城市间的经济关联将会受到地方保护主义的不利影响。变量 IMP_{it}、FDI_{it} 的统计系数在 5% 的水平上并不显著，说明提高市场内部潜力、增加实际利用外商投资这两个措施并不能有效提高长三角区域城市间的经济关联水平。

2. DID 模型的动态效应估计

表（5 - 3）的回归结果反映了高铁开通对长三角区域经济一体化的平均效应，但没有说明这种影响是否具有动态效应。就长三角 27 个城市的研究样本来说，最早开通的高铁线路为宁蓉铁路合宁段（2008 年 4 月），连通南京南到合肥南站，因而设置变量 $DT_1 \sim DT_{11}$，依次表示该城市开通高铁后的第 1 年到第 11 年，进而考察高铁开通的时间效应。

由表 5 - 4 的回归结果可知，不论是否加入控制变量，DT 的系数均显著为正，且系数值不断增大，表明高铁开通能够有效提高沿线城市的经济关联水平，随着开通城市的不断增多，这种促进作用也越来越明显；由模型 7 和模型 8 的回归结果可知，高铁开通对沿线城市的城乡收入差距的影响时段十分有限，就模型 8 而言，在 5% 的显著性水平下，DT 的系数仅在高铁开通后的第 1 年到第 3 年显著为负，说明高铁建设对沿线城市城乡收入差距的影响时滞约 3 年。

表 5 - 4　　　　　　　　DID 模型的动态效应检验结果（长三角区域）

变量	经济关联水平		城乡收入差距	
	模型 5	模型 6	模型 7	模型 8
DT_1	0.701 *** (5.77)	0.662 *** (5.78)	− 0.106 ** (− 2.10)	− 0.123 ** (− 2.53)
DT_2	0.890 *** (6.99)	0.827 *** (6.78)	− 0.101 * (− 1.91)	− 0.126 ** (− 2.44)
DT_3	0.860 *** (6.46)	0.752 *** (5.84)	− 0.096 * (− 1.73)	− 0.123 ** (− 2.25)
DT_4	0.990 *** (6.59)	0.975 *** (6.62)	− 0.086 (− 1.38)	− 0.113 * (− 1.81)
DT_5	1.090 *** (6.72)	1.028 *** (6.41)	− 0.051 (− 0.75)	− 0.099 (− 1.46)
DT_6	1.231 *** (6.81)	1.138 *** (6.37)	− 0.087 (− 1.16)	− 0.139 * (− 1.84)

续表

变量	经济关联水平		城乡收入差距	
	模型 5	模型 6	模型 7	模型 8
DT_7	1.346 *** (7.07)	1.286 *** (6.71)	-0.075 (-0.95)	-0.136 * (-1.67)
DT_8	1.395 *** (6.87)	1.319 *** (6.39)	-0.040 (-0.48)	-0.090 (-1.03)
DT_9	1.233 *** (4.68)	1.244 *** (4.78)	-0.147 (-1.34)	-0.154 (-1.40)
DT_{10}	1.572 *** (4.49)	1.652 *** (4.86)	-0.143 (-0.99)	-0.131 (-0.91)
DT_{11}	1.569 *** (4.40)	1.584 *** (4.52)	-0.115 (-0.77)	-0.088 (-0.59)
常数项	13.242 *** (140.91)	14.449 *** (4.09)	7.995 *** (205.02)	9.587 *** (6.41)
控制变量	否	是	否	是
N	432	432	432	432
R^2	0.864	0.884	0.92	0.929

注: *** 、 ** 和 * 分别表示在1%、5% 和10% 的水平上显著；括号内为 t 值。以上模型均控制了城市固定效应和时间固定效应。

3. 分地区回归

下面从核心—新扩容层面的研究视角来进行分组回归，结果如表 5 - 5 所示。对比模型 9 和模型 11 的结果可知，G 的系数值分别为 0.822 和 0.389，说明高铁开通这一政策因素对两个区域的经济关联都起到了一定的正向促进作用，并且对长三角核心区域城市的影响大于对其新扩容城市的影响。接着，观察模型 10 和模型 12 的结果，可以看出模型 10 中 G 的系数值并不显著，说明高铁开通这一政策因素并没有缩小核心区域的城乡收入差距。

表 5 – 5   分地区检验结果（长三角区域）

变量	核心城市		新扩容城市	
	经济关联水平	城乡收入差距	经济关联水平	城乡收入差距
	模型 9	模型 10	模型 11	模型 12
G	0. 822 *** (7. 35)	– 0. 085 (– 1. 65)	0. 389 *** (3. 03)	– 0. 111 ** (– 2. 10)
常数项	– 12. 354 *** (– 2. 76)	8. 736 *** (4. 24)	30. 342 *** (6. 28)	8. 708 *** (4. 36)
控制变量	是	是	是	是
N	256	256	176	176
R^2	0. 919	0. 938	0. 897	0. 938

注：*** 、** 分别表示在 1%、5% 的水平上显著；括号内为 t 值。以上模型均控制了城市固定效应和时间固定效应。

4. 稳健性检验

为了验证上述实证结果是由于高铁开通因素的影响，下面借鉴刘瑞明和赵仁杰（2015）、李彦等（2018）的研究设计，进行反事实的平行趋势检验，即假设不存在高铁开通这一事实，实验组和控制组之间的差异也会随时间的推移而变动。本节假设高铁开通政策提前 2 年或 3 年实施，其他控制变量的设置不变，对其进行同式（5 – 5）和式（5 – 6）一样的回归。

由表 5 – 6 的估计结果可知，模型 11 和模型 12 表示高铁是否开通的政策效应变量 G 的系数均未通过 10% 水平下的显著性检验，而模型 9 和模型 10 中 G 的系数仍然显著。尽管如此，仍有这样一个解释，即反事实检验所得到的是高铁开通政策的平均处理效应。由于本节研究年限范围为 2003—2018 年，而截至 2018 年，长三角区域绝大多数城市均已开通高铁，长三角经济一体化水平在高铁开通政策实施的前 2 年内并没有发生明显的提高，而在 2011—2013 年的高铁扩建阶段才有显著的改善，因而二者的平均效应仍然可能出现较为显著的情况。为了验证这一猜想，参照徐明和刘金山（2018）的做法，分别剔除最后两年和三年的样本，再进行反事实检验，结果如模型 13 ~ 模型 16 所示。可以看出，政策变量 G 的系数均不再显著，故拒绝了原假设，表明上述结论并不是随时间变动而导致的安慰剂效应结果。

表 5－6   反事实检验结果（长三角区域）

变量	提前 2 年		提前 3 年		提前 2 年：并剔除 2017—2018 年样本		提前 3 年：并剔除 2016—2018 年样本	
	经济关联水平	城乡收入差距	经济关联水平	城乡收入差距	经济关联水平	城乡收入差距	经济关联水平	城乡收入差距
	模型 9	模型 10	模型 11	模型 12	模型 13	模型 14	模型 15	模型 16
G	0.230 ** (2.58)	－ 0.073 ** (－ 2.19)	0.133 (1.46)	－ 0.045 (－ 1.27)	0.147 (1.65)	－ 0.305 (－ 0.92)	0.156 (1.52)	－ 0.041 (－ 1.08)
常数项	3.185 (0.93)	10.481 *** (7.80)	3.479 (0.99)	10.438 *** (7.64)	7.330 * (1.81)	10.405 *** (6.87)	7.740 * (1.67)	10.748 *** (6.21)
控制变量	是	是	是	是	是	是	是	是
N	432	432	432	432	378	378	351	351
R^2	0.873	0.929	0.867	0.927	0.857	0.931	0.840	0.920

注：*** 、 ** 和 * 分别表示在 1% 、 5% 和 10% 的水平上显著；括号内为 t 值。以上模型均控制了城市固定效应和时间固定效应。

5. 机制检验

要素流动是高铁运输最直观的特征，通过前文的机制分析可知，高铁开通能够通过促进劳动力、资本和技术要素流动的方式，来对区域经济发展产生影响，韩会然等（2011）运用社会网络分析方法，研究得出皖江城市带空间经济联系正逐步趋于均衡状态，要素的集聚与扩散、交通方式的创新等因素共同形成了皖江城市带经济联系的变化机理。卞元超等（2018）、宣烨等（2019）的研究结论均证实了要素流动的中介机制作用。

对此，我们首先检验高铁开通对劳动力要素流动（LABOR）、资本要素流动（CAPITAL）和技术要素流动（PATENT）的影响。结果如表 5－7 中的模型 17 ~ 模型 19 所示，可以看出高铁开通变量 G 的系数均显著为正，说明高铁开通对于三大要素流动均发挥出正向影响。

其次借鉴宣烨等（2019）的研究设计，将三大要素变量分别加入

式 (5-5) 和式 (5-6) 中, 以观察它们能否对长三角经济一体化产生影响, 结果如模型 20~模型 25 所示。可以发现, 当被解释变量为城市间经济关联强度 (R) 时, 对比模型 2 中 G 的系数为 0.673 而言, 在加入中间机制变量后, 高铁开通变量 G 的系数均有所下降, 且劳动力、资本和技术要素的系数均显著为正, 表明高铁开通可以通过这三大要素的中间机制来对城市间经济关联产生影响; 当被解释变量为城乡收入差距 (GAP) 时, 高铁开通变量 G 的系数仍然显著为负, 但只有模型 25 中技术要素流动 ($PATENT$) 的系数具有统计学意义, 表明高铁开通能够通过技术要素流动的中间机制来对长三角城乡收入差距产生影响。

表 5-7 机制检验结果 (长三角区域)

变量	LABOR	CAPITAL	PATENT	R			GAP		
	模型 17	模型 18	模型 19	模型 20	模型 21	模型 22	模型 23	模型 24	模型 25
G	0.248 *** (2.68)	1.578 ** (2.39)	2.166 ** (2.12)	0.663 *** (7.64)	0.668 *** (7.74)	0.645 *** (7.43)	-0.118 *** (-3.28)	-0.117 *** (-3.25)	-0.126 *** (-3.52)
LABOR				0.001 ** (2.21)			0.001 (0.52)		
CAPITAL					0.009 *** (2.95)			-0.001 (-0.54)	
PATENT						0.013 *** (2.99)			0.004 ** (2.38)
常数项	2.294 (0.65)	-11.147 (-0.20)	60.000 (1.55)	9.295 *** (2.80)	8.167 ** (2.50)	7.296 ** (2.23)	9.654 *** (7.01)	9.528 *** (7.01)	9.281 *** (6.86)
控制变量	是	是	是	是	是	是	是	是	是
N	432	432	432	432	432	432	432	432	432
R^2	0.742	0.224	0.39	0.886	0.887	0.887	0.929	0.929	0.93

注: *** 、** 分别表示在 1%、5% 的水平上显著; 括号内为 t 值。以上模型均控制了城市固定效应和时间固定效应。

5.1.6 实证结论

本节首先就高铁开通与区域经济一体化的关系进行了系统的文献综述,

其次利用长三角区域 2003—2018 年的城市面板数据,以两城市之间的经济联系值作为经济一体化的指标,实证分析了长三角区域经济一体化的变化特征,最后在构建多期 DID 模型的基础上,就长三角区域经济一体化的影响因素进行了深入的研究,得出以下结论。

(1)社会网络分析的实证结果表明:伴随着长三角区域内高铁建设的逐步开展,区域内的网络密度从 2003 年的 0.195 增长至 2018 年的 0.328,与此同时,城市间的经济关联水平也在不断加深,整体关联结构朝着多中心化、网络化的趋势发展。

(2)多期 DID 模型的实证结果表明:就长三角区域内的城市间经济关联和城乡收入差距而言,高铁开通均发挥着重要的影响。机制检验结果表明,在高铁开通影响长三角区域经济一体化的过程中,要素流动发挥出了重要的中间机制作用。

综上所述,将社会网络分析方法与多期 DID 模型综合运用,能更好地体现出长三角区域经济一体化的变化特征,并且高铁开通可以通过促进劳动力、资本和技术要素流动的方式来提升城市间的经济关联水平。

5.2 高铁开通对收缩型城市转型发展的影响:基于三大要素集聚的观察视角

5.2.1 引言

近年来,有关韧性城市、智慧城市的概念受到了国外学者们的广泛关注,相比之下,城市收缩这一现象过去在国内却没有得到特别的注意。这一点似乎很容易理解,在实践中,绝大多数城市规划项目是为应对城市蔓延和可持续发展而量身定制的,作为世界上人口最多的国家,中国的大部分城市仍在快速扩张中,并经历着快速和大规模的城市化进程。尽管如此,近年来中国有些城市的人口正在出现流失现象。相关研究也表明,城市收缩已成为中国未来城市可持续发展的重要关注点(龙瀛等,2015;吴康等,

2015；高舒琦，2017）。根据国家发展改革委在 2019 年 3 月发布的《2019
年新型城镇化建设重点任务》，其中指出收缩型中小城市要瘦身强体，严控
增量、盘活存量。

与此同时，随着中国高铁网络的扩建，居民更容易在城市之间频繁旅
行，人口流动的空间范围有所扩展，中国人口活动的空间集聚过程更加明
显和激烈（王赟赟和陈宪，2019）。人口流失是收缩型城市面临的主要挑
战，很显然，大规模的劳动力移民将导致某些地区的人口集中，而其他地
区的人口正在下降。那么，在高铁发展的背景下，不可避免的问题是：对
于近年来遭受人口流失的城市，当它们连接到高铁网络中时，高铁开通是
否有助于人口回流，还是进一步加剧了城市的收缩？虽然大多数学者关注
高铁对区域经济发展的积极影响，例如城市经济增长（王雨飞和倪鹏飞，
2016；董艳梅和朱英明，2016）、劳动力就业（董艳梅和朱英明，2016）、
交通可达性提升（叶德珠等，2020）、产业集聚（覃成林和杨晴晴，2016；
Shao et al.，2017）、企业生产率（张梦婷等，2018）等，但每个城市都显
示出不同的发展特征和吸引力，高铁发展一定会带来经济福利吗？本节将
研究范围缩小到经历人口流失的城市，并考察了高铁开通能否推动收缩性
城市的转型发展，这一研究具有非常重要的现实意义。

5.2.2 文献回顾

1. 城市收缩的内涵及模式

城市收缩的概念最早源于 20 世纪 70 年代德国出现的人口流失与经济衰
退现象（Huermann & Siebel，1988），早期的研究多强调城市危机、城市衰
退等问题。随着研究的深入，学术界对城市收缩的内涵进行了多方面的探
索（Mallach，2017）。从研究重点来看，现有学者多认为人口流失（Haase
et al.，2016；Hattori et al.，2017；刘贵文等，2019）和土地闲置（Ja-
ekyung et al.，2018；Gu et al.，2019）是城市收缩的主要特征，但是在具
体的界定标准上，由于研究对象和时段的差异，学者们尚未形成统一的定论。
例如，席林和洛根（Schilling & Logan，2008）将收缩城市界定为过去 40 年间

人口流失超过 25% 的城市，并存在大量的闲置土地。龙瀛等（2015）根据收缩城市世界研究网络（SCIRN）的界定方法，将人口流失超过两年，并且发生结构性经济危机的城市界定为收缩型城市。

关于城市收缩的具体模式，可以从收缩形态、收缩原因、收缩程度等方面来进行划分。在收缩形态方面，城市收缩主要包括穿孔型收缩和圈饼型收缩两种类型（Schetke & Haase，2008）。在收缩原因方面，张明斗等（2019）认为收缩型城市可以从地理环境、资源枯竭、产业结构和虹吸效应四个方面来进行分类识别。郭源园和李莉（2019）通过对比市辖区与非市辖区人口在 2003 年和 2014 年的相对变化，建立了相应的识别机制，从而将城市分为增长型、潜在收缩型和收缩型三大类。刘贵文等（2019）的研究则从人口流失幅度和收缩时长等方面，将中国的收缩型城市划分为绝对收缩和相对收缩两类。

2. 城市收缩的原因

基于不同的国家和区域研究背景，国外学者对城市收缩的起因进行了有益的探索，并提出了几种解释，包括人口结构变化（Lesthaeghe，1995；Rieniets，2009；Hattori et al.，2017）、工业后期转型（Hollander，2009；Nelle et al.，2017）、郊区化（Popper & Popper，2012）、政治变化（Bontje，2004）、经济全球化（Martinez–Fernandez et al.，2012）、气候及环境变化（Khavarian–Garmsir et al.，2019）等，这些因素给城市的可持续发展带来了巨大挑战。就国别差异而言，欧洲的一些城市收缩主要是由政治和人口变化引起的，而本地制造业减少则是美国部分城市的收缩的原因所在（Xie et al.，2018）。

中国的城市收缩现象同样引发了许多学者的关注。需要注意的是，尽管中国经济进入新常态发展阶段，但仍处于快速的城市化进程中，城市收缩的原因也与西方城市完全不同。这是因为从历史阶段和城市化背景来看，中国部分城市的收缩进程是在国家人口增长的背景下进行的（Long & Wu，2016）。总体而言，中国城市收缩的原因可以被归纳为以下四点。

第一，资源枯竭导致许多城市的城市收缩。罗小龙（2018）认为，中国城市收缩成因包括老工业基地的资源枯竭现象、产业收缩引发的城市衰退、区划调整、新城建设对老城的负向作用以及城镇化现象。中国许多收缩型城市都是工业和采矿区，如东北地区的鸡西市和鹤岗市。在那些老工业基地中，原本依靠丰富资源发展的城市在大量消耗资源后会出现产业退化，进一步的资源开采不仅在技术操作上具有一定的难度，而且不利于这些城市的可持续发展（赵秀峰，2004）。这些老工业基地的经济发展和收入水平低于全国平均值，而人口流失则加剧了这一状况（赵家辉等，2017）。

第二，产业结构的变化和制造业的衰退促进了城市的收缩。杨振山和孙艺芸（2015）将收缩城市的成因归结于经济结构的调整、社会人口结构的改变、城市空间结构的改变、资源的枯竭和政治因素。张京祥等（2017）认为城市收缩主要是内部发展压力和外部差别等作用于打破城市整体均衡。值得注意的是，吴康等（2015）、杜志威和李郇（2017）分别在长江三角洲和珠江三角洲地区发现了一些收缩的城市，这些地区通常是中国经济较为发达的地区。珠江三角洲的许多企业都专注于外贸加工企业，在全球经济危机的影响下，国际贸易订单的急剧下降不可避免地导致许多出口型企业倒闭，而且随着劳动力成本的不断上涨，包括珠三角和长三角在内的中国传统发达地区的制造业正在向东南亚和其他地区转移。此外，在工业转型升级过程中，自动化机器的使用进一步大大减少了工作数量（李郇等，2015）。一个典型的例子是广东省东莞市，一度的"中国工厂"，在工业转型时期流失了大量人口。

第三，中国城市收缩现象主要是由大规模移民造成的，人口指标是学者进行研究必不可少的因素（Yang et al.，2019）。劳动力从小城镇到大城市，从城市边缘到市中心，寻求增加收入和改善生活条件是影响劳动力移徙的主要原因。吴康等（2015）基于人口指标，从人口、环境、经济、政治和空间五个方面的变化解释了京津冀和长三角地区的收缩现象。刘贵文等（2019）则将城市收缩分为绝对和相对两个方面，前者是由于城市经济结构的瓦解，后者则源于城市劳动力的大量外流。

第四，大城市的虹吸效应导致了城市的收缩。张等（Zhang et al.，2016）认为，小城市离大城市越近，对周围小城市的影响越大。波尔塞和沙尔默（Polèse & Shearmur，2006）通过对加拿大部分边缘区域的研究发现地理环境和外生性因素是影响城市衰退的重要原因。布兰科（Blanco et al.，

2009）认为去工业化造成城市收缩，维希曼和帕拉斯特（Wiechmann & Pallagst，2012）则把重点放在城市的郊区化和蔓延现象。

3. 收缩型城市的转型发展

为了更好地应对城市收缩现象，许多学者提出了相应的改革措施和转变方式。杨东峰和殷成志（2013）认为老工业城市的转型应该注重可持续发展，利用废弃地和相应的农业开发来实现城市转型。高舒琦（2017）也表示应该通过相应的土地规划精简城市规模。肖等（Xiao et al.，2019）以中国东北和长三角地区为例，认为通过能源结构优化和产业结构调整可以促进当地收缩型城市形成新的经济增长点，进而走上低碳经济发展的道路。张贝贝和李志刚（2017）则进一步强调了区域合作的重要性，鼓励探索新的区域合作方式。赵家辉等（2017）强调"精明收缩"这一观点，将收缩现象转化为优势，制定相应的城市规划。徐博（2019）在精明发展的导向下，分析了收缩型中小城市地区政府治理的改革创新空间，认为城市收缩并非意味着衰落而失去活力，其发展包括了经济、社会、政治、安全等诸多方面的权衡。

综上所述，已有研究对城市收缩的内涵、模式和起因等方面进行了广泛而细致的探索，然而，关于交通基础设施建设，尤其是高铁建设能否推动收缩型城市转型发展，鲜有学者进行深入的研究。本节的贡献主要体现在以下两点：其一，目前对城市收缩问题的研究主要是定性分析或案例研究，而本节采用更为详细的城市级数据的定量方法，来研究中国的城市收缩现象；其二，本节试图通过测试高铁开通与收缩型城市的常住人口及人均收入变化之间的因果关系，来确定高铁引起的虹吸效应，并探讨其中的具体作用路径，这是现有文献所没有涉及的。

4. 研究总结

现有研究大大提高了我们对高铁与城市人口流动或经济变化的理解，但是，相关文献仍然存在一些研究空白。首先，尽管城市收缩的问题已引起越来越多的关注，但目前的研究主要是采用定性分析的案例研究方法，将单个城市视为研究样本会导致结论的可推广性受到限制。因此，需要大量城市的数据和大量的定量证据才能对城市收缩的问题有更全面的了解。其次，从研究样本的角度来看，以往探索高铁区域经济效应的研究主要以所有城市为样本。然而，从总样本中得出的结论仅揭示了高铁对区域经济的平均影响。

此外，结合 4.1.4 节的论述可知，既有研究充分注意到了要素集聚或扩散问题，但高铁开通后收缩性城市的人口和经济究竟会发生什么样的变化？鲜有学者进行深入的探讨。由于地理条件、历史发展以及经济和社会环境的限制，在中国快速的城市化进程中，一些城市已经显示出强烈的收缩甚至是衰退迹象，一个突出的指标是人口外流。从全国范围来看，中国的高铁网络极大地提高了其服务城市的可达性，增强了沿线城市的区位优势，从而对扩大生产和就业活动产生了积极的影响（王赟赟和陈宪，2019）。迄今为止，在中国高铁扩建的背景下，关于高铁发展对收缩型城市的影响，相关研究十分欠缺。因此，本节将聚焦这一问题，并通过实证检验高铁对这些城市人口和经济变化的影响。

5.2.3 中国收缩型城市的空间分布状况

以往研究用"非农业人口"的概念来衡量中国的城市人口，然而，在改革开放之后，大量的农村移民进入城市，但没有获得非农业户口的地位。因此，"非农业人口"与"城市人口"之间存在很大差异。考虑到城市地区的人口数据与衡量人们居住地的数据非常接近，现有研究多采用城区层面的人口数据来表示城市人口（王鹏和莫柯迪，2019）。

本节借鉴吴康等（2015）的做法，从人口统计学的角度，将城市收缩定义为常住人口连续 3 年或 3 年以上出现流失的过程，其中城市常住人口等于城区人口与城区暂住人口之和。根据《中国城市建设统计年鉴（2006—2017）》提供的数据，在 2006—2017 年中国 652 个城市中，绝大部分城市常住人口持续增长，但是仍有 32 个地级市和 67 个县级市（共占 25%）经历了一定程度的人口流失，这一结果与龙和吴（Long & Wu，2016）的研究十分接近。

表 5-8 展示了 2006—2017 年中国收缩型城市的区位分布、收缩类型和

人口流失情况。借鉴张明斗等（2019）的做法，本节将该 32 个收缩性城市按照收缩原因划分为四类，由表 5 - 8 可以发现，我国大多数收缩型城市都属于产业变迁型和资源枯竭型。从收缩型城市的区位分布来看，我国收缩型城市主要分布在东北地区（如鹤岗），珠三角地区（如东莞）和长三角地区（如台州）。从人口流失的程度来看，绝大多数收缩型城市从 2006—2017 年的人口流失少于 10 万人，而有 3 个城市（分别为吉林、台州和湛江）在此期间的人口流失大于 30 万人，属于严重收缩。

表 5 - 8   中国收缩型城市的区位分布、收缩类型和人口流失情况   单位：万人

收缩类型	城市	所属省区	2006 年常住人口	2017 年常住人口	城区常住人口减少量	收缩类型	城市	所属省区	2006 年常住人口	2017 年常住人口	城区常住人口减少量
产业变迁型	鞍山	辽宁	143.31	140.60	2.71	资源枯竭型	本溪	辽宁	93.12	85.58	7.54
	营口	辽宁	89.17	84.81	4.36		抚顺	辽宁	132.77	130.72	2.05
	通化	吉林	47.65	46.01	1.64		阜新	辽宁	79.20	75.91	3.29
	吉林	吉林	186.86	126.89	59.97		白山	吉林	41.44	40.26	1.18
	佳木斯	黑龙江	61.08	59.80	1.28		鹤岗	黑龙江	57.40	54.50	2.90
	牡丹江	黑龙江	69.14	67.50	1.64		鸡西	黑龙江	75.17	69.16	6.01
	齐齐哈尔	黑龙江	110.75	109.40	1.35		伊春	黑龙江	78.07	76.52	1.55
	大庆	黑龙江	149.89	138.83	11.06		萍乡	江西	48.18	45.39	2.79
	三明	福建	28.30	22.21	6.09		遂宁	四川	55.21	55.07	0.14
	商丘	河南	96.70	96.45	0.25		焦作	河南	84.85	79.10	5.75
	新乡	河南	100.90	78.28	22.62		淮北	安徽	78.40	75.18	3.22
	东莞	广东	674.88	649.90	24.98	被动虹吸型	淮南	安徽	109.00	108.72	0.28
	北海	广西	57.80	46.52	11.28		汉中	陕西	53.33	44.39	8.94
	台州	浙江	153.44	105.07	48.37		佛山	广东	210.23	182.05	28.18
	镇江	江苏	97.04	89.17	7.87		汕尾	广东	23.88	23.69	0.19
地理偏远型	乌兰察布	内蒙古	32.76	29.89	2.87		湛江	广东	145.94	91.28	54.66

资料来源：中国收缩城市研究网络（http://www.beijingcitylab.com/projects - 1/15 - shrinking-cities/），其中城区人口收缩数据是根据《中国城市建设统计年鉴》计算所得。限于篇幅，这里仅展示地级市层面的收缩情况。

5.2.4 模型、变量与数据

1. 模型构建

中国的城市收缩现象主要可以在移民框架内得到解释：大量的人从农村地区迁移到城市地区，从欠发达的城市迁移到发达的城市，在更繁荣的地方寻求更好的工作机会和更好的生活。在 2006—2017 年，样本中的所有城市都经历了一定程度的人口流失。因此，仅比较高铁开始运营之前和之后高铁所服务城市的人口和经济变化是不足以证明高铁开通后的净影响。与比较分析方法（高铁开始运营前后的人口变化的单因素比较）相比，DID 评估方法可以提供更可靠的结论，它可以有效地控制研究样本的时差并分离政策的影响。

本节借鉴林雄斌等（2017）的做法，从人口变化与经济变化两个方面来衡量收缩型城市的转型发展状况，并采用多期 DID 模型来分析高铁开通的净影响。目前该评估方法已被广泛运用于评价交通项目对区域经济发展的影响（Diao et al.，2017；Lin，2017；Shao et al.，2017；Bel & Holst，2018；董艳梅和朱英明，2016）。该方法可以有效确定公共政策的"实施效果"（Abadie，2005；李红昌等，2016；王鹏和李彦，2018），通过比较在实施高铁（HSR）开通政策前后，实验组（已开通高铁）与控制组（未开通高铁）城市之间常住人口和经济发展的变化，DID 模型可以有效识别这一政策对收缩型城市所产生的净影响。

DID 模型的基准估计方程可表示为

$$POP_{it} = \alpha_1 + \beta_1 HSRT_{it} + c_1 X_{it} + \mu_i + \nu_t + \varepsilon_{it} \qquad (5-7)$$

$$PGDP_{it} = \alpha_2 + \beta_2 HSRT_{it} + c_2 X_{it}^* + \mu_i + \nu_t + \varepsilon_{it} \qquad (5-8)$$

其中，被解释变量 POP_{it} 为城市的常住人口，用于反映收缩型城市的常住人口情况；$PGDP_{it}$ 为人均国内生产总值，用于反映收缩型城市的经济发展水平；X_{it}、X_{it}^* 包含一组控制变量；$HSRT$ 是一个二进制变量，如果该收缩型城市 i 在 t 年有 HSR 服务，则值为 1，在其他情况下为 0；β_1 和 β_2 是回归系数，分别用于反映高铁开通变量（$HSRT$）对收缩型城市人口变化与经济发展的影响，根据 DID 模型的定义，这两个系数衡量了政策的净效应。

2. 变量选取

为了确保估计方程的稳健性，本节选择了以下控制变量，以控制其他因素对收缩型城市人口变化和经济发展的影响。具体来说，在式（5-7）中，X_{it} 包含以下控制变量：WAGE 表示在岗职工平均工资，反映城市收入对劳动力的吸引程度；HOUSE 表示商品住宅平均销售价格，反映城市房价水平；FDI 为外资开放度，按实际外商直接投资占 GDP 比重来计算；IMP 表示城市的市场内部潜力，为社会消费品零售总额与城市内部距离的比值；DOCTOR 为每万人中医生个数，反映城市医疗水平；GREEN 为人均绿地面积，反映城市绿化水平。在式（5-8）中，X_{it}^{*} 包含以下控制变量：产业结构（TS），第三产业增加值与第二产业增加值之比；平均受教育程度（AEDU），借鉴陈丰龙（2018）的研究设计，平均受教育年限的计算公式为 $AEDU = (6a + 10.5b + 16c)/d$，其中 $a \sim d$ 分别表示在校的小学生数、中学生数、大学生数和学生总数；人均固定资产投资（INVEST），反映投资的影响；人均道路面积（ROAD），反映城市基础设施水平；政府公共服务（ROAD），用政府财政支出占 GDP 比重来反映。表 5-9 显示了各变量的描述性统计。

表 5-9 　　　　　　　　变量的描述性统计（收缩型城市）

变量	变量含义	均值	标准差	最小值	最大值
POP	城区常住人口（万人）	99.544	104.791	21.910	729.060
PGDP	人均国内生产总值（元）	38790.060	25349.160	6762.000	148209.000
HSRT	高铁开通的虚拟变量	0.240	0.427	0	1
WAGE	在岗职工平均工资（元）	37228.950	15100.450	7378.070	110393.000
FDI	外资开放度	0.019	0.015	0.001	0.071
HOUSE	商品住宅平均销售价格（元）	3609.834	2013.190	866.920	16549.710
IMP	市场内部潜力（万元/公里）	19.517	22.195	0.394	146.219
DOCTOR	每万人中医生人数（个）	21.624	11.428	0.002	82.985

续表

变量	变量含义	均值	标准差	最小值	最大值
GREEN	人均绿地面积（平方米/人）	46.055	45.464	1.974	385.290
TS	产业结构	0.827	0.372	0.131	2.426
AEDU	平均受教育程度	8.792	0.592	7.475	10.203
INVEST	人均固定资产投资（元）	26310.910	19937.960	2225.190	105640.900
ROAD	人均道路面积（平方米/人）	10.996	9.240	1.620	73.040
GOV	政府公共服务	0.164	0.081	0.044	0.581

3. 数据来源及说明

本节探讨高铁对收缩型城市人口变化与经济变化的影响，相关数据主要来自于中国经济与社会发展统计数据库。其中，城市常住人口数据来自《中国城市建设统计年鉴》，高铁数据来自《全国铁路旅客列车时刻表》（2006—2016 年），房价数据来自国家信息中心宏观经济与房地产数据库。有关 HSR 数据的其他说明：为了提高即将到来的春节（通常在 1 月或 2 月）的运输能力，许多中国高铁线路于 12 月下旬开通。因此，如果高铁线路在上半年（6 月 30 日之前）开通，则认为高铁已于当年投入使用；如果高铁线路在下半年（6 月 30 日之后）开通，则认为高铁已于明年投入使用。在本节样本城市中，最早开通的高铁线路为杭深铁路甬连段，于 2009 年 9 月 28 日通车，连接宁波和连江，途中经停收缩型城市台州。因此，在本节研究中，2010 年被视为高铁运营的第一年。

5.2.5 实证分析

1. 高铁开通对收缩型城市常住人口的影响估计

根据式（5-7），我们的主要目标是观察高铁开通是否有助于收缩型城市的人口回流，还是进一步加剧了人口外流。我们使用多期 DID 模型来估计，结果如表 5-10 所示。首先，分析核心解释变量 *HSRT* 的系数，观察模型 1 和模型 2，表示高铁是否开通的政策变量 $HSRT$ 的系数显著为正，并且在 10% 的显著性水平上具有统计学意义。这一结果强烈暗示高铁开通对样本城市的人口回流具有积极影响。

对样本城市而言，高铁线路是逐步分阶段开放的过程。为了更准确地估算这些高铁路线的影响，使用多期 DID 模型来进一步探索高铁实施对收缩型城市中城市常住人口变化的动态影响。当虚拟变量 D_1 的值为 1 时，表示该城市于 2010 年首次开通了高铁线；否则为 0。$D_2 \sim D_8$ 的设置遵循相同的规则。如果这些系数为正且在 10% 或更高的显著性水平上具有显著性，则表明高铁线的开通对城市常住人口的增长作出了积极贡献。如前文所述，2010 年被视为高铁在样本城市开始运营的第一年。表 5 - 10 同样报告了每年政策（实施 HSR）的净效果。模型 3 和模型 4 给出了解释变量（$HSRT$）和六个控制变量的估计系数。以模型 4 的结果来解释，可以看出，在高铁的开通的第 1 年和第 4 年中，虚拟变量系数 D_1 和 D_4 并不显著，反映高铁对沿线城市的影响可能会具有短暂的时滞效应。尽管如此，在高铁的开通的第 2 ~ 3 年和第 5 ~ 6 年，虚拟变量 D 的系数显著为正，换句话说，高铁开通在 2014—2015 年对收缩型城市人口回流的贡献最大，之后又不再显著。总体而言，高铁开通在一定程度上促进了收缩型城市人口回流，但这种正影响并不具有持续的稳定性，需要进一步验证。

关于控制变量对收缩型城市常住人口的影响，对于模型 2 和模型 4 而言，两个控制变量（ln$WAGE$、FDI）均为正值且在 1% 的水平上具有统计学意义。毫无疑问，工资水平是重要的吸引力，会影响城市常住人口的变化。较高的工资将有助于吸引劳动力，从而扩大城市人口。即使对于正在遭受人口流失的城市，工资上涨也可以帮助减缓人口流失的趋势。FDI 代表外资开放度，这也对收缩型城市人口的回流也产生了积极的影响。然而，回归中的市场内部潜力（IMP）、卫生服务水平（$DOCTOR$）和城市绿色环境（$GREEN$）的系数并不显著，由于样本城市主要是三线和四线城市，他们的教育、医疗服务和环境对吸引人们迁移到这些城市并没有特别的吸引力。

表 5 – 10 **高铁开通影响收缩型城市常住人口的检验结果**

变量	平均效应估计		动态效应估计	
	模型 1	模型 2	模型 3	模型 4
HSRT	0.028 * (1.75)	0.040 ** (2.50)	—	—
D_1	—	—	0.018 (0.81)	0.028 (1.28)
D_2	—	—	0.025 (1.09)	0.044 * (1.93)
D_3	—	—	0.034 (1.35)	0.047 * (1.85)
D_4	—	—	0.029 (1.06)	0.045 (1.64)
D_5	—	—	0.035 (1.46)	0.069 ** (2.07)
D_6	—	—	0.055 * (1.83)	0.086 ** (2.07)
D_7	—	—	0.036 (0.80)	0.074 (1.61)
D_8	—	—	− 0.032 (− 0.47)	− 0.024 (− 0.35)
lnWAGE	—	0.123 *** (2.60)	—	0.139 *** (2.86)
FDI	—	1.335 *** (2.79)	—	1.454 *** (2.96)
lnHOUSE	—	0.046 (1.05)	—	0.043 (0.96)
lnIMP	—	0.024 (1.42)	—	0.022 (1.29)

变量	平均效应估计		动态效应估计	
	模型 1	模型 2	模型 3	模型 4
ln*DOCTOR*	—	0.005 (0.58)	—	0.005 (0.53)
ln*GREEN*	—	0.000 (−0.11)	—	0.000 (−0.03)
Constant	4.435 *** (296.64)	2.820 *** (5.90)	4.435 *** (294.07)	2.689 *** (5.52)
City FE	Yes	Yes	Yes	Yes
Time FE	Yes	Yes	Yes	Yes
N	384	384	384	384
R^2	0.135	0.188	0.137	0.196

注：*** 、** 和 * 分别表示在 1%、5% 和 10% 的水平上显著；括号内为 t 值。

2. 高铁开通对收缩型城市经济发展的影响估计

需要指出的是，中国高铁网络建设在一定程度上对区域经济的空间格局造成了不平衡效应，进而导致各城市区位优势的相对变化（王雨飞和倪鹏飞，2016）。根据式（5-8），下面来观察高铁开通是否有利于收缩型城市的经济发展。这里同样使用多期 DID 模型来估计，结果如表 5-11 所示。

首先，分析变量高铁开通（*HSRT*）的系数，观察模型 5 和模型 6 的检验结果可知，相应系数值显著为负，且在 1% 的水平上显著，这一结果表明高铁开通对样本城市的经济发展具有负面影响。其次，从模型 7 和模型 8 的动态效应检验结果可以看出，这种负面影响持续了较长时间。

表 5-11　　　　高铁开通影响收缩型城市经济发展的检验结果

变量	平均效应估计		动态效应估计	
	模型 5	模型 6	模型 7	模型 8
HSRT	−0.094 *** (−3.62)	−0.078 *** (−4.35)	—	—

续表

变量	平均效应估计		动态效应估计	
	模型 5	模型 6	模型 7	模型 8
D_1	—	—	-0.107*** (-2.98)	-0.060** (-2.49)
D_2	—	—	-0.113*** (-2.99)	-0.080*** (-3.14)
D_3	—	—	-0.078* (-1.87)	-0.084*** (-2.97)
D_4	—	—	-0.104** (-2.27)	-0.103*** (-3.34)
D_5	—	—	-0.131** (-2.45)	-0.143*** (-3.86)
D_6	—	—	-0.160** (-2.36)	-0.173*** (-3.72)
D_7	—	—	-0.168** (-2.24)	-0.162*** (-3.13)
D_8	—	—	0.100 (0.88)	-0.009 (-0.11)
TS	—	-0.200*** (-4.59)		-0.202*** (-4.66)
FDI	—	-0.777 (-1.45)		-1.044* (-1.93)
$\ln AEDU$	—	-0.128 (-0.51)		-0.222 (-0.88)
$\ln INVEST$	—	0.246*** (12.87)		0.243*** (12.71)
$\ln ROAD$	—	-0.016 (-0.73)	—	-0.005 (-0.23)

续表

变量	平均效应估计		动态效应估计	
	模型 5	模型 6	模型 7	模型 8
GOV	—	−0.281 * (−1.85)	—	−0.367 ** (−2.37)
Constant	9.633 *** (389.58)	7.980 *** (14.20)	9.633 *** (390.01)	8.202 *** (14.51)
City FE	Yes	Yes	Yes	Yes
Time FE	Yes	Yes	Yes	Yes
N	384	384	384	384
R^2	0.888	0.951	0.891	0.953

注：*** 、** 和 * 分别表示在 1%、5% 和 10% 的水平上显著；括号内为 *t* 值。

3. 稳健性检验

使用 DID 的条件是实验组和对照组应有相同的趋势。尽管在回归方程中采取了双重固定效应的估计，但是我们无法完全排除实验组和对照组之间随时间推移出现的一些无法观察到的系统性差异。换句话说，人口流失可能是由一些不可观察的因素而不是高铁开通引起的。为了尽可能消除潜在的遗漏变量，我们进行了三方面的稳健性检验，以期更好地验证上述实证结果。

（1）安慰剂检验。参考卞元超等（2018）的研究设置，假设高铁的实际开通时间分别是提前 2 年和 3 年，从而构造了两个"伪 HSR 开通"变量（HSRT_2，HSRT_3）。表 5 – 12 显示的 HSR 总效果中的变量 *HSRT* 被两个"伪 HSR 开通"变量代替。如果这两个变量的系数表现显著，则表明某些不可观测的系统性因素可能在高铁开通影响收缩型城市转型发展中发挥了作用。相反，如果"伪高铁开通"变量的系数不显著，则说明表 5 – 10 和表 5 – 11 中观察到的影响是由高铁开通引起的。如表 5 – 12 所示，两个"伪 HSR 开通"变量的系数均不显著，这表明满足平行趋势假说，并且实验组和对照组之间没有系统性差异。因此，DID 方法可以在本研究中充分使用。

表 5 - 12 平行趋势检验结果（收缩型城市）

变量	被解释变量：lnPOP		变量	被解释变量：lnPGDP	
	提前 2 年	提前 3 年		提前 2 年	提前 3 年
	模型 9	模型 10		模型 11	模型 12
HSRT_2	0.021 (1.33)	—	HSRT_2	−0.031 (−1.70)	—
HSRT_3	—	0.016 (1.03)	HSRT_3	—	−0.021 (−1.15)
lnWAGE	0.111 ** (2.32)	0.103 ** (2.19)	TS	−0.209 *** (−4.69)	−0.211 *** (−4.70)
FDI	1.275 *** (2.65)	1.256 *** (2.61)	FDI	−0.61 (−1.12)	−0.537 (−0.98)
lnHOUSE	0.051 (1.16)	0.053 (1.20)	lnAEDU	−0.004 (−0.02)	0.018 (0.07)
lnIMP	0.022 (1.29)	0.022 (1.26)	lnINVEST	0.247 *** (12.69)	0.248 *** (12.63)
lnDOCTOR	0.008 (0.92)	0.008 (0.89)	lnROAD	−0.016 (−0.70)	−0.013 (−0.54)
lnGREEN	−0.002 (−0.14)	−0.002 (−0.16)	GOV	−0.239 (−1.54)	−0.221 (−1.42)
Constant	2.902 *** (6.04)	2.962 *** (6.19)	Constant	7.700 *** (13.52)	7.638 *** (13.33)
City FE	Yes	Yes	City FE	Yes	Yes
Time FE	Yes	Yes	Time FE	Yes	Yes
N	384	384	N	384	384
R^2	0.177	0.175	R^2	0.949	0.949

注：*** 、** 分别表示在1%、5%的水平上显著；括号内为 t 值。

（2）子样本检验。需要指出的是，交通基础设施改善可能对不同类型的城市产生了完全不同的影响（年猛，2019）。根据5.2.3节的分析可知，中国绝大多数城市收缩的原因都是由于产业变迁或者资源枯竭，但也有部分城市是因为自身地理位置偏远或者处于大城市周边而发生被动虹吸效应。从要素流动的角度来看，交通条件的不便会造成居民的经济活动范围受限，进而导致本地市场容量狭小。但是，高铁开通会极大地提升这些原本处于不利地理位置的城市的区位优势，重塑区域经济空间格局（董艳梅和朱英明，2016）。出于这种考虑，我们删除地理偏远型（包括乌兰察布）和被动虹吸型（包括佛山、汉中、淮南、汕尾和湛江）的研究样本，重新对式（5-7）和式（5-8）进行回归。

由表5-13的子样本检验可知，模型13和模型14中，表示高铁是否开通的政策属性变量 HSRT 的系数在5%的水平下显著为正，说明即使在不考虑地理位置的情况下，高铁的开通仍然可以在一定程度上促进收缩型城市的人口回流。而在模型15中，HSRT 的系数虽然为负但并不显著，尽管在加入控制变量之后，模型 HSRT 的系数通过10%显著性检验，但相比于基准回归（表5-11的模型5和模型6）而言，HSRT 的系数显著性还是发生了相当程度的降低，表明在讨论收缩型城市的经济发展时，地理区位这一属性是重要的样本划分依据。

表5-13 子样本检验结果（收缩型城市）

变量	被解释变量：lnPOP		变量	被解释变量：lnPGDP	
	模型13	模型14		模型15	模型16
HSRT	0.036 ** (2.33)	0.035 ** (2.29)	HSRT	-0.029 (-1.28)	-0.034 * (-1.79)
lnWAGE	—	0.135 *** (3.13)	TS	—	-0.145 *** (-3.11)
FDI	—	1.342 *** (2.86)	FDI	—	-0.927 (-1.57)
lnHOUSE	—	0.103 ** (2.49)	lnAEDU	—	-0.689 ** (-2.35)
lnIMP	—	-0.004 (-0.23)	lnINVEST	—	0.276 *** (13.71)

变量	被解释变量：ln*POP*		变量	被解释变量：ln*PGDP*	
	模型 13	模型 14		模型 15	模型 16
ln*DOCTOR*	—	0.000 (0.02)	ln*ROAD*	—	0.032 (1.00)
ln*GREEN*	—	0.016 (1.38)	*GOV*	—	−0.474 *** (−2.93)
Constant	4.471 *** (306.34)	2.327 *** (5.22)	*Constant*	9.671 *** (343.43)	8.840 *** (13.10)
City FE	Yes	Yes	*City FE*	Yes	Yes
Time FE	Yes	Yes	*Time FE*	Yes	Yes
N	312	312	*N*	312	312
R^2	0.137	0.226	R^2	0.882	0.955

注：***、** 和 * 分别表示在 1%、5% 和 10% 的水平上显著；括号内为 t 值。

（3）替换被解释变量。表 5 – 14 中模型 5 ~ 模型 8 的结果表明，高铁开通并不会给所有城市都带来"经济福利"。这也不难理解，由于绝大多数收缩型城市属于中小城市，高铁发展可能使得这些城市的经济要素发生扩散。为了提供更可靠的估计结果，下面对式（5 – 8）的被解释变量进行替换，于是有

$$WAGE_{it} = \alpha_2 + \beta_2 HSRT_{it} + c_2 X_{it}^* + \mu_i + \nu_t + \varepsilon_{it} \qquad (5-9)$$

其中，$WAGE_{it}$ 表示城市的在岗职工平均工资。其他变量的设置不变。

表 5 – 14 给出了以 ln$WAGE_{it}$（取对数后）作为被解释变量的逐步回归检验结果。可以看出，模型 17 ~ 模型 23 中，$HSRT$ 的系数始终显著为负，表明高铁开通不利于城市职工工资水平的提高。值得注意的是，虽然高铁开通能够在一定程度上促进收缩型城市的人口回流，但这并不意味着能够促进劳动力尤其是高技能劳动力的集聚，这一结论在余永泽和潘妍（2019）的研究中得到体现，他们发现高铁服务并不能够增加高技能劳动力的收入。

表 5 – 14　　　　　　　　　更换被解释变量（收缩型城市）

变量	模型 17	模型 18	模型 19	模型 20	模型 21	模型 22	模型 23
HSRT	– 0.077 *** (– 4.19)	– 0.071 *** (– 3.94)	– 0.069 *** (– 3.76)	– 0.069 *** (– 3.73)	– 0.064 *** (– 3.61)	– 0.064 *** (– 3.61)	– 0.052 *** (– 3.02)
TS	—	– 0.140 *** (– 4.09)	– 0.144 *** (– 4.18)	– 0.144 *** (– 4.17)	– 0.023 (– 0.58)	– 0.024 (– 0.60)	– 0.117 *** (– 2.79)
FDI	—	—	0.572 (1.04)	0.571 (1.03)	0.229 (0.43)	0.223 (0.41)	0.190 (0.37)
ln*AEDU*	—	—	—	– 0.015 (– 0.06)	– 0.078 (– 0.31)	– 0.079 (– 0.31)	0.058 (0.24)
ln*INVEST*	—	—	—	—	0.098 *** (5.19)	0.097 *** (5.08)	0.082 *** (4.49)
ln*ROAD*	—	—	—	—	—	– 0.005 (– 0.23)	– 0.007 (– 0.32)
GOV	—	—	—	—	—	—	0.868 *** (5.98)
Constant	9.729 *** (554.36)	9.845 *** (297.87)	9.838 *** (292.79)	9.870 *** (17.72)	9.050 *** (16.17)	9.068 *** (16.01)	8.884 *** (16.45)
City FE	Yes	Yes	Yes	Yes	Yes	Yes	Yes
Time FE	Yes	Yes	Yes	Yes	Yes	Yes	Yes
N	384	384	384	384	384	384	384
R^2	0.944	0.946	0.947	0.947	0.951	0.951	0.955

注：*** 表示在 1% 的水平上显著；括号内为 *t* 值。

（4）机制检验：以上结果表明，随着更多城市被纳入高铁网络中，收缩型城市的经济发展状况将变得更加不利，为什么会出现这样的情况？对此，本部分借鉴周锐波等（2020）的研究设置，基于要素流动的功能属性，从三大要素集聚的观察视角，来进行机制检验及解释，这三大要素分别包括劳动力要素集聚（ln*EMP*），以非农产业就业密度来反映；资本要素集聚（ln*CAP*），用人均资本存量来反映；技术要素集聚（ln*PAT*），用人均专利申请授权数来表示。

表 5 - 15 给出了三大要素集聚的机制检验结果。总体来看，模型 24 ~ 模型 29 的结果表明，对于收缩型城市而言，高铁开通的影响是负面的。模型 25 中，*HSRT* 的系数显著为负 （ - 0.029），表明高铁开通不利于城市资本要素的集聚。模型 24 和模型 26 中，*HSRT* 的系数均不显著，说明高铁开通对收缩型城市劳动力和技术要素的集聚没有产生显著的影响。对比前文的检验结果，可以解释为：高铁开通对收缩型城市人口回流的正向影响并不具有持续的稳定性，该政策也未能有效促进收缩型城市的劳动力集聚。

表 5 - 15　　　　　要素集聚的机制检验结果 （收缩型城市）

变量	lnEMP	lnCAP	lnPAT	lnPGDP		
	模型 24	模型 25	模型 26	模型 27	模型 28	模型 29
HSRT	- 0.010 （ - 0.52）	- 0.029 ** （ - 2.01）	- 0.070 （ - 1.07）	- 0.074 *** （ - 4.28）	- 0.074 *** （ - 4.22）	- 0.076 *** （ - 4.26）
lnEMP	—	—	—	0.208 *** （4.07）	—	—
lnCAP	—	—	—	—	0.094 ** （2.24）	—
lnPAT	—	—	—	—	—	0.005 （0.34）
Constant	1.930 *** （9.25）	7.706 *** （29.80）	1.769 ** （2.38）	7.333 *** （33.49）	7.011 *** （18.46）	7.725 ** （38.27）
Control variables	Yes	Yes	Yes	Yes	Yes	Yes
City FE	Yes	Yes	Yes	Yes	Yes	Yes
Time FE	Yes	Yes	Yes	Yes	Yes	Yes
N	384	384	384	384	384	384
R^2	0.284	0.955	0.815	0.954	0.952	0.951

注：*** 、** 分别表示在 1% 、5% 的水平上显著；括号内为 *t* 值。

5.2.6　实证结论

中国城市化进程的快速推进使我们非常重视人口增长和城市扩张。实际上，近年来，在全国人口总体增长的背景下，一些城市却见证了常住人口的减少。同时，中国已进入高铁时代，并在很短的时间内建立了世界上使用最广泛的高铁网络。高铁开通极大地缩短了城际旅行时间，加快了人口流动，从而在很大程度上影响了城市人口的空间分布和经济要素的空间集聚。本节以 32 个收缩型城市为样本，基于常住人口变化和人均收入变化的双重视角，利用多期差分法系统研究高铁开通的政策效应，得出以下主要结论。

（1）中国的收缩型城市呈现出"小群落"的空间分布特征。收缩型城市主要分布在东北地区、珠三角地区和长三角地区。首先，中国城市收缩的主要原因包括自然资源的枯竭、制造业的衰落以及被动虹吸效应。其次，从高铁建设的角度来看，高铁开通可以极大地加速城市之间的要素流动。在 32 个收缩型城市样本中，大多是竞争力较差的三线和四线城市。在快速城市化阶段，中国的收缩型城市面临着与中心城市的激烈竞争，高铁开通或将加剧这一竞争效应。

（2）多期 DID 模型的检验结果表明，高铁开通对收缩型城市的人口回流产生了一定的正面影响，但这种促进作用并不具有持续的稳定性，高铁开通不利于改善收缩型城市的经济福利。高铁开通对收缩型城市人口变化和经济活动的影响具有一定的时滞效应。在高铁运营早期，可能需要花费一些时间来观察高铁开通对人口外流的缓解效应。进一步的机制检验也表明，高铁开通没有有效带动收缩型城市的劳动力集聚，反而造成了这些城市的资本要素扩散。

5.3 高铁开通对城市群经济集聚演化的影响：以中国三大城市群为例

5.3.1 引言

当前，中国高铁处于快速发展的网络化建设时期，截至 2022 年底，中国高铁营运里程已超过 4 万公里，惠及多个城市群。本节试图在理论分析和实证检验的基础上，就高铁建设对我国三大城市群经济集聚演化的影响来进行深入的研究，从而为新时期构建现代交通体系、实现城市群一体化发展提供相应的对策建议和实践方向。

5.3.2 文献回顾

目前，已有一些学者初步探讨了高铁建设与城市群经济集聚演化之间的关系，相关研究可划分为以下两方面。

一方面，高铁的开通能够扩大原有城市群的范围（张艳和华晨，2011），提升区域可达性水平，缩短了城市间的时空距离（赵丹和张京祥，2012），加快城市群生产要素流动（Bertolini et al.，2005），促进沿线城市产业分工并发生结构转型（Chen，2012）。此外，虽然高铁通车强化了城市群整体的经济集聚效应，但由于高铁网络建设的非均衡性，各城市的"相对区位"会发生改变，中心城市的地位可能得到提升，外围城市则可能面临着被边缘化的危险（王雨飞和倪鹏飞，2016），因而高铁建设对中国区域经济空间结构的重塑也产生一定影响（董艳梅和朱英明，2016）。

另一方面，就对城市群的内部结构而言，高铁建设的影响究竟是促进了"多中心"模式的出现，还是强化了"核心—边缘"模式？前一种说法是基于专业分工的互补理论，认为高铁建设有利于刺激新的市场和需求，带动了小城市的发展机会（Bonnafous，1987），关于城市群"多中心"模式的特征，可以从形态属性和功能联系两个角度来判别，其中形态属性是指城市群内部各城市在地理空间上的集聚和表象，功能联系是指若干中小城市集聚在中心城市周围，通过城市间的互补合作，逐渐形成分工有序、联系紧密的功能网络体系（Timberlake，2008；Meijers，2010）；后一种说法是基于规模经济的极化理论，认为高铁建设将促进大城市形成更大的经济规模，甚至不利于小城市的发展（Puga，2008）。

综上所述，现有文献多是对区域空间格局或某一个城市群进行分析，很少进行城市群层面的横向对比分析，也缺乏对不同产业的分类研究。本节以我国长三角城市群、长江中游城市群和成渝城市群为例，利用多期 DID

模型，探究高铁建设对三大国家级城市群经济集聚演化的影响，以期为实现"高速铁路 + 城市群"的互动发展模式提供相应的策略和建议。

5.3.3 模型、变量与数据

1. 模型设计

本节的研究目的是科学评价高铁建设对我国城市群经济集聚演化的影响，研究的关键在于将高铁开通后所产生的"政策效应"和"时间效应"区别开来，其中，"政策效应"可以通过截面数据分析对某一年中已开通高铁城市和未开通高铁城市的经济集聚水平来进行横向比较，而"时间效应"则可以通过时间序列方法对某一个城市开通高铁前后的经济集聚变化来进行纵向比较，两种方法各有优点，但都无法综合判断一个城市的经济集聚水平在是否开通高铁和开通高铁前后的差异。

由于高铁的开通可以被看作一次准自然实验，因而倍差估计方法（Differences in Differences，DID）能够有效地解决上述问题。DID 估计模型常用于评估某项政策实施的效果，这也是目前许多国内外学者用来分析高铁开通所带来经济影响的方法之一（Albalate et al.，2015；Ghani et al.，2016；李红昌等，2016）。与 5.1 节的设计类似，笔者构建多期 DID 模型来进行分析：

$$Y_{it} = \alpha_0 + \alpha_1 G_{it} + a_2 DT_t + \alpha_3 X_{it} + u_i + \varepsilon_{it} \qquad (5-10)$$

其中，Y_{it} 反映城市群中 i 城市在 t 年的经济集聚水平，本节将从经济密度和产业集聚两个角度来衡量；G_{it} 是 i 城市在 t 年是否开通高铁的虚拟变量，相当于两期 DID 模型中的交叉项 $G_i \times D_t$，当 i 城市属于实验组且 t 属于高铁开通当年及之后的年份，G_{it} 取值为 1，否则为 0，经过差分后的系数 α_1 即为高铁开通对实验组和控制组的影响差异，若该系数值显著为正，则表明高铁开通促进了该城市群的经济集聚效应；DT_t 是高铁开通的第 T 年（$T = 1$，2，3，…，7）的虚拟变量，用于捕捉即使在高铁没有开通情况下可能存在的时间趋势效应，在高铁开通的第 T 年取值为 1，否则为 0；X_{it} 为其他控制变量；μ_i 为城市的固定效应，ε_{it} 表示随机扰动项。

2. 变量选取

本节将影响城市群集聚经济水平的影响因素划分为高铁建设变量和其他控制变量两大类，其他控制变量包括城市属性、经济属性和社会属性三个方面的变量（见表 5-16），最终计量模型为

$$Y_{it} = \alpha_0 + \alpha_1 G_{it} + a_2 DT_t + \beta_1 ACC_{it} + \beta_2 PEO_{it} + \beta_3 IMP_{it}$$
$$+ \beta_4 PGDP_{it} + \beta_5 FDI_{it} + \beta_6 IT_{it} + \beta_7 GOV_{it} + u_i + \varepsilon_{it} \qquad (5-11)$$

表 5-16 变量的设定及说明（城市群经济集聚）

变量	变量属性	变量名称	指标说明
城市群经济集聚	经济密度	经济密度（YD_{it}）	全市每平方公里的生产总值（万元/平方公里）
	产业集聚	区位熵（LQ_{it}）	制造业（MA_{it}）；生产性服务业（PS_{it}）
高铁建设变量	政策属性	虚拟变量（G_{it}）	高铁开通 =1，未开通 =0
	时间属性	虚拟变量（DT_t）	高铁开通的第 T 年 =1，其他 =0
其他控制变量	城市属性	城市可达性（ACC_{it}）	加权平均旅行时间（A_{it}）的倒数
		城市扩张（PEO_{it}）	城市人口密度（人/平方公里）
		市场内部潜力（IMP_{it}）	社会消费品总额/城市内部距离（万元/公里）
	经济属性	人均收入（$PGDP_{it}$）	人均地区生产总值（元）
		对外开放水平（FDI_{it}）	当年实际利用外商投资（万美元）
	社会属性	信息条件（IT_{it}）	互联网用户数（户）
		政府公共服务（GOV_{it}）	地方财政支出占 GDP 比重（%）

首先，由前面的理论分析可知，高铁建设一方面可以提升城市群整体的经济集聚水平，另一方面也可以通过促进劳动力、资本等要素的流动进而影响城市群的产业布局。对此，本节分别从经济密度和产业集聚两个角度来分析高铁建设对城市群经济集聚水平演化的影响。

（1）经济密度。借鉴阿赫费尔德等（Ahlfeldt & Feddersen, 2018）的做法，选取经济密度（YD_{it}）来反映在高铁建设影响下单位土地面积上经济活动的密集程度，YD_{it} 值越大，城市土地利用的经济效益就越高，计算公式为

$$YD_{it} = Y_{it} / S_i \qquad (5-12)$$

其中，Y_{it} 为 i 城市在 t 年的国内生产总值；S_i 为 i 城市市辖区的土地面积。

（2）产业集聚。为了进一步判断高铁建设对城市群产业集聚演化的影响是否具有行业异质差异，将产业集聚划分为制造业集聚（MA）和生产性服务业集聚（PS），其中生产性服务业包括交通运输、仓储和邮政业，信息传输、计算机服务及软件业，金融业，房地产业、租赁及商务服务业，科学研究，技术服务及地质勘查业，居民服务及其他服务业和教育业 8 个行业。同时，借鉴多诺霍（Donoghue，2004）的做法，利用区位熵指数（LQ_{it}）这一指标来衡量区域的产业集聚水平：

$$MA_{it} = (E_{mit}/E_{it})/(E_{mt}/E_t) \qquad (5-13)$$

$$PS_{it} = (E_{pit}/E_{it})/(E_{pt}/E_t) \qquad (5-14)$$

其中，MA_{it} 为 i 城市在 t 年的制造业区位熵；E_{mit}、E_{mt} 分别为 i 城市和 i 城市所在城市群的制造业从业人数；E_{it}、E_t 分别为 i 城市和 i 城市所在城市群的各行业总从业人数；PS_{it} 为 i 城市在 t 年的生产性服务业区位熵，其余指标含义类比同上。

考虑到影响城市群经济集聚的因素是多方面的，本节选取城市可达性（ACC_{it}）、城市扩张（PEO_{it}）、市场内部潜力（IMP_{it}）、人均收入（$PGDP_{it}$）、对外开放水平（FDI_{it}）、信息条件（IT_{it}）和政府公共服务（GOV_{it}）7 个指标作为控制变量，从而更好地描述实验组和控制组城市经济集聚的差异。

（3）城市可达性。借鉴石和周（2013）的做法，选取加权平均旅行时间的倒数（ACC_{it}）来反映沿线城市的交通可达性水平。加权平均旅行时间（A_i）从时间权重角度来评价某个节点与经济中心的联系，A_{it} 值越小，ACC_{it} 值就越高，它们的表达式分别为

$$A_{it} = \sum_{j=1}^{n} M_{jt} T_{ijt} \Big/ \sum_{j=1}^{n} M_{ijt} \qquad (5-15)$$

$$M_{jt} = (POP_{jt} \times GDP_{jt})^{1/2} \qquad (5-16)$$

$$ACC_{it} = 1/A_{it} \qquad (5-17)$$

其中，A_{it} 为城市群中 i 城市在 t 年的加权旅行时间；T_{ijt} 为 i 城市通过铁路交通到 j 城市的最短旅行时间；M_{ijt} 作为权重值，用来反映 i 城市对城市群中其他城市的吸引力和辐射力；POP_{jt}、GDP_{jt} 分别表示 j 城市在 t 年的总人口数和国内生产总值。

（4）城市扩张。借鉴屠年松和李彦（2016）的做法，采取城市人口密度来反映城市规模的大小变化。城市规模的适当扩大，有利于吸引经济要素的集聚，但是若超过一定的范围，则可能导致过度竞争、公共服务供给不足等拥挤现象，最终对经济要素集聚产生一定的负面效应。

（5）市场内部潜力。采用社会消费品零售总额与城市内部距离的比值来衡量一个区域市场购买力的大小以及市场的接近程度，市场内部潜力越大，越有利于经济要素的集聚，但是对于不同产业的集聚可能会有不同的影响。城市内部距离的计算公式为

$$d_i = (2/3)(S_i/\pi)^{1/2} \qquad\qquad (5-18)$$

其中，S_i 为 i 城市的市辖区面积。

（6）人均收入。采用人均地区生产总值来表示，人均收入的变化在很大程度上决定了城市居民的消费支出，进而影响一个地区经济要素的流向和不同产业的布局。人均收入的提高会引起产业结构的变动，这正是库兹涅茨人均收入决定论的内容。

（7）对外开放水平。采取各城市当年实际利用外商直接投资总值来衡量。外商直接投资具有流动性，能够加快资本的集中，因而对于产业的地理集聚特别是制造业集聚发挥着重要的影响，并表现出显著的地区差异和行业差异。

（8）信息条件。利用各城市互联网用户数表示。互联网的广泛运用促进了经济要素的跨时空转移，为产业集聚发展提供了有效的技术支持。相比于制造业，生产性服务业对信息技术的依赖程度更高，信息化水平较高的地区，往往更容易成为生产性服务业的集聚中心。

（9）政府公共服务。采用地方财政支出占 GDP 的比重表示。由于不同城市产业发展和市场偏好的差异，因而政府公共服务对经济要素集聚的影响可能具有一定的区域异质性。

3. 数据来源及说明

考虑到数据的可得性和代表性，本节选取分别位于我国东部、中部、西部的长三角城市群、长江中游城市群和成渝市群为研究对象，运用多期 DID 模型，来分析高铁建设对三大城市群经济集聚演化的影响。其中，

长三角城市群包括上海、南京、无锡、南通、盐城、扬州、泰州、常州、苏州、镇江、杭州、宁波、嘉兴、湖州、绍兴、金华、台州、舟山、合肥、芜湖、铜陵、滁州、马鞍山、安庆、池州和宣城 26 个地级及以上城市，涵盖沿海、京沪、沿江、沪昆高铁通道；长江中游城市群包括武汉、黄石、宜昌、鄂州、孝感、荆州、荆门、黄冈、咸宁、长沙、株洲、湘潭、衡阳、岳阳、常德、益阳、娄底、南昌、萍乡、九江、新余、鹰潭、宜春、上饶、襄阳和景德镇 26 个地级及以上城市，涵盖京港（台）、沿江、沪昆、厦渝高铁通道；成渝城市群包括重庆、成都、德阳、绵阳、内江、乐山、眉山、资阳、自贡、泸州、遂宁、南充、宜宾、广安和雅安 15 个地级及以上城市，涵盖京昆、包（银）海、兰（西）广、沿江、厦渝高铁通道。出于数据平行方面的考虑，各城市群中包含的县级市不包括在内。

本节使用 2003—2014 年地级及以上城市的面板数据，相关数据主要来源于历年的《中国城市统计年鉴》，其中，城市群中两城市间的最短旅行时间数据是通过相应年份的《全国铁路旅客列车时刻表》以及 12306 官方网站进行查询，若两城市间无直达列车，则取道最近的中转城市进行统计；FDI 数据用历年的年平均汇率进行换算，并以 2003 年为基期，利用价格指数对各城市的 GDP 进行平减处理。为降低异方差的影响，对相关绝对值变量作对数化处理。同时，为考察高铁建设对城市群内部经济集聚结构演化的影响，将总体样本再划分为中心地区和外围地区，其中中心地区为三大城市群的省会或经济中心，包括上海、南京、杭州、合肥、南昌、武汉、长沙、重庆和成都 9 个地级及以上城市，其余城市则为外围地区，相比于外围地区，中心地区城市的人口平均规模较大，经济实力较强。

5.3.4 实证分析

本节分别从城市群层面和中心—外围两个层面来进行实证分析，并依次使用经济密度（YD）、制造业区位熵（MA）以及生产性服务业区位熵（PS）作为城市群经济集聚指数。对于成渝城市群中各城市来说，最早开通高铁的时间为 2013 年，因此截至 2014 年开通高铁最长的时间只有两年，DT 的取值只有 D_1、D_2。在实证分析中，根据 Hausman 检验结果，最终确定模型宜采用固定效应估计，以便消除城市的个体效应。

1. 以经济密度为集聚指数的实证结果分析

由表 5 – 17 的各个模型估计结果可知，R^2 统计量均在 0.9 左右，表明以经济密度作为经济集聚指数的模型拟合程度都较好。

从城市群层面来看，首先，观察模型 1、模型 3 和模型 5，表示高铁是否开通的政策效应变量 G 的系数分别为 – 0.11、0.22 和 0.26，说明高铁的开通使得长江中游城市群和成渝城市群的经济密度分别提高 0.22 和 0.26，而使长三角城市群的经济密度降低 0.11，经济要素从较发达的长三角城市群向长江中游城市群和成渝城市群进行转移，说明高铁建设有利于经济集聚梯度效应的实现；从其他控制变量来看，对三大城市群经济密度影响较大且显著的解释变量主要有城市可达性水平（ACC）和市场内部潜力（IMP），ACC 每提高 1%，长江中游城市群和成渝城市群的经济密度将分别提高 46.42% 和 17.90%，高铁建设间接地提高了长江中游城市群和成渝城市群的城市可达性水平，进而对经济要素的流动和集聚起到了一定的促进作用，长三角城市群的经济密度将下降 0.12%，但统计系数并不显著，IMP 的提高对三大城市群沿线城市经济密度的提高具有显著的促进作用，说明提高消费服务水平，优化市场结构有利于城市群土地利用的经济效益。

其次，考察高铁开通随时间变化的影响，由模型 2、模型 4 和模型 6 的回归结果可知，长三角城市群的 $D_1 \sim D_7$ 的变化趋势基本上由正效应转变成负效应，在高铁开通的第 4 年到第 7 年，长三角城市群的经济密度开始降低。长江中游城市群开通高铁的时间效应 $D_1 \sim D_6$ 呈波动现象，第 1、2、6 年的系数值分别是 0.20、0.07 和 0.18，第 4 年的估计系数显著为负（– 0.06），第 3、5 年的估计系数不显著；由于成渝城市群的观察期较短（只有 D_1 和 D_2），故不进行分析。

从中心—外围层面来看，就本节研究区域而言，由模型 7 和模型 9 可知，G 的系数值分别为 – 0.11 和 0.03，且均有显著性，这表明高铁的开通对中心地区的经济产生了一定的扩散效应，而有利于外围地区城市经济的集聚；从其他控制变量来看，对于中心地区而言，市场内部潜力（IMP）的提升有利于经济的集聚（+1.48），而可达性（ACC）和人均收入（PGDP）

表5-17　以经济密度为经济集聚指数的实证结果

变量	长三角		长江中游		成渝		中心		外围	
	模型1	模型2	模型3	模型4	模型5	模型6	模型7	模型8	模型9	模型10
G	-0.11* (-1.93)		0.22* (1.73)		0.26*** (3.37)		-0.11** (-1.89)		0.03* (1.74)	
D_1		0.22 (0.20)		0.20* (1.90)		0.25*** (2.91)		-0.01 (-0.12)		0.01 (0.13)
D_2		0.07* (1.72)		0.07** (2.12)		0.05 (0.49)		-0.06 (-1.33)		0.04 (0.74)
D_3		0.07 (1.32)		-0.07 (-1.35)				0.10 (1.12)		-0.04** (-1.96)
D_4		-0.03* (-1.89)		-0.06* (-1.79)				-0.01 (-0.20)		0.05* (1.74)
D_5		-0.09** (-2.17)		0.17 (1.25)				-0.07 (-1.40)		0.17 (1.17)
D_6		-0.01** (-2.25)		0.18** (1.96)				-0.05* (-1.74)		0.27* (1.77)
D_7		-0.03 (-0.32)						-0.18* (-1.85)		
ACC	-0.12 (-1.38)	-0.26 (-0.92)	46.42* (1.75)	45.81* (1.74)	17.90** (2.05)	17.59** (2.19)	-0.56* (-1.79)	-0.54 (-1.73)	0.52* (1.76)	0.57** (1.97)

续表

变量	长三角		长江中游		成渝		中心		外围	
	模型 1	模型 2	模型 3	模型 4	模型 5	模型 6	模型 7	模型 8	模型 9	模型 10
PEO	0.03 (1.08)	0.03 (1.18)	0.04 (1.39)	0.04 (1.38)	-1.98 (-1.33)	-1.96 (-1.30)	-0.15 (-0.97)	-0.16 (-1.04)	0.04** (1.94)	0.04* (1.77)
IMP	1.32*** (8.31)	1.31*** (8.06)	0.74** (1.96)	0.77** (2.11)	1.18*** (3.90)	1.17*** (3.71)	1.48*** (7.75)	1.48*** (7.67)	0.84*** (3.25)	0.85*** (3.49)
PGDP	-0.34** (-2.01)	-0.35** (-1.98)	0.31 (1.10)	0.29 (1.10)	-0.16 (-0.60)	-0.15 (-0.55)	-0.38** (-2.60)	-0.37*** (-2.82)	0.10 (0.47)	0.09 (0.46)
FDI	0.08 (1.50)	0.08 (1.54)	0.07 (0.98)	0.07 (0.96)	0.01 (0.32)	0.01 (0.33)	-0.10 (-1.17)	-0.10 (-1.30)	0.05* (1.79)	0.05* (1.82)
IT	0.18** (2.56)	0.18** (2.57)	-0.01 (-0.11)	-0.01 (-0.11)	-0.01 (-0.48)	-0.01 (-0.52)	-0.03 (-0.49)	-0.02 (-0.42)	-0.04 (-1.07)	-0.05* (-1.82)
GOV	-0.40 (-0.40)	-0.48 (-0.48)	-1.58 (-1.09)	-1.77 (-1.27)	-0.05 (-0.52)	-0.04 (-0.48)	-0.32 (-0.50)	-0.19 (-0.26)	-0.05 (-0.44)	-0.05 (-0.44)
cons	-2.69*** (-2.90)	-2.65*** (-2.71)	-3.78** (-2.32)	-3.94** (-2.51)	7.58 (0.90)	7.52 (0.89)	-3.56** (-2.04)	-3.58* (-1.90)	-2.69*** (-3.25)	-2.67*** (-3.33)
R^2	0.9005	0.9008	0.8999	0.9020	0.9543	0.9544	0.9451	0.9480	0.8881	0.8902
N	312	312	312	312	180	180	108	108	696	696

注：模型采用稳健性标准误差进行统计推断，***、**、*分别表示在1%、5%和10%的水平上显著；括号内为 t 值。

的提高则在一定程度导致了中心地区经济的扩散（－0.56 和－0.38），这可能是由于大城市集聚租金的提高以及拥挤效应带来了一定的负面影响，而随着人均收入水平的提高和可达性水平的改善，劳动力等要素会加速外流，企业也会重新进行产业布局；对于外围地区而言，可达性（ACC）、城市扩张（PEO）、市场内部潜力（IMP）、对外开放（FDI）的提高有利于提升外围地区城市的经济集聚水平，而信息条件（IT）和政府公共服务（GOV）两个变量在本模型的统计上是不显著的。

另外，从模型 8 和模型 10 可以看出，随着时间的推移，中心地区的 $D_1 \sim D_7$ 的变化趋势基本上呈波动趋势，但多属于负效应，外围地区除 D_3 的系数显著为负之外，其余各年的系数均为正，这与模型 7 和模型 9 只考察高铁建设的政策效应而不考察各年份的时间效应所得的结论基本一致，表明随着时间的推移，高铁的开通促进了经济要素从中心地区向着外围地区进行扩散，从而推进区域经济协调发展。模型 2 的 D_4 和模型 10 中的 D_3 都代表的是 2011 年高铁建设的时间效应，其系数值显著为负，表明高铁的开通在 2011 年将促进区域经济的扩散，这可能是受到了 2011 年温州特大高铁事故的不利影响，与邵等（Shaw et al.，2014）的研究结论一致，证明 2011 年是我国高铁运行的减速转折年。

2. 以产业集聚为经济集聚指数的实证结果分析

基于产业集聚角度，下面分别从制造业和生产性服务业两个方面来进行研究。

（1）制造业集聚。由表 5 - 18 中的估计结果可以看出，以制造业区位熵作为经济集聚指数的模型拟合程度一般，R^2 统计量基本为 0.56 ~ 0.78。

从城市群层面来看，首先，观察模型 11 和模型 13，表示高铁是否开通的政策效应变量 G 的系数分别为－0.09 和 0.07，表明高铁的开通对长三角城市群的制造业起到了一定的扩散作用，但有利于促进长江中游城市群制造业的集聚，模型 15 中 G 的系数不显著；从其他控制变量来看，对三大城市群制造业集聚影响显著的解释变量各不相同，具有明显的区域差异，如市场内部潜力（IMP）对长三角城市群制造业集聚起到推动作用，而可达性水平（ACC）、城市扩张（PEO）、人均收入（PGDP）则产生了一定的阻碍作用。

表 5 - 18　以制造业区位熵为经济集聚指数的实证结果

变量	长三角		长江中游		成渝		中心		外围	
	模型 11	模型 12	模型 13	模型 14	模型 15	模型 16	模型 17	模型 18	模型 19	模型 20
G	-0.09* (-1.79)		0.07* (1.90)		0.16 (1.30)		-0.10** (-2.19)		0.04* (1.88)	
D_1		0.02 (0.30)		0.14* (1.91)		-0.01 (-0.01)		-0.02 (-0.14)		-0.03 (-0.31)
D_2		0.01 (0.02)		-0.14** (-2.72)		0.52 (1.08)		-0.01 (-0.37)		-0.06 (-1.60)
D_3		0.09*** (3.05)		0.01 (0.36)				0.06 (1.61)		0.01 (0.21)
D_4		0.04 (1.32)		0.02 (0.40)				-0.01 (-0.26)		0.04 (1.19)
D_5		0.07 (1.65)		0.02** (2.48)				0.03 (0.80)		0.12** (2.04)
D_6		-0.14** (-2.35)		0.01** (2.17)				-0.01** (-2.03)		0.19** (2.11)
D_7		-0.07 (-0.63)						-0.45 (-0.47)		
ACC	-0.28* (-1.68)	-0.25* (-1.82)	9.65 (0.82)	10.99 (0.97)	-106.80*** (-3.24)	-103.71*** (-2.82)	-0.02** (-2.14)	-0.11** (-2.48)	0.24** (2.30)	0.26** (2.49)

续表

变量	长三角		长江中游		成渝		中心		外围	
	模型 11	模型 12	模型 13	模型 14	模型 15	模型 16	模型 17	模型 18	模型 19	模型 20
PEO	-0.04** (-2.14)	-0.05** (-2.40)	-0.04 (-0.99)	-0.04 (-0.94)	0.95** (2.14)	1.14** (2.17)	0.11 (1.20)	0.12 (1.45)	-0.02 (-1.53)	-0.02 (-1.58)
IMP	0.16** (2.09)	0.13 (1.63)	0.05* (1.93)	0.05* (1.92)	2.03 (1.25)	2.10 (1.25)	-0.11 (-1.20)	-0.03 (-0.24)	0.31 (1.48)	0.32 (1.52)
PGDP	-0.15* (-1.77)	-0.15* (-1.74)	0.06 (0.74)	0.07 (0.77)	-0.99* (-1.84)	-1.06* (-1.86)	-0.09 (-0.94)	-0.09 (-0.94)	-0.04 (-0.46)	-0.05 (-0.54)
FDI	-0.05 (-0.94)	-0.05 (-0.97)	0.02* (1.74)	0.02* (1.76)	0.11 (1.31)	0.12 (1.33)	0.18 (1.69)	0.19 (1.70)	0.06* (1.73)	0.06 (1.69)
IT	-0.03 (-0.86)	-0.02 (-0.58)	0.01* (2.29)	0.02** (2.34)	-0.26 (-1.23)	-0.25 (-1.23)	-0.06 (-1.00)	-0.06 (-1.00)	0.07* (1.87)	0.07* (1.85)
GOV	0.18 (0.25)	0.38 (0.51)	-0.36 (-0.34)	-0.46 (-0.41)	-0.58 (-0.97)	-0.58 (-0.97)	-2.07*** (-3.69)	-2.05*** (-3.77)	-0.21 (-0.58)	-0.21 (-0.57)
cons	1.97*** (2.98)	2.22*** (3.21)	0.85* (1.92)	0.79* (1.81)	-1.47 (-0.05)	-0.64 (-0.02)	-0.11 (-0.01)	-0.01 (-0.01)	-0.58 (-0.30)	-0.61 (-0.31)
R^2	0.7122	0.7524	0.7350	0.7671	0.5661	0.5673	0.7692	0.7777	0.7148	0.7161
N	312	312	312	312	180	180	108	108	696	696

注：模型采用稳健性标准误进行统计推断，***、**、* 分别表示在 1%、5% 和 10% 的水平上显著；括号内为 t 值。

其次，估计高铁开通的时间效应，由模型 12、模型 14、模型 16 的回归结果可知，长三角城市群的 $D_1 \sim D_7$ 的变化趋势基本上由正效应转变成负效应，但系数多不显著，长江中游城市群开通高铁的时间效应以正效应为主。

从中心—外围层面来看，由模型 17 和模型 19 可知，G 的系数值分别为 -0.10 和 0.04，表明高铁的开通对中心地区的制造业集聚起到产生了一定的阻碍效应，而促进了外围地区城市制造业的集聚；从其他控制变量来看，对于中心地区制造业集聚有显著影响的变量有可达性水平（ACC）、政府公共服务（GOV），但都是负向效应，对于外围地区制造业集聚有正向影响的变量有可达性（ACC）、对外开放（FDI）和信息条件（IT）。此外，从模型 8 和模型 10 可以看出，中心地区开通高铁的时间效应 $D_1 \sim D_7$ 以负效应为主，外围地区开通高铁的第 1、2 年的效应为负，以后各年的系数均为正。

（2）生产性服务业集聚。根据表 5－19 的统计结果可以看出，以生产性服务业区位熵作为经济集聚指数的模型拟合程度都比较显著，R^2 统计量都在 0.8 以上。

从城市群层面来看，由模型 31、模型 33、模型 35 的估计结果可知，高铁效应变量 G 的系数分别为 0.04、0.02 和 -0.01，表明高铁的开通对长三角、长江中游城市群的生产性服务业集聚起到了一定的促进作用，且对长三角城市群生产性服务业集聚的正向影响最大。从其他控制变量来看，对三大城市群生产性服务业集聚影响显著的解释变量各不相同，值得注意的是，对外开放（FDI）有利于促进长三角城市群和长江中游城市群的生产性服务业集聚，而对成渝城市群生产性服务业集聚具有显著的负效应，这可能与外商直接投资的投资行业和主体有关。

从高铁开通的时间效应来看，由模型 32、模型 34、模型 36 的回归结果可知，长三角城市群开通高铁的时间效应 $D_1 \sim D_7$ 以正效应为主，长江中游城市群开通高铁的时间效应由负转正。

从中心—外围层面来看，由模型 37 和模型 39 可知，G 的系数值分别为 0.08 和 0.01，表明高铁的开通推动了中心地区生产性服务业的集聚，并且这种促进效应大于对外围地区的影响；从其他控制变量来看，可达性水平（ACC）、对外开放（FDI）、信息条件（IT）对于中心地区与外围地区生产性服务业集聚均有显著的正向影响，结合 G 的估计结果可以判断，相比于外

表5-19　以生产性服务业区位熵为经济集聚指数的实证结果

变量	长三角		长江中游		成渝		中心		外围	
	模型31	模型32	模型33	模型34	模型35	模型36	模型37	模型38	模型39	模型40
G	0.04** (2.08)		0.02* (1.71)		-0.01* (-1.79)		0.08** (2.06)		0.01** (2.10)	
D_1		0.02 (0.41)		-0.04 (-0.83)		-0.11 (-1.31)		0.04 (0.50)		-0.01 (-0.17)
D_2		0.01 (0.31)		-0.01 (-0.18)		0.08* (1.92)		0.08 (1.30)		0.02 (0.44)
D_3		0.01 (0.34)		0.05 (1.12)				0.01 (1.05)		0.04 (1.15)
D_4		0.03 (0.51)		0.07** (2.06)				0.01* (1.77)		-0.09*** (-3.00)
D_5		-0.01 (-0.01)		0.01 (0.62)				0.02* (1.94)		0.01 (1.40)
D_6		-0.10* (-1.87)		0.09** (2.23)				0.04** (2.59)		0.05 (1.38)
D_7		0.05 (0.97)						0.06 (1.61)		
ACC	0.17* (1.41)	0.13* (1.29)	3.69 (0.24)	3.72 (0.24)	23.42* (1.99)	22.95* (1.67)	0.11* (1.75)	0.15 (1.76)	0.02*** (3.16)	0.03** (2.38)

续表

变量	长三角		长江中游		成渝		中心		外围	
	模型31	模型32	模型33	模型34	模型35	模型36	模型37	模型38	模型39	模型40
PEO	0.01 (0.23)	0.01 (0.24)	0.13 (1.29)	0.12 (1.27)	-0.73 (-0.65)	-0.76 (-0.68)	-0.07 (-0.28)	-0.09 (-0.44)	-0.05 (-1.28)	-0.05 (-1.39)
IMP	-0.03 (-0.61)	-0.03 (-0.67)	-0.07 (-1.47)	-0.08 (-1.63)	0.01 (0.14)	0.01 (0.02)	0.05 (1.57)	0.05 (1.61)	0.06* (1.94)	0.07 (1.52)
$PGDP$	-0.14** (-2.80)	-0.13** (-2.59)	0.06 (1.28)	0.07 (1.22)	0.05 (0.45)	0.06 (0.54)	-0.11 (-0.99)	-0.05 (-0.57)	0.02 (0.54)	0.02 (0.47)
FDI	0.12*** (4.52)	0.12*** (4.43)	0.03* (1.71)	0.03* (1.79)	-0.01* (-1.82)	-0.01* (-1.76)	0.08* (1.82)	0.06* (1.78)	0.05*** (4.08)	0.05*** (2.88)
IT	0.05** (2.02)	0.05* (1.88)	0.01 (0.16)	0.01 (0.20)	-0.01** (-2.53)	-0.01** (-2.50)	0.03* (1.96)	0.03* (1.72)	0.01* (1.86)	0.01* (1.75)
GOV	-1.26* (-1.92)	-1.14* (-1.90)	-0.67 (-0.77)	-0.64 (-0.67)	0.21*** (5.01)	0.21*** (4.77)	-1.17*** (-3.86)	-1.07*** (-3.70)	0.14* (1.74)	0.14* (1.93)
$cons$	1.71*** (3.26)	1.67*** (3.19)	0.05** (2.04)	0.07** (2.06)	-4.17 (-1.63)	-4.29 (-1.66)	1.44 (0.79)	1.32 (0.73)	0.74** (2.63)	0.73** (2.31)
R^2	0.8316	0.8393	0.8226	0.8288	0.8339	0.8373	0.8496	0.8742	0.8360	0.8413
N	312	312	312	312	180	180	108	108	696	696

注：模型采用稳健性标准误差进行统计推断，***、**、*分别表示在1%、5%和10%的水平上显著；括号内为t值。

围地区而言，中心地区的信息技术较为发达，而随着可达性水平的提升和外商投资的增加，高铁建设将更有利于中心地区生产性服务业的集聚，另外，政府公共服务（GOV）对中心地区生产性服务业有着显著的负面影响（-1.17），GOV表示的是地方财政支出占GDP比重，这可能是由于中心城市的市场化程度较高，其生产性服务业的发展会更加排斥政府的干预。

另外，由模型38和模型40可知，中心地区开通高铁的时间效应 $D_1 \sim D_7$ 均为正，外围地区开通高铁的第1、4年的效应为负，其余各年的系数均为正。

3. 实证小结

总体而言，随着时间的推移，从城市群层面来看，高铁建设逐渐促进了长三角城市群经济要素的扩散，推动了长江中游城市群和成渝城市群经济要素的集聚，且对制造业集聚和生产性服务业集聚的影响具有明显的区域差异。从中心—外围层面来看，高铁建设提高了城市的可达性，但由于各城市的经济基础和投资环境等多方面因素的间接影响，城市群内部结构将发生改变，高铁建设促进了中心地区生产性服务业的集聚，对于外围地区经济密度和制造业集聚均具有正向影响。因此，从功能联系的角度判断，高铁建设促进了城市群内部城市之间的产业分工合作以及不同城市群之间经济要素的转移，最终推动城市群的经济空间格局向着多中心模式的方向发展（见表5-20）。

表5-20　　　　三大城市群经济集聚演化的高铁效应

区域	经济密度	制造业集聚	生产性服务业集聚
长三角城市群	由正到负	由正到负	以正向作用为主
长江中游城市群	以正向作用为主	以正向作用为主	以正向作用为主
成渝城市群	正	不显著	波动
中心地区	以负向作用为主	以负向作用为主	正
外围地区	以正向作用为主	以正向作用为主	波动

4. 稳健性检验

为了验证城市群经济集聚演化受到高铁建设的影响，参考黄和王（Hung & Wang, 2014）的做法，采用反事实检验（counterfactual test）的方法对上述实证结果进行检验，即假设不存在高铁建设这一事实，实验组和控制组之间的差异也会随时间的推移而变动。在本节的研究样本中，考虑到有相当多的城市在 2009—2010 年开通高铁（15 个城市），且最早开通高铁的时间是 2008 年（2 个城市），故选取 2008—2010 年这一时间段，假设在此期间该 17 个城市都未开通高铁，其余城市的开通高铁时间不变，因而截至 2014 年开通高铁最长的时间只有 4 年，DT 的取值只有 D_1、D_2、D_3 和 D_4，其他控制变量的设置不变，对其进行同式（5 – 11）一样的回归和检验。为了便于观察所关注变量的估计结果，限于篇幅，这里仅列示中心—外围层面的高铁效应变量的检验结果，其他层面的检验也得到类似的结论。

根据表 5 – 21 的检验结果可知，无论是中心地区还是外围地区的回归方程，表示高铁是否开通的政策效应变量 G 的系数均未通过 10% 水平上的显著性检验，且绝大多数反映高铁建设时间效应的 D 变量系数并不显著，故拒绝了原假设，因而高铁建设对城市群经济集聚演化确有影响。由此表明，本节基于多期 DID 模型的实证研究结论具有稳健性。

表 5 – 21 　　　　　　　稳健性检验结果（城市群经济集聚）

变量	中心地区		外围地区	
	模型 31	模型 32	模型 33	模型 34
G	– 0. 11 （– 0. 19）		0. 03 （0. 54）	
D_1		– 0. 05 （– 1. 32）		0. 03 （0. 55）
D_2		– 0. 07 （– 1. 58）		– 0. 05 （– 1. 29）
D_3		0. 06 （1. 03）		0. 16 （1. 31）

变量	中心地区		外围地区	
	模型 31	模型 32	模型 33	模型 34
D_4		-0.11^* (-1.96)		-0.14 (1.40)
控制变量	控制	控制	控制	控制
R^2	0.945	0.949	0.888	0.889
N	108	108	696	696

注：*表示在10%的水平上显著；括号内为t值。

5.3.5 实 证 结 论

本节首先就高铁建设与城市群经济集聚演化的关系进行了系统的理论分析，接着以中国东部、中部、西部三大城市群为例，从经济密度与产业集聚两个视角，实证分析高铁建设对这些城市群经济集聚演化的影响，主要得出以下结论。

高铁建设对城市群经济集聚演化的影响不仅是分阶段的，而且具有一定的梯度效应。从经济密度的角度来看，高铁建设有利于提高长江中游城市群、成渝城市群经济活动的密集程度，但对长三角城市群经济活动的集聚产生了负向效应。从产业集聚的角度来看，高铁建设促进了长三角城市群的制造业扩散和生产性服务业集聚，对长江中游城市群的制造业和生产性服务业都产生了集聚效应，而对成渝城市群的生产性服务业集聚则具有一定的负效应。

第6章　高铁服务供给与区域经济发展研究

6.1　高铁服务供给对城市劳动生产率的影响：兼论人口集聚与公共交通的门槛效应

6.1.1　引言

区域经济持续增长的根本动力在于生产效率的提升，而交通基础设施建设在其中发挥着重要影响。2020 年 8 月，中国国家铁路集团有限公司出台《新时代交通强国铁路先行规划纲要》，为中国铁路未来 30 年的发展勾画出崭新的蓝图。事实上，作为国民经济的大动脉，高速铁路在综合交通运输体系中起着骨干作用。根据交通运输部发布的《2021 年交通运输行业发展统计公报》显示，2020 年末中国高铁营运里程已达 3.5 万公里，并承载着接近 70% 的铁路乘客。日益完善的高铁网络不仅方便了人们的出行，而且促进了要素在区域间的流动，进而有助于提升城市整体的生产率（王振华等，2020）。

当前，已有许多研究就高铁建设与城市经济发展之间的关系进行多角度的探讨，包括经济增长（任晓红等，2020）、劳动力就业（董艳梅和朱英明，2016）、交通可达性（孙卿，2023）、空间格局（年猛，2019）等方面，但多使用虚拟变量来衡量高铁开通的影响，缺乏对高铁服务供给水平的考察。此外，高铁服务对不同产业生产率是否有积极影响也不清楚。更为重要的是，考虑到高铁扩建是一个循序渐进的过程，在促进人口集聚和扩大综合交通运输能力方面，高铁服务供给对城市劳动生产率的影响是否存在"门槛效应"？研究这些问题，对于合理评估高铁建设的经济效应具有重要的理论价值。

与此同时，随着高铁建设的不断推进，研究高铁服务供给对城市劳动生产率的影响同样具有积极的现实意义。一方面，城市生产效率的提高有利于实现城市经济的可持续发展，特别是发达国家，完善的交通运输能力有利于提高城市地区的经济效率（Monzón et. al. ，2013）。另一方面，高铁的大规模扩建也会对航空、公路等其他交通运输方式形成替代和竞争效应，超前的基础设施开发会在一定程度上造成供需结构的错配，并最终对城市劳动生产率的提高造成负面影响（戴学珍等，2016）。有鉴于此，有必要深入研究高铁服务供给对城市劳动生产率的影响路径及其门槛效应，从而为未来综合交通运输体系的规划提供有价值的启示。

6.1.2　研究假设

1. 模型设计

本节采用生产函数模型考察高铁服务供给对区域生产效率的影响。高铁建设作为资源投入的一种方式，它和其他生产性投资是一种替代关系。假设经济系统由交通部门和其他部门组成，K_1、K_2 分别为交通部门与其他部门的固定资本存量，资本存量反映交通网络的运输能力。在其他因素不变的情况下，经济系统的总产出 Y 可表示为

$$Y = F(K_1, K_2) \qquad (6-1)$$

假设总产出 Y 中有 ΔY 用于扩大再生产，$(1 - \Delta)Y$ 用于消费，Δ 为积累率。假设决策者使用 $\alpha \Delta Y$ 于交通固定资产投资，$(1 - \alpha)\Delta Y$ 于其他部门的投资，在这种假设下，交通投资决策等价于要确定 α，从而使累计产出最大。

若不考虑折旧，则运输部门的资本存量边际增量应等于其在 t 年的相应投资 I_{1t}，其表示为

$$\mathrm{d}K_{1t}/\mathrm{d}_t = I_{1t} = \alpha_t \Delta Y_t \tag{6-2}$$

同样，其他部门的投资 I_{2t} 与资本存量边际增长之间的联系表示为

$$\mathrm{d}K_{2t}/\mathrm{d}_t = I_{2t} = (1-\alpha_t)\Delta Y_t \tag{6-3}$$

因此，t 年资本存量变化与累计经济总产出最大化的关系记为

$$\begin{cases} \max \int_0^T Y_t \mathrm{d}_t = \int_0^T F(K_{1t}, K_{2t})\mathrm{d}_t \\ \mathrm{s.t.}\ 0 \leqslant \alpha_t \leqslant 1 \end{cases} \tag{6-4}$$

求导可得：$\mathrm{d}K_{1t}/\mathrm{d}_t = I_{1t} = \alpha_t \Delta F(K_{1t}, K_{2t})$，$\mathrm{d}K_{2t}/\mathrm{d}_t = I_{2t} = (1-\alpha_t)\Delta F(K_{1t}, K_{2t})$。

实际上，政府部门在进行交通决策投资时，经常是对当期的投资进行决策（刘勇，2010）。此时，最优投资决策就是使当期的产出最大，即 $\max F(K_{1t}, K_{2t})$，K_{1t}、K_{2t} 为最优资本存量。根据经济学原理，当资源在各产业的边际效益相等时，其配置达到最优状态，即

$$\frac{\partial F}{\partial K_{1t}} = \frac{\partial F}{\partial K_{2t}} \tag{6-5}$$

在区域基础设施投资方面，只有各交通方式的资本存量达到平衡，经济产出才有可能达到最大水平。例如，假设一个地区有 n 种运输方式，每种运输方式的资本存量表示为 K_{11}，K_{12}，$\cdots$，K_{1n}，则经济产出最大化的条件为

$$\frac{\partial F}{\partial K_{11t}} = \cdots \frac{\partial F}{\partial K_{1nt}} = \frac{\partial F}{\partial K_{2t}} \tag{6-6}$$

换句话说，当投资高铁的边际效益与投资其他交通方式的边际效益相等时，经济产出可以最大化。因此，我们认为城市劳动生产率的提升可以通过发展规模最优的高铁网络系统来实现。

2. 模型假设

本节用"劳动生产率"来衡量高铁服务供给带来的可达性效益，它是指以劳动力要素的最小投入获得最大经济产出的结果。德雷南和布雷彻

(Drennan & Brecher, 2012) 认为在考虑了通常的供求因素后，如果一个城市地区的生产率或工资高于其他地区，那么效率的提高可能归因于集聚经济的存在。许多研究试图探讨集聚经济形成的原因，交通基础设施的发展通常被认为是关键因素之一 (Vickerman & Ulied, 2006; Marti‒Henneberg, 2013)。例如，冯山等 (2018) 认为城市之间的邻近性可以有效地促进集聚经济的形成，而高铁开通将有助于密切城市之间的经济联系，这对于城市生产率的提升具有积极影响。

大多数学者认为，高铁对城市不同产业发展的影响存在着较大差异，这主要是因为就运输成本而言，不同行业对它的敏感程度迥异 (梅林和王丽艳，2017)。一方面，服务业、旅游业和知识密集型产业对人员和信息流动的依赖性更强，对高铁更敏感 (覃成林和杨晴晴，2016; Shao et al., 2017)。这些行业的企业更多地聚集在已开通高铁的城市，以获得更便捷的服务，从而提高城市的生产效率。另一方面，产业的空间布局也会受到高铁站点选址的潜在影响，一些学者也利用空间计量分析方法来研究这一问题 (王丽等，2012)。由于高铁站的建设需要占据大量的土地，当生产要素沿着高铁从农业向制造业和服务业集聚的时候，高铁服务会对农业发展具有负向影响，反之则具有正向影响 (孙学涛等，2020)。因此，在研究高铁建设对城市经济的影响过程中，需要考虑高铁建设对产业的异质性影响。由此提出以下假说。

假说 6 - 1 高铁服务供给能够提高城市劳动生产率，并且这种影响具有产业异质性。

需要注意的是，高铁服务供给对城市劳动生产率的影响程度和方向是不确定的。首先，新开发的高铁系统很可能带来新的出行需求，当高铁项目完成后，沿线地区受益于可达性的显著改善。其次，高铁是典型的轨道交通，需要合理的网络来提供运输服务。为了促进集聚经济的增长，高铁系统必须形成一定的网络规模和频率。高铁运营频率越高，可能会对区域其他交通方式的需求产生显著影响，进而影响经济系统的效率。因此，在评估高铁扩建的经济影响时，必须考虑"门槛特征"，这涉及效率和公平问题 (见图 6 - 1)。

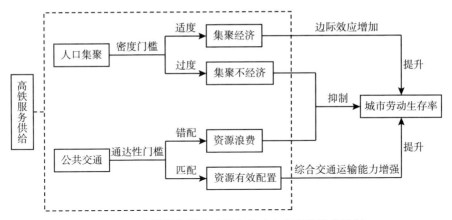

图 6 - 1　高铁服务供给对城市劳动生产率的影响机制

其一，许多学者研究发现，人口集聚与区域经济增长之间存在明显的倒 U 型关系，这是因为适度的人口密度将有利于集聚经济的实现，而人口的过度集聚也会带来拥挤效应，进而对城市劳动生产率造成负面影响（陈心颖，2015；孙久文等，2015）。王鹏和莫柯迪（2019）研究发现，交通基础设施建设有利于促进城市间的要素流动，提升人口集聚影响城市劳动生产率的边际效益。卡斯特 - 昆塔纳（Castells - Quintana，2017）也认为交通基础设施提高了人员流动的效率，进而在某种程度上缓解因人口过度集聚而导致的拥挤效应。由此可见，高铁服务能够有效促进劳动力流动和知识溢出，但需要匹配足够的人口密度。不匹配人口容量的低密度开发将对城市生产效率造成消极影响（Fallah et al.，2011）。换句话说，只有当城市人口密度超过一定阈值后，高铁服务的便利性优势才会得到更好的发挥。

其二，交通公平的概念涉及交通基础设施投资的分配和布局，在规划高铁线路时，需要充分匹配城市公共交通的通达性（Monzon et al.，2013）。事实上，高铁在中国的建设和站点设置并不完全是经济驱动的事件，基于自身利益的考虑，地方政府间往往预先展开竞争（Wang et al.，2013）。此外，超前的高铁建设容易导致公共资源的浪费。在高铁的初始运营阶段，可达性和连接性的影响可能会受到限制，因为服务频率较低，而且新车站周围缺乏配套的公共交通（卢佩莹和王波，2018）。为了打造"高铁新城"，一些城市往往将高铁站点设置在距离城市中心较远的地方，在公共交通与高铁站点接驳尚不完备的情况下，这样的做法显然增加了人们的通勤时间和成本，并且在一定程度上造成城市整体空间布局的分散。因此，合适的公共交通运输体系是十分必要的。由此提出以下假说。

假说 6 – 2 高铁网络的发展可能对城市劳动生产率的影响具有门槛效应，对于人口密度较高、公共交通通达性较好的城市而言，高铁的正向影响更大。

鉴于高铁对城市劳动生产率的影响有助于未来综合交通运输体系的规划，上述研究假说值得研究。因此，本节基于 2007—2017 年中国 201 个地级及以上城市的面板数据，通过构建门槛效应模型，来实证研究高铁服务供给对城市劳动生产率的非线性影响。

6.1.3　模型、变量与数据

1. 模型设定

借鉴郝伟伟等（2016）的做法，本节在构建柯布 – 道格拉斯生产函数的基础上，探讨高铁服务供给对城市劳动生产率的影响，模型形式为

$$Y_{it} = AK_{it}^m L_{it}^n \tag{6-7}$$

其中，Y_{it}、K_{it}、L_{it} 分别表示城市 i 在 t 年的总产出、资本投入和劳动投入。将这三个变量转换成人均单位的形式，则有

$$LP_{it} = A(z_{it}) k_{it}^m l_{it}^{n-1} \tag{6-8}$$

其中，LP_{it} 表示城市 i 在 t 年的产出效率，本节用劳动生产率来衡量；k_{it} 和 l_{it} 表示人均资本投入和人均劳动投入，分别用物质资本和人力资本来衡量；$A(z_{it})$ 是希克斯乘数，反映外部的集聚收益，括号中的 z_{it} 代表影响 LP_{it} 的变量，包括高铁服务供给因素的影响。对式（6-8）取对数可得基准回归模型：

$$\ln LP_{it} = \alpha_0 + \alpha_1 \ln k_{it} + \alpha_2 \ln l_{it} + \beta \ln HSRF_{it} + \delta X_{it} + \mu_i + \eta_t + \varepsilon_{it} \tag{6-9}$$

其中，LP_{it} 为城市 i 为 t 年的劳动生产率；$HSRF_{it}$ 为各城市的高铁服务频次；参数 β 表示平均处理效应，即高铁服务供给对城市劳动生产率的边际效应；X_{it} 为其他控制变量；u_i 为城市的固定效应；η_t 为时间效应；ε_{it} 表示随机扰动项。

根据假说 6-2，本节将城市人口密度和公共交通通达性作为门槛变量，

进一步分析高铁服务供给影响城市劳动生产率的门槛效应，借鉴汉森（Hansen，1999）的研究设计，构建以下模型：

$$\ln LP_{it} = \alpha_0 + \alpha_1 \ln k_{it} + \alpha_2 \ln l_{it} + \beta_1 HSRF_{it}(POPD_{it} \leqslant \gamma_1) + \beta_2 HSRF_{it}(POPD_{it} > \gamma_1)$$
$$+ \delta X_{it} + \mu_i + \eta_t + \varepsilon_{it} \qquad (6-10)$$

$$\ln LP_{it} = \alpha_0 + \alpha_1 \ln k_{it} + \alpha_2 \ln l_{it} + \beta_1 HSRF_{it}(CAR_{it} \leqslant \gamma_1) + \beta_2 HSRF_{it}(CAR_{it} > \gamma_1)$$
$$+ \delta X_{it} + \mu_i + \eta_t + \varepsilon_{it} \qquad (6-11)$$

式（6-10）和式（6-11）分别表示人口密度与公共交通的单一门槛模型，其中 $POPD_{it}$ 和 CAR_{it} 分别表示城市 i 在 t 年的人口密度和公共交通通达性，γ_1 为相应的单一门槛值。考虑到它们与城市劳动生产率之间可能存在反向因果的关系，进而导致模型估计的内生性问题，因而仅将这两个变量作为门槛变量，而不是直接加入回归模型当中。系数 β_1、β_2 用于衡量高铁服务供给水平（$HSRF_{it}$）对城市劳动生产率的影响。在具体分析中，考虑到可能存在两个门槛的情形，上述模型可进一步拓展成

$$\ln LP_{it} = \alpha_0 + \alpha_1 \ln k_{it} + \alpha_2 \ln l_{it} + \beta_1 HSRF_{it}(POPD_{it} \leqslant \gamma_1)$$
$$+ \beta_2 HSRF_{it}(\gamma_1 < POPD_{it} \leqslant \gamma_2) + \beta_3 HSRF_{it}(POPD_{it} > \gamma_2)$$
$$+ \delta X_{it} + \mu_i + \eta_t + \varepsilon_{it} \qquad (6-12)$$

$$\ln LP_{it} = \alpha_0 + \alpha_1 \ln k_{it} + \alpha_2 \ln l_{it} + \beta_1 HSRF_{it}(CAR_{it} \leqslant \gamma_1)$$
$$+ \beta_2 HSRF_{it}(\gamma_1 < CAR_{it} \leqslant \gamma_2) + \beta_3 HSRF_{it}(CAR_{it} > \gamma_2)$$
$$+ \delta X_{it} + \mu_i + \eta_t + \varepsilon_{it} \qquad (6-13)$$

以式（6-12）和式（6-13）分别表示人口密度与公共交通的双重门槛模型，γ_1、γ_2 为对应的一阶、二阶门槛值，其他变量的含义同上。特别地，门槛模型的选择将通过 LR 检验来判断（王鹏和吴思霖，2019；付文宇等，2022）。

2. 变量选取

（1）被解释变量。借鉴王鹏和莫柯迪（2019）的研究设计，用实际国内生产总值与全社会从业人员数的比值来反映城市劳动生产率（LP）；为了更好地观察高铁服务供给的产业异质性影响，我们还分别计算出农业劳动生产率（LPA）、制造业劳动生产率（LPM）和服务业劳动生产率（LPS），这些指标为对应产业的 GDP 与其产业从业人员数的比值。

（2）解释变量。本节的核心解释变量为高铁服务供给水平（HSRF），用城市中所有高铁站的发车频次来表示，具体指经动车组相连的所有城市的总频次数量，不包括"过站不停车"的情形。贾等（Jia et al.，2017）认为一个城市的高铁服务频次在一定程度上反映了其与外界联系的便捷程度。陈丰龙和王美昌（2020）指出，与设置虚拟变量来衡量高铁开通影响的方法相比，高铁经停频次更能够反映高铁服务的实际发展水平。

（3）门槛变量。根据假说6-2，选取人口密度（POPD）和公共交通（CAR）作为门槛变量，分别反映城市的人口集聚状态和公共交通通达性。

（4）控制变量。影响城市劳动生产率的因素有很多，参考相关研究，本节引入人力资本（l）、物质资本（k）、外资开放度（FDI）、政府公共服务（GOV）和信息化水平（POST）五个控制变量。

有关变量的具体说明见表6-1。

表6-1   变量的选取及文献支撑（劳动生产率）

变量属性	变量名称	指标含义	文献支撑
被解释变量	劳动生产率（LP）	实际GDP/全社会从业人员数	王鹏和莫柯迪（2019）
解释变量	高铁服务供给（HSRF）	高铁发车频次	Jia et al.（2017）；朱文涛（2019）
门槛变量	人口密度（POPD）	全市人口/行政面积（人/平方公里）	吴昊和赵阳（2019）
	公共交通（CAR）	每万人拥有公交汽（电）车（辆）	刘修岩（2010）
控制变量	人力资本（l）	每万人高等学校在校学生数（人/万人）	李顺成和李喜演（2017）
	物质资本（k）	人均固定资产投资（元/人）	徐明和刘金山（2018）
	外资开放度（FDI）	实际外商投资额占实际GDP比重（%）	王鹏和莫柯迪（2019）
	政府公共服务（GOV）	一般财政支出占城市实际GDP比重（%）	王鹏和莫柯迪（2019）
	信息化水平（POST）	人均邮电业务总量（元/人）	吴昊和赵阳（2019）

3. 数据来源及说明

本节研究年限范围为 2007—2017 年，数据源自中国经济与社会发展统计数据库，其中，FDI 数据用当年的年平均汇率进行换算。截至 2017 年底，共有 201 个地级市开通有动车组（D 字头）、高速动车组（G 字头）和城际高速（C 字头）这 3 种车型中的任意一种高速列车，并且运营速度超过 200 公里/小时。城市的高铁发车频次数据处理方法参见 3.3.3 节。为降低异方差的影响，对相关绝对值变量作对数化处理，各变量的描述性统计见表 6 - 2。

表 6 - 2　　　　　　　变量的描述性统计（城市劳动生产率）

变量含义	变量	均值	标准差	最小值	最大值
总劳动生产率	$\ln LP$	12.634	0.414	10.351	14.396
农业劳动生产率	$\ln LPA$	15.231	1.452	9.360	19.636
制造业劳动生产率	$\ln LPM$	12.714	0.504	10.458	14.760
服务业劳动生产率	$\ln LPS$	12.356	0.552	7.592	14.165
高铁发车频次	$\ln HSRF$	4.131	2.562	1.386	8.974
人口密度	$\ln POPD$	5.935	0.809	1.573	7.882
公共交通通达性	$\ln CAR$	1.925	0.712	-1.139	4.705
人力资本	$\ln HR$	4.739	1.158	-2.215	7.179
物质资本	$INVEST$	10.085	0.816	6.865	12.299
外资开放度（%）	FDI	2.235	1.991	0.007	13.164
政府公务服务（%）	GOV	15.775	7.033	4.388	70.144
信息化水平	$\ln POST$	4.444	0.915	1.309	9.280

6.1.4　实证分析

1. 模型变量检验

由于本节样本属于短面板数据，不适用于 LLC 检验，所以将使用 HT 检验（Harris & Tzavalis，1999）对面板数据平稳性进行检验。由检验结果的 t 值可以看到（见表 6 - 3），所有变量 HT 检验的 t 值均至少通过了置信水平为 5% 的显著性检验，因此拒绝原假设，即面板数据并不存在单位根，即是平稳的，可进行进一步的门槛模型回归。接着，考察自变量的方差膨胀因子，发现取值区间为 [1.11，2.18]，远小于最大容忍度 10，说明不存在多重共线性的问题。

表 6 - 3   面板数据变量的检验结果（劳动生产率）

变量	面板数据的平稳性检验 （HT 检验）	多重共线性检验 （VIF 值）
lnLP	- 2.482 ***	
ln$HSRF$	- 11.501 ***	2.18
lnHR	5.534 ***	1.99
ln$INVEST$	6.527 **	1.61
FDI	- 6.415 ***	1.55
GOV	- 13.689 ***	1.2
ln$POST$	- 14.992 ***	1.11

注：*** 、** 分别表示在 1% 、5% 的水平上显著；HT 检验的原假设为面板中含有单位根。

2. 基准回归及内生性处理

本节用高铁服务频次来反映高铁服务供给水平，来考察它对城市劳动生产率的影响。根据式（6 - 9），可得相应的基准估计结果，见表 6 - 4。其中，模型 1 为混合 OLS 回归结果，考虑到各城市的人口数量、土地面积具有明显的异质性，且高铁建设在不同时期的进程有所差异，因而在基准回归中进一步控制了个体和时间效应，其中，F 检验值为 19.71，Hausman 检验的卡方值为 1490.45，说明固定效应的估计要优于混合 OLS 和随机效应。根据模型 2 的检验结果，高铁服务频次这一变量的系数在 1% 的水平上显著为正，说明每 1% 高铁服务供给的增加将会使城市劳动生产率提升约 0.017% 。这一发现与邵等（Shao et al.，2017）的研究相一致，他们通过建立连续

DID 模型来研究高铁对长三角区域产业集聚的影响，结果发现高铁服务供给对城市服务业集聚的影响呈正向关系。

值得注意的是，以上回归结果可能面临内生性问题的考验，这一问题的产生可能源于某些不可观测但随时间变化因素的影响，也可能仅是源于反向因果关系。对此，采用工具变量法来解决这一问题。为满足相关性和外生性的要求，相关文献通常采用具有历史特征的工具变量（Dinkelman，2011；Fingleton & Longhi，2013）。考虑到城市层面数据的可得性（最早可追溯到 1984 年的数据），本节选择 2 个历史特征变量，分别是各城市在 1984 年的人口密度（$POPD_{1984}$）和铁路客运量（PPC_{1984}），来作为高铁服务供给的工具变量。选择以上工具变量的理由是：其一，人口密度是衡量集聚经济的重要变量之一（王鹏和莫珂迪，2019），历史上的人口集聚情况和客运承载力是后期高速铁路规划的重要参考依据，换句话说，一个地区是否提供高铁服务供给的其中一个客观因素是该地区是否具有开通新的高铁线路的实际需求，而这一需求在一定程度上可由该地区的人口集聚程度来表示。其二，本节研究年限为 2007—2017 年，相对于 1984 年的数据已滞后 20 年以上，足以确保工具变量与模型残差项不相关。此外，由于 1984 年的数据不随时间变化，因此将这些数据与固定资产投资增长率（交通运输、仓储和邮政业）的乘积作为工具变量加入回归方程之中。

表 6-4 的模型 3 和模型 4 给出了工具变量法的估计结果及有效性检验。首先，在回归第一阶段，将高铁服务供给水平作为因变量，将工具变量作为解释变量进行回归，可以发现两个工具变量的回归系数在 1% 的水平上均具有正向显著性，因而它们满足相关性要求。其次，两个工具变量均通过了识别不足检验和弱工具变量检验，表明所选取工具变量的适用性。其他部分报告了工具变量法第二阶段的回归结果，在考虑内生性问题之后，与混合 OLS 和双重固定效应的检验结果相一致，模型 3 和模型 4 高铁服务频次的估计系数均显著为正，说明高铁服务供给对城市劳动生产率确有促进作用。

根据模型 3 的估计结果，每 1% 高铁服务供给的增加将会促进城市劳动生产率提升约 0.05%，这一系数值高于模型 2 的估计值，说明在考虑内生性问题之后，高铁建设的估计系数有所提高，该发现与刘勇政和李岩（2017）的研究结果相一致。从控制变量的回归结果来看，人力资本、物质资本和政府服务的系数均显著为正，表明它们对城市劳动生产率均发挥显著的正向影响，政府服务这一变量反映了政府对经济活动的财政干预程度，事实上，无论是城市群的交通规划还是产业规划，中国政府都扮演着极其重要的设计者角色。此外，外资开放度和信息化水平的系数在统计学意义上不显著，表明这些因素对城市劳动生产率没有明显的提升作用。

表 6 - 4   基准模型的全样本估计结果

变量	混合 OLS	双重固定效应	工具变量法 (POPD1984)	工具变量法 (PPC1984)
	模型 1	模型 2	模型 3	模型 4
高铁服务频次	0.013 *** (3.70)	0.017 *** (5.31)	0.050 *** (4.57)	0.157 *** (7.04)
人力资本	- 0.019 *** (- 14.14)	0.067 *** (3.42)	0.091 *** (9.65)	0.075 *** (4.79)
物质资本	0.333 *** (26.16)	0.208 *** (16.70)	0.272 *** (14.32)	0.099 ** (2.33)
外资开放度	- 0.705 * (- 1.82)	0.039 (0.10)	- 0.276 (- 0.61)	0.932 (1.26)
政府服务	- 1.279 *** (- 12.15)	0.580 *** (3.51)	1.507 *** (11.25)	2.307 *** (8.45)
信息化水平	- 0.027 ** (- 2.54)	- 0.005 (- 0.51)	- 0.059 (- 1.69)	- 0.061 * (- 1.85)
常数项	10.084 *** (95.78)	10.081 *** (89.49)	10.604 *** (66.73)	12.431 *** (30.37)
识别不足检验			280.254	57.200
弱工具变量检验			380.919	61.501
一阶段回归结果			0.835 *** (19.52)	0.437 *** (7.84)
一阶段 F 统计值			309.30	149.88
N	2211	2211	2013	1496
R^2	0.367	0.409	0.315	0.377

注：*** 、** 和 * 分别表示在1% 、5% 和10% 的水平上显著，括号内为 t 值；识别不足检验为 Kleibergen - Paap rk LM 统计量，弱工具变量检验为 Cragg - Donald F 统计量。

3. 分组回归

前文测得的劳动生产率是针对全样本城市，下面在解决内生性问题的基础上，进一步分析高铁服务供给对不同地区和不同产业劳动生产率的影响，结果见表 6-5。模型 5~模型 7 给出不同地区的分组回归结果，可以看出，高铁服务供给对城市劳动生产率的影响具有一定的区域异质性。对于交通基础条件相对较差的西部地区城市来说，高铁服务频次这一变量的系数值要略微大些（0.059），说明其对西部地区城市劳动生产率的影响最大，而对中部、东部地区城市劳动生产率的影响系数次之。这一发现与阿扎利亚和斯塔舒斯基（Azariadis & Stachurski，2005）的研究结论相一致，他们认为经济欠发达地区应当不断加大公共基础设施投资，通过实施优惠政策来吸引要素的跨区域流动和产业的空间集聚，进而提高当地的劳动生产率。

表 6-5 　　　　　　　　　　　　分组检验结果

变量	分地区估计			分产业估计		
	东部城市	中部城市	西部城市	农业劳动生产率	制造业劳动生产率	服务业劳动生产率
	模型 5	模型 6	模型 7	模型 8	模型 9	模型 10
高铁服务频次	0.045 *** （5.23）	0.053 *** （3.60）	0.059 *** （2.97）	-0.011 （-0.85）	0.065 *** （14.32）	0.069 *** （5.81）
人力资本	0.088 *** （5.24）	0.074 *** （4.34）	0.112 *** （7.41）	0.162 *** （3.34）	0.102 *** （8.92）	0.055 *** （6.40）
物质资本	0.123 *** （3.67）	0.322 *** （9.96）	0.304 *** （8.81）	-0.154 （-1.57）	0.351 *** （15.54）	0.270 *** （11.64）
外资开放度	1.652 * （1.94）	1.245 （1.39）	-1.204 * （-1.75）	-0.580 （-0.26）	-0.921 * （-1.76）	1.253 ** （2.56）
政府服务	2.166 *** （6.26）	0.896 *** （2.96）	1.371 *** （7.76）	6.962 *** （7.82）	0.568 *** （3.30）	2.533 *** （14.71）
信息化水平	0.062 （1.42）	-0.068 ** （-2.24）	-0.099 （-1.17）	-0.842 *** （-11.48）	0.108 *** （5.42）	0.109 *** （7.09）

续表

变量	分地区估计			分产业估计		
	东部城市	中部城市	西部城市	农业劳动生产率	制造业劳动生产率	服务业劳动生产率
	模型 5	模型 6	模型 7	模型 8	模型 9	模型 10
常数项	11. 988 *** (41. 23)	9. 950 *** (34. 49)	10. 570 *** (36. 74)	19. 159 *** (22. 25)	10. 276 *** (52. 59)	9. 483 *** (48. 19)
N	847	759	407	2013	2013	2013
R^2	0. 026	0. 365	0. 396	0. 439	0. 157	0. 568

注：*** 、** 和 * 分别表示在 1% 、5% 和 10% 的水平上显著，括号内为 t 值。同表 6 - 4 的模型 3，这里使用各城市在 1984 年的人口密度来作为高铁服务供给的工具变量。

接着，考察高铁服务供给对城市中不同产业劳动生产率的影响差异。根据模型 8 ~ 模型 10 的检验结果，高铁服务供给对于制造业和服务业劳动生产率均发挥了显著的正向效应，并且对后者的影响略大，对农业劳动生产率的影响则不具有显著性。这一发现与乔彬等（2019）的研究结论相类似，他们基于中国高铁大规模建设的典型事实，研究发现高铁开通有效地释放了当地市场潜力，促进了生产性服务业的多样化集聚，并提高了制造业部门的生产率。

4. 稳健性检验

为验证上述估计结果的可靠性，下面从三个方面来进行稳健性检验，结果见表 6 - 6。

表 6 - 6　　　　　　　　稳健性检验结果

变量	更换解释变量	剔除中心城市	动态面板估计
	模型 11	模型 12	模型 13
高铁停靠车次	0. 060 *** (4. 58)		
劳动生产率滞后项			0. 666 *** (21. 19)

续表

变量	更换解释变量	剔除中心城市	动态面板估计
	模型 11	模型 12	模型 13
高铁服务频次		0.063 *** (4.49)	0.012 *** (3.70)
人力资本	0.095 *** (10.27)	0.031 ** (2.57)	0.043 * (1.89)
物质资本	0.271 *** (14.21)	0.254 *** (12.56)	0.005 (0.33)
外资开放度	− 0.359 (− 0.81)	− 0.263 (− 0.50)	− 1.074 ** (− 2.06)
政府服务	1.473 *** (11.07)	1.373 *** (10.09)	0.229 (1.27)
信息化水平	− 0.067 *** (− 3.90)	− 0.070 *** (− 4.06)	0.039 *** (3.94)
常数项	10.726 *** (59.61)	10.549 *** (64.10)	4.261 *** (12.45)
AR（1）			0.023
AR（2）			0.958
Sargan 检验 P 值			0.768
N	2013	1705	2010

注：采用系统 GMM 方法进行估计；其中 AR 检验用来判定模型的残差序列是否存在自相关，Sargan 检验用来判定工具变量的有效性；*** 、** 和 * 分别表示在 1%、5% 和 10% 的水平上显著，括号内为 t 值；识别不足检验为 Kleibergen - Paap rk LM 统计量，弱工具变量检验为 Cragg - Donald F 统计量。

（1）更换解释变量。在基准模型的估计中，我们使用高铁服务频次作为解释变量，下面将各城市的高铁停靠车次作为替代变量，来反映各城市高铁服务供给水平。以武汉市为例，2017 年平均每天有 630 趟高铁列车在该城市经停，则高铁停靠车次为 630，以这些车次经停的城市数量为计数依据，通过加总可得该城市的高铁服务频次为6389。表6-6中的模型11展示了全样本下工具变量法的估计结果，可以看出，高铁停靠车次这一变量的系数呈现正向且显著，高铁车次数量每增加1%，城市劳动生产率将提高0.06%。

（2）剔除中心城市。事实上，中国政府在制定高速铁路的线路规划时，往往优先开通城市群中的核心城市与周边城市的高铁连接线路，这是因为这些城市往往是省域经济、文化和政治中心，人口流动频繁。然而，高铁开通导致了核心城市和中小城市之间生产资源的重新配置（Shao et al.，2017）。为减轻样本异质性对估计结果可能产生的影响，我们将全样本中的中心城市剔除，并控制了个体效应和时间效应，再次利用工具变量法来估计模型。表6-6中的模型12给出了子样本检验的结果，这里缺少北京、上海、天津、重庆四个直辖市及省会城市。可以看出，高铁服务频次的系数仍然显著为正（0.063）。对比表6-4中模型3的高铁服务频次系数（0.05）可以发现，在不考虑中心城市的情况下，高铁服务供给的影响系数有较小程度的提高，说明其对中小城市劳动生产率的影响更大。

（3）动态面板估计。考虑到现阶段劳动生产率可能受到过去因素的影响，借鉴刘勇政和李岩（2017）的做法，考察动态面板模型的估计结果。高铁建设对已开通高铁城市的影响时滞约1年，即影响时段不只是当期的。因此，本节在式（6-9）的基础上，加入被解释变量的一阶滞后项，并进行广义矩（GMM）估计，最终得到的动态面板方程为

$$\ln LP_{it} = \alpha_0 + \alpha_1 \ln k_{it} + \alpha_2 \ln l_{it} + \beta \ln HSRF_{it} + c \ln LP_{i(t-1)} + \delta X_{it} + \mu_i + \eta_t + \varepsilon_{it}$$

$$(6-14)$$

其中，$LP_{i(t-1)}$ 为被解释变量的滞后一期，$HSRF_{it}$ 为各城市的高铁服务频次，控制变量 X_{it} 的设置不变，时间范围同样从2007—2017年，其他变量的含义和处理方法同式（6-9）。

根据模型13估计结果，高铁服务频次的系数在1%的水平下显著为正，与静态面板模型的估计结果相一致，说明高铁服务供给能够对城市劳动生产率发挥出显著的正向影响。由AR估计量和Sargan统计量的检验结果可知，式（6-14）建立的动态模型是合理的。由此表明，前文的实证结论具有稳健性。

6.1.5 进一步讨论：门槛效应检验

1. 门槛模型介绍

考虑到高铁服务强度对城市劳动生产率可能存在门槛效应，需要对门槛值前后的样本进行分别回归。很显然，一个城市的高铁发车频次越多，不仅意味着要素流动加快，旅客的出行时间成本有所降低，而且表明该城市的交通可达性水平较高，与外界的联系也更加便捷（Shao et al.，2017）。

根据前几节分析，我们来分析高铁网络化建设的门槛效应。对此，需要对门槛值前后的样本进行分别回归来分析。这样的实证形式与分组回归相类似，但分组回归具有一定的主观性。所以，为了更好地估计中非线性关系，汉森（1999）构建模型为

$$y_{it} = \mu_i + \theta_1' \chi_{it} I(q_{it} \leqslant \gamma) + \theta_2' \chi_{it} I(q_{it} > \gamma) + e_{it} \qquad (6-15)$$

式（6-15）表示门槛效应模型，该方法在评估交通基础设施的经济效应中得到了许多应用（王鹏和莫珂迪，2019；吴昊和赵阳，2019）。其中，y_{it}、χ_{it}、q_{it}、γ 分别表示被解释变量、自变量、门槛变量和门槛值，$I(\cdot)$ 为示性函数，当符合括号内的条件时，示性函数取值为1，否则为0。μ_i 反映个体未观测特征，$e_{it} \sim \text{iid}(0, \sigma^2)$ 为随机扰动项。

为了消除个体效应，对式（6-15）取组内平均，再让式（6-15）减各自组内平均，可以得到

$$y_{it}^* = \mu_i + \theta_1' \chi_{it}^* I(q_{it} \leqslant \gamma) + \theta_2' \chi_{it}^* I(q_{it} > \gamma) + e_{it}^* \qquad (6-16)$$

将所有的观测值累计起来，可将式（6-16）变换成矩阵形式：

$$Y^* = X^*(\gamma)\theta + e^* \qquad (6-17)$$

对任一给定的 γ，可通过 OLS 回归来得到 θ 的估计值：

$$\hat{\theta}(\gamma) = (X^*(\gamma)'X^*(\gamma))^{-1}X^*(\gamma)'Y^* \qquad (6-18)$$

计算相应的残差平方和：

$$S_1(\gamma) = \hat{e}^*(\gamma)'\hat{e}^*(\gamma) = Y^{*'}(I - X^*(\gamma)'(X^*(\gamma)'X^*(\gamma))^{-1}X^*(\gamma)')Y^*$$

$$(6-19)$$

进一步，采用逐步搜索法来计算对应的门槛值：$\hat{\gamma} = \underset{\gamma}{\arg\min} S_1(\gamma)$。

最终可得 $\hat{\theta} = \hat{\theta}(\hat{\gamma})$，残差向量 $\hat{e}^*(\gamma) = \hat{e}^*(\hat{\gamma})$ 和相应的残差平方和

$$\hat{\sigma}^2 = \frac{S_1(\hat{\gamma})}{n(T-1)}。$$

下面检验门槛效应的显著性，原假设为 $H_0: \theta_1 = \theta_2$。如果拒绝 H_0，则门槛效应存在，反之则无。至此，进行拉格朗日检验：

$$F_1(\gamma) = \frac{S_0 - S_1(\gamma)}{\hat{\sigma}^2} \qquad (6-20)$$

其中，S_0、S_1 分别表示无门槛和有门槛效应条件下的残差项平方和。如果门槛效应显著，则需要进行门槛值的真实性检验。若门槛估计值 $\hat{\gamma}$ 等于真实门槛值 $\gamma(H_0: \gamma = \hat{\gamma})$，则认为门槛值可信，此时有

$$LR_1(\gamma) = \frac{S_1(\gamma) - S_1(\hat{\gamma})}{\hat{\sigma}^2} \qquad (6-21)$$

其中，$LR_1(\gamma)$ 代表似然比统计量，考虑到非标准性是 $LR1(\gamma)$ 和 F 统计量的特征，为了获得它们的渐近分布，需用自举抽样法来判断（王鹏和吴思霖，2019）。在给定显著性水平 α 条件下，当 $LR_1(\gamma) \leqslant -2(1 - \sqrt{1-\alpha})$ 时，则接受原假设（$H_0: \gamma = \hat{\gamma}$），反之则拒绝。

上述检验适用于单一门槛模型的估计，多个门槛值的估计步骤类比同上。

2. 门槛个数检验

根据假说 6-2，下面进行门槛效应检验。首先，利用似然比检验来确定门槛值的个数，如图 6-2 所示，其中图 6-2（a）、图 6-2（b）为全样本似然比函数图像，为进行对比分析，图 6-2（c）和图 6-2（d）给出了剔除中心城市的子样本似然比函数图像。以图 6-2（a）为例，其中虚线为 LR 值在 5% 显著水平下的临界值，虚线以下的区域构成门槛值的 95% 置信区间。在有效置信区间内，LR 统计量接近于零，接受了单一门槛估计值等于真实值的原假设，故模型 14 存在单一门槛，门槛值等于 764.05。同理可得图 6-2（c）存在单一门槛，图 6-2（b）、图 6-2（d）中存在双重门槛。

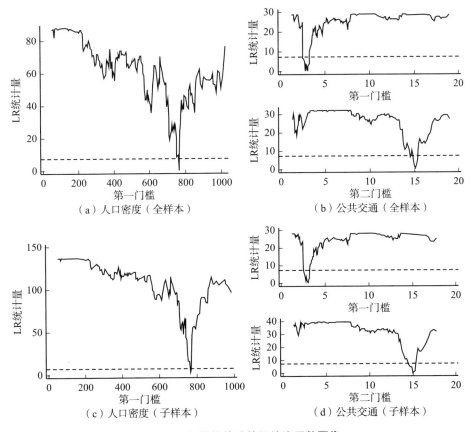

图 6 - 2 　门槛值检验的似然比函数图像

3. 门槛真实性检验

门槛值的真实性和显著性检验结果如表 6 - 7 所示。其中，模型 14 和模型 15 的结果表明，F 统计量在 5% 的水平上具有统计学意义，说明这些模型确实存在门槛效应。具体来说，人口密度的门槛估计值为 764.05，其 95% 的置信区间为［759.79，768.01］，公共交通的门槛估计值分别为 2.81 与 15.08，其对应的 95% 的置信区间分别为［2.64，2.85］和［14.822，15.290］。因此，对模型 14 采用单门槛回归模型，对模型 15 采用双门槛回归模型。同理可得，模型 16、模型 17 分别采用单门槛模型、双门槛模型。

表6-7 门槛值的真实性和显著性检验

样本	模型	门槛指标	估计值	95%的置信区间	原假设	F统计量（P值）	检验结论
全样本	模型14	人口密度			无门槛	101.34（0.00）	拒绝原假设
			764.050	[759.790，768.010]	一个门槛	34.61（0.11）	接受原假设
	模型15	公共交通			无门槛	29.05（0.05）	拒绝原假设
			2.813	[2.640，2.850]	一个门槛	29.14（0.03）	拒绝原假设
			15.080	[14.822，15.290]	两个门槛	14.53（0.50）	接受原假设
剔除中心城市	模型16	人口密度			无门槛	152.24（0.00）	拒绝原假设
			763.640	[759.790，767.780]	一个门槛	22.16（0.32）	接受原假设
	模型17	公共交通			无门槛	35.54（0.03）	拒绝原假设
			3.060	[2.775，3.090]	一个门槛	28.49（0.01）	拒绝原假设
			14.960	[14.545，15.190]	两个门槛	11.60（0.69）	接受原假设

注：以上门限变量的三重门槛检验都不显著，为节省篇幅，并未列出；本节采用自举法的抽样次数为300次。

4. 门槛效应估计结果

基于上述分析，得出模型14~模型17对应的门槛效应估计结果，如表6-8所示。模型14的结果表明，当人口密度超过764.05的阈值，高铁服务供给对城市劳动生产率的正向影响将从0.022提高至0.03，提高幅度约为36.4%，并在1%的水平上显著。换句话说，如果每平方公里聚集超过764人时，高铁服务的要素流动优势能够得到更大程度的发挥，因而对城市劳动生产率的影响更大。模型15的结果表明，当每万人中拥有公交汽（电）车（CAR）低于3辆时，高铁服务供给不能有效地发挥出对城市劳动生产率的正向影响。当CAR处于[3，15]的区间内时，高铁服务供给对城市劳动生产率的促进作用最大；当CAR大于15辆时，高铁服务供给对城市劳动生产率的正向影响将从0.021下降至0.005，这反映了公共交通对高铁服务的挤出效应。当城市公共交通的通达性处于一定区间时，其与高铁交通的接驳性能达到最优，但当其突破一定门槛时，公共交通对城市劳动生产率的影响会有所提高，这在一定程度上挤占了高铁服务供给对城市劳动生产率的正向效应。对此，张雪薇和宗刚（2020）在探讨高铁开通对劳动生产率的影响时，认为应当考虑高速公路、公共交通等其他交通基础设施的影响，否则可能会高估高铁建设的经济效应。陈等（Chen et al.，2020）分析了交通可达性对粤港澳大湾区经济增长的影响时，研究发现铁路提速对大湾区经济增长的影响十分有限，原因在于当地的基础设施建设已达到相对饱和的程度。为了验证这一结论，模型 16 和模型 17 给出了去除中心城市后的门槛效应估计结果，可以看出高铁服务供给这一变量的估计系数与全样本下的估计系数方向相一致，由此说明以上估计具有稳健性。

表 6 - 8　　　　　　　　　　　门槛效应的估计结果

变量	门槛变量：人口密度		变量	门槛变量：公共交通	
	模型 14	模型 16		模型 15	模型 17
高铁服务频次 （$popd \leqslant \gamma_1$）	0.022 *** (6.96)	0.026 *** (7.81)	高铁服务频次 （$popd \leqslant \gamma_1$）	0.003 (0.67)	0.002 (0.42)
高铁服务频次 （$popd > \gamma_1$）	0.030 *** (4.54)	0.036 *** (6.37)	高铁服务频次 （$popd < \gamma_2$）	0.021 *** (6.70)	0.024 *** (7.02)
			高铁服务频次 （$popd > \gamma_2$）	0.005 ** (1.90)	0.012 ** (2.25)
人力资本	0.063 *** (3.29)	0.071 *** (3.45)	人力资本	0.068 *** (3.55)	0.074 *** (3.51)
物质资本	0.210 *** (17.25)	0.212 *** (16.50)	物质资本	0.203 *** (16.50)	0.205 *** (15.53)
外资开放度	− 0.024 (− 0.06)	− 0.402 (− 0.88)	外资开放度	0.055 (0.13)	− 0.200 (− 0.43)
政府服务	0.487 *** (3.02)	0.411 ** (2.45)	政府服务	0.607 *** (3.71)	0.621 *** (3.63)

变量	门槛变量：人口密度		变量	门槛变量：公共交通	
	模型14	模型16		模型15	模型17
信息化水平	0.013 (1.28)	−0.005 (−0.44)	信息化水平	0.003 (0.29)	0.020* (1.65)
常数项	10.039*** (91.25)	0.026*** (7.81)	常数项	10.083*** (90.40)	10.191*** (86.85)
门槛值	$\gamma_1 = 764.05$	$\gamma_1 = 763.64$	门槛值	$\gamma_1 = 2.813$； $\gamma_2 = 15.080$	$\gamma_1 = 3.060$； $\gamma_2 = 14.960$
N	2211	1892	N	2211	1892
R^2	0.438	0.447	R^2	0.425	0.421

注：***、**和*分别表示在1%、5%和10%的水平上显著，括号内为t值。

6.1.6 实证结论

我国已进入"高铁时代"，不断扩展的高铁网络不仅改善了人们的旅行方式，产生时空压缩效应，而且对促进要素流动、增强综合交通运输能力等发挥着积极作用。通过实证研究，本节得出以下结论。

（1）高铁服务供给能够有效提高城市劳动生产率，并且人力资本、物质资本和政府服务在其中发挥着重要的影响。在剔除中心城市的样本后，研究发现高铁服务供给对中小城市劳动生产率的影响较大。

（2）分地区来看，高铁服务供给对西部地区城市劳动生产率的提升作用要高于中部、东部地区城市。

（3）分产业来看，高铁服务供给对服务业劳动生产率的影响最大，对制造业劳动生产率次之，对农业劳动生产率没有影响。

（4）根据全样本下的门槛效应检验结果，一方面，当人口密度超过764（人/平方公里）时，高铁服务供给对城市劳动生产率的促进作用将增强36.4%。另一方面，以每万人中公交汽（电）数来表示城市公共交通水平，当该值介于3～15时，高铁服务供给对城市劳动生产率的正向作用最大。

6.2 高铁服务供给对中国城市群经济高质量发展的影响：基于多重中介效应的检验

6.2.1 引言

有关高铁对区域经济发展的影响受到了广泛的探讨，然而以往研究没有关注到具体的作用路径这一关键问题。佩尔和戈茨（2014）认为中国和西班牙的高铁建设模式具有综合网络式的特点，有效连接了国内的主要城市，并取得了可观的经济效益。具体来说，高铁服务不仅可以通过改善可达性来提高整体网络效率，而且能够影响运输方式的需求，进而改变整体交通网络性能的格局。

尽管有不少研究探讨了交通基础设施对区域经济发展的影响，但关于城市群背景下高铁服务与区域经济高质量发展之间的研究仍然缺乏。在研究方法上，多数研究采用双重差分方法来评估高铁开通的政策效应，而忽略了对高铁服务供给水平的考察。高铁服务供给能否有效推动城市群经济高质量发展？其中的作用机制是怎样的？研究这些问题具有重要价值，一方面，随着城市化进程的不断推进，中国政府正致力于打造"世界级城市群"；另一方面，连接主要城市群是未来中国交通网络规划的重要目标，而高铁服务供给不仅促进了人流、物流联系，而且对城市群经济发展也起到重要的支撑和引导作用。有鉴于此，本节通过构建中介效应模型，来深入分析高铁服务对城市群经济高质量发展的影响，从而为客观评价高铁建设的经济效应、合理规划城市群轨道交通体系提供有益的参考。

6.2.2 文献回顾

新时代背景下，区域经济发展的方式和动力已发生重大变革。作为我国生产力提升的重要增长极，城市群对劳动力集聚和经济增长的贡献十分显著。根据《中国城市统计年鉴（2019）》提供的数据计算，2018 年我国十大城市群年末总人口已超过 6 亿人，创造的 GDP 占全国的 70% 以上（具体的地理区划范围见表 6 - 9）。然而，应当看到的是，与西方发达国家的城市群相比，我国的城镇化率仍然存在一定的提升空间。此外，在实现城市群经济高质量发展的过程中，产业同构现象、生态联合治理困难等问题也应当予以高度的重视（杨兰桥，2018）。

表 6 - 9　　　　　　　　中国十大城市群地理范围及概况

城市群	最新规划文件	规划文件颁布时间	涵盖的城市个数	覆盖地区
京津冀	《京津冀都市圈区域规划》	2010 年 8 月	10	北京、天津、河北
哈长	《哈长城市群发展规划》	2016 年 3 月	11	黑龙江、吉林
长三角	《长江三角洲区域一体化发展规划纲要》	2019 年 12 月	27	江苏、浙江、安徽、上海
海峡西岸	《海峡西岸城市群发展规划》	2010 年 2 月	20	福建、广东、浙江、江西
山东半岛	《山东半岛城市群发展规划（2016—2030 年）》	2017 年 1 月	17	山东
中原	《中原城市群发展规划》	2016 年 12 月	30	河南、河北、山西、安徽、山东
长江中游	《长江中游城市群发展规划》	2015 年 4 月	31	湖北、湖南、江西
粤港澳	《粤港澳大湾区发展规划纲要》	2019 年 2 月	11	广东、香港、澳门
成渝	《成渝城市群发展规划》	2016 年 4 月	16	重庆、四川
关中	《关中平原城市群发展规划》	2018 年 2 月	10	陕西、山西、甘肃

经济高质量发展的主要特征体现在经济增长质量的提高和经济协调发展水平的改善，部分学者已从内涵界定、战略意义以及影响因素分析等方面，对城市群经济高质量发展进行了先期探讨。黎文勇和杨上广（2019）研究发现城市功能专业化能够显著提升长三角城市群的经济发展质量，进而有助于缩小核心城市与边缘城市的经济发展差距。在研究方法上，学者

们多采用指标体系评价（师博和张冰瑶，2019）、全要素生产率（TFP）（Mlachila et al.，2016；王群勇和陆凤芝，2018）测定等方式来反映经济高质量发展水平。在市场经济的驱动作用下，城市群代表了不同城市的空间布局和人口布局的具体形态，它不仅是空间集聚经济的一种表现形式，也是中国新型城镇化的发展方向。结合相关研究成果，本节认为实现城市群经济高质量增长不仅意味着城市群的空间组织结构紧凑有序，生产技术水平合理高效，而且意味着其要素资源处于有效配置的状态，其主要特征表现在生产效率的提升和城市经济的协调发展。

6.2.3　模型、变量与数据

1. 模型设定

为了检验高铁服务供给对城市群经济高质量发展影响的中介作用机制，本节借鉴徐明和刘金山（2018）的研究思路，采用多重中介模型进行分析，具体包括以下联立方程：

$$EHQ_{it} = \beta_0 + \beta_1 HSRF_{it} + \beta_2 X_{it} + \eta_i + \tau_t + \mu_{it} \qquad (6-22)$$

$$M_{it} = c_0 + c_1 HSRF_{it} + c_2 X_{it} + \eta_i + \tau_t + \mu_{it} \qquad (6-23)$$

$$TFP_{it} = d_0 + d_1 HSRF_{it} + d_2 M_{it} + d_3 X_{it} + \eta_i + \tau_t + \mu_{it} \qquad (6-24)$$

其中，EHQ_{it} 反映了城市群 i 在 t 年的经济高质量发展水平，包括全要素生产率（TFP_{it}）和城市间经济发展差异（V_{it}）；$HSRF_{it}$ 表示城市群 i 在 t 年的高铁服务供给水平，系数 β_1 为总体影响效应；X_{it} 是控制变量，包括对外开放度（openness）、市场竞争强度（market）、政府财政支出水平（gov）、信息化程度（it）；M_{it} 为中介变量，包括空间结构演化特征（mono）、技术进步水平（patent）以及资源配置水平（ts）。由于式（6-23）包括 3 个中介变量，因而本节建立的多重中介模型实际上属于一元并行的形式，该方法在心理学领域得到了广泛的应用（温忠麟和叶宝娟，2014）。μ_i 为城市群的固定效应，τ_t 为时间效应，ε_{it} 表示随机扰动项。

接着，采用逐步回归法来检验上述联立方程的有效性，具体包括以下 4 个步骤。

（1）检验核心解释变量的总体效应，即观察式（6-22）中高铁服务对城市群 TFP 的影响系数 β_1 是否显著，若显著则可按中介效应立论。

（2）依次检验空间结构、技术进步和资源配置三条中介路径的间接效应，即观察式（6-23）中系数 c_1 和式（6-24）中系数 d_2 的显著性，若二者均显著，则说明高铁服务供给对城市群 *TFP* 的影响至少有一部分是通过该中介变量而得以实现。

（3）检验核心解释变量的直接效应，即观察式（6-24）中核心解释变量的系数（d_1）显著性，若 d_1 不显著，说明该中介变量的作用属于完全中介过程，反之则属于部分中介过程。

（4）检验中介效应的稳健性，具体可通过构造 Sobel 统计量或 Bootstrap 方法来实现。

2. 变量选取

（1）被解释变量。考虑到城市群经济高质量发展主要体现在生产效率的提升和城市经济的协调发展，因而本节从全要素生产率和城市间经济发展差异的双重视角展开研究。

一方面，采用随机前沿方法（SFA）来计算城市群的 TFP。科埃利（Coelli et al., 1998）认为 SFA 对实际效率水平的估计更有效，因为该方法可以准确区分随机误差项与误差项中的低效率值。根据柯布-达格拉斯函数的随机前沿形式，由此构建城市群生产函数：

$$\ln Y_{it} = a_0 + a_1 \ln L_{it} + a_2 \ln K_{it} + a_{3t} + (\nu_{it} - \mu_{it}) \quad (6-25)$$

其中，Y，L，K 分别表示城市群的实际产出变量、劳动投入和资本存量。Y 由城市群中涵盖城市的实际 GDP 加总来计算，并根据各城市所在省份的 GDP 平减指数调整为 2007 年的不变价格；L 用城市群的就业人数来反映；K 用永续盘存法来计算：

$$K_t = K_{t-1}(1 - \delta_t) + I_t/P_t \quad (6-26)$$

资本折旧率取 10.96%。随机前沿误差项由 ν_{it} 和 μ_{it} 两个相互独立的部分构成，一般假定 $\nu_{it} \sim \mathrm{iid} N(0, \sigma_\nu^2)$，$\mu_{it} \geqslant 0$，$\mathrm{cov}(\nu_{it}, \mu_{it}) = 0$。$\nu_{it}$ 为随机扰动项，μ_{it} 为生产过程中不可观测的非效率因素，表达式为

$$\mu_{it} = \mu_i \exp[\eta(t - T)] \quad (6-27)$$

其中，t、T 分别为样本的观察期，η 为技术效率水平的时变参数。接着，定义前沿产出 Y_{it}^* 为生产效率最优条件下的产出水平（$\mu_{it}=0$），即

$$\ln Y_{it}^* = a_0 + a_1 \ln L_{it} + a_2 \ln K_{it} + a_{3t} + (\nu_{it}) \quad (6-28)$$

$$TE_{it} = Y_{it}/Y_{it}^* = \exp(-u_{it}) \quad (6-29)$$

其中，TE_{it} 表示实际产出与前沿产出的比值，反映了 i 城市群在 t 年的技术效率，$TE_{it} \in [0,1]$，可得

$$TFP_{it} = TE_{it}\exp(\alpha_0 + \alpha_{3t}) \quad (6-30)$$

其中，TFP_{it} 为城市群的全要素生产率，$\exp(\alpha_0 + \alpha_{3t})$ 表示 t 年的前沿面技术水平。

另一方面，就城市群经济高质量发展而言，城市间经济发展差异是不可忽视的重要因素。刘国斌和宋瑾泽（2019）结合新发展理念的思想，认为较大的区域经济差距是制约区域经济高质量发展的重要原因。对此，本节借鉴覃成林和崔聪慧（2019）的做法，采用城市群内各城市经济发展水平变异系数来表示，其表达式为

$$V_t = \frac{\sqrt{\frac{1}{n}\sum_{j=0}^{n}(x_{jt} - \bar{x}_t)^2}}{\bar{x}} \quad (6-31)$$

其中，V_t 反映了城市群在 t 年内各城市间的经济发展差异，该值越小，说明城市群经济发展趋于协调状态，反之则趋于不协调状态；n 为城市群覆盖的城市数量 x_{jt}、$\bar{x}_t$ 分别为 j 城市在 t 年中的人均 GDP 以及所有城市在 t 年中人均 GDP 的平均值。

（2）核心解释变量。有学者研究发现城市发车频次在一定程度上能够体现客流比重及客流强度（Jia et al., 2017；Shao et al., 2017；蒋华雄和孟晓晨，2017），并且相比于通常的虚拟变量方法（将已开通高铁城市设置为 1，未开通则为 0），城市发车频次这种连续变量的指标更能反映高铁服务的边际影响（朱文涛，2019）。有鉴于此，本节使用城市群内各城市的高铁总发车频次（$HSRF_{it}$）来衡量高铁的服务供给水平。很显然，一个城市的高铁发车频次越多，不仅意味着要素流动加快，旅客的出行时间成本有所降低，而且表明该城市的交通可达性水平较高，与外界的联系也更加便捷。

由于个别城市群在 2007 年的高铁总发车频次为 0，为了使对数有效化，

参照朱文涛（2019）和谭建华等（2019）的研究设计，本节将高铁发车总频次加 1 然后进行对数化处理，并作为核心解释变量。

（3）中介变量。根据假说 4 – 4 到假说 4 – 6，本节选取的中介变量包括空间结构（mono）、技术进步水平（patent）以及资源配置水平（ts）。

第一，空间结构演化（mono）。根据位序—规模法则，城市规模与其所在区域规模的排序之间存在直角双曲线关系（黄妍妮等，2016）。本节通过计算 mono 指数来反映中国十大城市群的空间结构分布与演变特征。具体公式为

$$\ln P_i = C - q_i \ln R_i \qquad (6-32)$$

$$mono = \frac{q_2 + q_3 + q_4}{3} \qquad (6-33)$$

其中，P_i、R_i 分别为城市群中第 i 位城市的人口数及其对应的城市位序，$i = 1$，2，3，4，C 为常数，q 为回归斜率的绝对值。本节 mono 指数为 q_2、q_3 和 q_4 的平均值，若该值小于 1，则表明城市群偏向于多中心分布结构，反之大于 1，则其服从单中心首位分布。

第二，技术进步（patent）。本节从创新产出角度来衡量各城市群的技术进步水平，并使用城市群内各城市的专利申请授权数总和（patent）来反映。相对于专利申请数而言，专利申请授权数更能够反映专利的有效性以及专利管理部门的认可度（王鹏和李彦，2018）。

第三，资源配置（ts）。在区域层面，交通基础设施的资源配置效应主要体现在产业结构调整、地区工资差异和市场分工精度三方面。借鉴周海波等（2017）的研究设计，本节采用产业结构高级化指标来反映地区产业资源的配置情况，该指标为第三产业产值与第二产业产值的比重。

（4）控制变量。

第一，对外开放度（openness）：借鉴邵等（Shao et al.，2017）的做法，采用实际外商投资额（FDI）占 GDP 的比重来表示。外资企业的技术示范效应较为明显，但也可能加剧了本地市场的竞争效应，进而可能对城市群全要素生产率产生不利影响。因此，对外开放水平的预期影响是不确定的。

第二，市场竞争强度（market）：用于反映产业集聚的波特外部性，即

企业主要从多样化中获益（张学良，2012）。产业集聚可以带来市场竞争，刺激企业进行自主创新，从而在一定程度上提高区域生产率，但过度竞争也会对城市群全要素生产率产生不利影响，其表达式为

$$market = \frac{N_i / G_i}{\sum\limits_{i=1}^{n} N_i / \sum\limits_{i=1}^{n} G_i} \tag{6-34}$$

其中，$market$ 值的大小反映了市场竞争强度的高低；N_i、G_i 分别为 i 城市群中的工业企业数量与工业生产总值；n 为城市个数。

第三，政府财政规模（gov）：用一个城市群的财政支出占 GDP 的比重来反映。地方政府对经济的适当扶持和引导有利于提高区域全要素生产率，但过度支出也可能对市场的正常运行造成干扰。

第四，信息化程度（it）：利用城市群互联网用户数占城市群总人口的比重来表示。互联网的广泛运用促进了经济要素的跨时空转移，为城市群经济活动的发展提供了有效的技术支持，预期其影响符号为正。

3. 数据来源及说明

本节以中国十大城市群 2007—2017 年的面板数据为研究对象，具体名称及地理范围见表 6 - 9。在区域经济进入新常态发展阶段的时代背景下，这些城市群的相关规划均已得到国家或地方发改委的正式批复。毫无疑问，这十大城市群是中国的核心区域，具有比较好的经济基础和发展潜力。本节统计数据源自国研网、中国研究数据服务平台（CNRDS）和 2008—2018 年的《中国城市统计年鉴》。需要说明的是，在对城市群层面数据进行加总的过程中，出于平行研究的考虑，本节选取的研究样本不包括县级市，以及个别地级市只有部分县（区）划入城市群范围的情形，最终选取的城市群覆盖范围包含 151 个地级及以上城市。FDI 数据用当年的年平均汇率进行换算。各城市的高铁服务频次数据是通过《全国铁路旅客列车时刻表》以及 Python 爬虫技术进行收集和整理。为降低异方差的影响，对相关绝对值变量进行对数化处理。各变量的描述性统计见表 6 - 10。

表 6 – 10 变量的描述性统计（城市群经济高质量发展）

变量	符号	均值	标准差	最小值	最大值
城市群全要素生产率	TFP	41.677	16.283	11.553	87.966
经济发展变异系数	V	0.413	0.090	0.178	0.701
高铁服务频次	$HSRF$	9523.891	14807.29	1	81390
对外开放度	$openness$	0.031	0.012	0.013	0.070
市场竞争强度	$market$	0.959	0.188	0.537	1.443
政府财政规模	gov	0.181	0.089	0.073	0.518
信息化水平	it	0.208	0.161	0.036	0.723
位序—规模指数	$mono$	0.925	0.473	0.191	2.363
专利申请授权数	$patent$	82440.54	110684.5	3048	507570
产业结构高级化	ts	0.919	0.239	0.530	1.782
资本存量（亿元）	K	35393.55	22144.49	5871.397	104540.8
就业人数（万人）	L	1108.140	663.837	259.200	3302.041

6.2.4 实证分析

1. 城市群经济高质量发展概况

根据式（6 – 25）建立的城市群生产函数，首先利用 Frontier 4.1 软件可以得出相关估计系数。如表 6 – 11 所示，核心解释变量 $\ln K$ 和 $\ln L$ 的系数均在 1% 的水平上通过了显著性检验，表明模型拟合度较优。特别地，σ^2、γ、mu、eta 四个参数分别表示模型估计的总体方差、方差比、无效率均值和时变参数，方差比结果接近 1，说明无效率项对生产波动的解释力较强。LR 检验的结果表明，SFA 方法很好地刻画了中国城市群的经济生产函数。

表 6 – 11 中国十大城市群生产函数的估计结果

变量	系数	标准差	t 值
截距	3.845 ***	0.139	27.707
$\ln K$	0.355 ***	0.049	7.304

变量	系数	标准差	t 值
$\ln L$	0.254 ***	0.042	6.057
t'	0.058 ***	0.004	14.531
σ^2	0.053 ***	0.015	3.615
γ	0.949 ***	0.010	99.590
mu	0.449 **	0.172	2.604
eta	0.006	0.007	0.818
$\log L$	131.336		
LR test	236.051 ***		

注：*** 、** 分别表示在 1% 、5% 的水平上显著；LR test 为技术无效率不存在时的值。

根据式（6-30）和式（6-31）可以测算十大城市群 2007—2017 年的全要素生产率（TFP）和经济发展水平变异系数（V）。由图 6-3 可以看出，长三角城市群的 TFP 值最大，而经济协调发展水平最高的则是海峡西岸城市群。

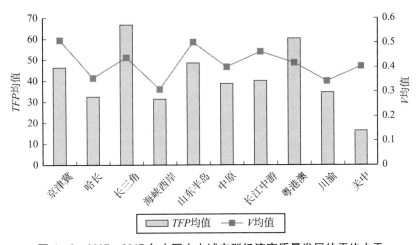

图 6-3 2007—2017 年中国十大城市群经济高质量发展的平均水平

2. 高铁服务供给对城市群经济高质量发展的总体影响

表6－12展示了高铁服务对城市群经济高质量发展的总体影响效应，各模型均控制了个体和时间效应。模型1和模型4给出了总样本的估计结果，可以看出，高铁服务供给（ln$HSRF$）不仅能够显著地提高城市群的生产效率，而且对其经济协调发展水平起到微弱的正向影响。具体而言，高铁服务频次每增加10%，城市群的全要素生产率将提高1.0%，而经济发展变异系数将降低0.1%，这一发现与冯山等（2019）的研究结论相吻合，他们的研究表明高铁建设不仅有利于提高城市生产率，而且在一定程度上兼顾了效率与公平。从控制变量的估计结果来看，模型1的市场竞争强度（$market$）、政府财政规模（gov）和信息化程度（it）的系数均在5%的水平上显著为正，表明这些因素可以有效地促进城市群全要素生产率的提高，而在模型4的估计结果中，仅有政府财政规模（gov）的规模通过了10%的显著性检验，这一指标在许多学者的研究中被采用，用于反映政府对经济活动的财政干预程度，该指标每提高10%，城市群的经济协调发展水平将提高1.2%。事实上，无论是城市群的交通规划还是产业规划，中国政府都扮演着极其重要的设计者角色。

新时代背景下，有关南北地区的经济发展差异问题得到了许多学者的关注，这对于实现区域经济的协调发展具有重要意义（杨多贵等，2018）。有鉴于此，本节以秦岭—淮河线为分界线，进一步将研究样本划分为北方城市群和南方城市群。其中，北方城市群包括京津冀、哈长、山东半岛、中原和关中城市群，南方城市群则包括长三角、海峡西岸、长江中游、粤港澳和川渝城市群。

从模型2和模型3的检验结果可以看出，一方面，高铁服务供给对于北方城市群全要素生产率的正向影响作用更大，这主要归因于北方地区的产业结构，由于哈长城市群和京津冀城市群集中了大量钢铁、能源等重工业产业，而高铁建设能够在很大程度上促进地区制造业和服务业集聚，促进区域产业结构的转型升级，从而最终促进北方城市群全要素生产率的提升。另一方面，由模型5和模型6的检验结果可知，高铁服务供给有利于提升南方城市群经济协调发展水平，而对于北方城市群经济协调发展水平的影响则并未通过显著性检验。这一检验结果表明,未来北方城市群在规划高铁线路和提供高铁服务的过程中,应当更加注重公平性的改善,兼顾核心城市与中小城市经济效益的均衡发展。

表 6 – 12   **总体影响检验结果(城市群经济高质量发展)**

变量	全要素生产率:$\ln TFP$			经济发展水平变异系数:V		
	总样本	北方城市群	南方城市群	总样本	北方城市群	南方城市群
	模型 1	模型 2	模型 3	模型 4	模型 5	模型 6
$\ln HSRF$	0. 1018 *** (0. 0083)	0. 1460 *** (0. 0097)	0. 0403 *** (0. 0103)	− 0. 0111 ** (0. 0043)	0. 0005 (0. 0030)	− 0. 0115 ** (0. 0048)
openness	− 2. 2326 (1. 5141)	3. 0303 * (1. 6134)	− 8. 0191 *** (1. 3822)	0. 5809 (1. 4549)	0. 4972 (0. 6563)	0. 9583 (2. 3783)
market	0. 3247 ** (0. 1219)	0. 4064 *** (0. 1207)	− 0. 4050 (0. 2723)	0. 0347 (0. 0843)	− 0. 0701 * (0. 0374)	0. 1290 (0. 1055)
gov	0. 3085 ** (0. 0646)	0. 1648 (0. 1425)	0. 4559 ** (0. 2113)	− 0. 1236 ** (0. 0472)	0. 0225 (0. 0657)	− 0. 1562 *** (0. 0483)
it	0. 5053 ** (0. 1934)	1. 8986 *** (0. 3505)	0. 3442 * (0. 1927)	0. 0068 (0. 1317)	− 0. 2782 (0. 1687)	0. 0262 (0. 1536)
_cons	2. 7677 *** (0. 1956)	2. 7197 *** (0. 0998)	4. 0183 *** (0. 3869)	0. 4633 *** (0. 0625)	0. 5083 *** (0. 0327)	0. 3291 ** (0. 1635)
个体效应	是	是	是	是	是	是
时间效应	是	是	是	是	是	是
Hausman test	18. 49 ***	46. 67 ***	41. 47 ***	14. 49 **	37. 15 ***	17. 46 ***
R^2	0. 7938	0. 9245	0. 8449	0. 2013	0. 1744	0. 2496

注: *** 、 ** 和 * 分别表示在 1% 、5% 和 10% 的水平上显著;括号内为稳健标准误。

3. 高铁服务供给影响城市群经济高质量发展的中介路径检验

根据前文理论分析,高铁服务供给可能通过"空间结构演化""技术进步"和"资源配置"三个中介变量,来对城市群经济高质量发展产生影响,下面借助多重中介效应模型来检验这一过程。

　　表6-13报告了高铁服务供给通过上述三个中介变量影响城市群全要素生产率的检验结果。模型7为基准模型的估计结果。模型8~模型10反映了高铁服务供给（lnHSRF）对三个中介变量的影响，可以其估计系数均在10%的水平上显著，表明高铁服务供给对于城市群的空间结构演化、技术进步和资源配置均发挥了显著的影响。值得注意的是，模型8中高铁服务供给的估计系数显著为负（-0.0291），空间结构演化（mono）的值越小，表明城市群的空间结构越趋向于多中心的方向发展，这一结果表明高铁服务供给在一定程度上促进了城市群空间结构的扩散效应，该结论与李彦等（2018）的研究结论相一致。

　　进一步地，模型11~模型13展示了高铁服务供给和中介变量对城市群全要素生产率的作用大小，三个中介变量的回归系数分别为-0.0524，0.2664和0.0602，且均通过了10%的显著性检验。根据中介效应的计算方法可得，空间结构演化（mono）的中介效应大小为（-0.0524）×（-0.0291）=0.0015，技术进步（lnpatent）的中介效应大小为0.2664×0.2794=0.0744，资源配置（ts）的中介效应大小为0.0602×0.0272=0.0016，即高铁服务供给水平每提高10%，通过空间结构演化、技术进步和资源配置三个中介渠道将会使得城市全要素生产率分别提高0.015%、0.744%和0.016%。总体而言，与模型7相比，在分别加入空间结构演化、技术进步以及资源配置的变量之后，高铁服务供给这一核心解释变量的估计系数绝对值均有所下降，这说明上述三个变量起到了中介作用。特别地，为确保中介效应估计结果的有效性，我们进行了Sobel检验，三个中介渠道的Z统计量分别1.85、6.88和1.99，且均在5%的水平上显著，表明高铁服务供给在影响城市群全要素生产率的过程中，空间结构演化、技术进步和资源配置确实起到了中介效应的作用。

表6-13　　　　　　　　　影响全要素生产率的多重中介效应检验

变量	lnTFP	mono	lnpatent	ts	lnTFP		
	模型7	模型8	模型9	模型10	模型11	模型12	模型13
lnHSRF	0.1018 *** （0.0083）	-0.0291 ** （0.0142）	0.2794 *** （0.0271）	0.0272 *** （0.0066）	0.1003 *** （0.0107）	0.0274 ** （0.0111）	0.1002 *** （0.0096）

续表

变量	lnTFP	mono	lnpatent	ts	lnTFP		
	模型 7	模型 8	模型 9	模型 10	模型 11	模型 12	模型 13
mono					−0.0524 ** (0.0271)		
lnpatent						0.2664 *** (0.0281)	
ts							0.0602 *** (0.0227)
控制变量	是	是	是	是	是	是	是
Sobel test （P 值）					1.85 ** (0.03)	6.88 *** (0.00)	1.99 ** (0.02)
R^2	0.7938	0.1279	0.8078	0.4190	0.7998	0.9494	0.9039

注：***、** 分别表示在 1%、5% 的水平上显著；括号内为稳健标准误。

表 6 – 14 报告了高铁服务供给通过上述三个中介变量影响城市群经济发展水平变异系数的检验结果。根据模型 14 的结果可知，高铁服务供给影响城市群经济发展水平变异系数的总影响效应等于 − 0.0111，模型 15 ~ 模型 17 反映了高铁服务供给（lnHSRF）对三个中介变量的影响，这与模型 8 ~ 模型 10 的检验结果相一致。模型 18 表明，空间结构演化（mono）对城市群经济发展水平变异系数的影响系数为正（0.0024），但并未通过显著性检验，说明这一中介作用渠道不存在。结合 Sobel 检验的估计结果可知，仅有技术进步这一中介渠道通过了检验，表明高铁服务供给对城市群经济协调发展的改善作用在很大程度上是通过技术进步渠道来实现的，其中介效应大小为（− 0.025）× 0.2794 = − 0.0070，占总效应比重为 62.93%。由此可知，存在"高铁服务→技术进步→城市群经济协调发展"的传导机制，但"高铁服务→空间结构演化→城市群经济协调发展"和"高铁服务→资源配置→城市群经济协调发展"的传导机制却十分微弱。具体解释如下：第一，相对均衡化的空间结构有益于实现城市群经济协调发展，但这一作用过程十分有限，且需要较长时间才能够体现出来；第二，资源配置效应主要体

现在产业结构调整、地区工资差异和市场分工精度三方面（周海波等，2017），鉴于数据的可得性和代表性，本节仅采用产业结构高级化指标来反映地区产业资源的配置情况，这一做法可能会影响到中介系数的估计；第三，高铁服务提高了人才流动的便利性，加快了知识的传播与外溢，这种技术进步效应为缩小区域经济差距创造了良好的条件（王华星等，2019；曾轩芩等，2019）。因此，就高铁服务对城市群经济协调发展的影响而言，仅有技术进步这一渠道通过了中介效应检验。

表 6 – 14 　　　　　　　影响经济发展水平变异系数的多重中介效应检验

变量	V	mono	lnpatent	ts	V		
	模型 14	模型 15	模型 16	模型 17	模型 18	模型 19	模型 20
lnHSRF	- 0.0111 ** (0.0043)	- 0.0291 ** (0.0142)	0.2794 *** (0.0271)	0.0272 *** (0.0066)	- 0.0095 *** (0.0035)	- 0.0025 * (0.0013)	- 0.0095 *** (0.0034)
mono					0.0024 (0.0299)		
lnpatent						- 0.0250 ** (0.0123)	
ts							0.1012 ** (0.0513)
控制变量	是	是	是	是	是	是	是
Sobel test （P 值）					0.65 (0.72)	2.94 *** (0.00)	0.36 (0.72)
R^2	0.2016	0.1279	0.8078	0.4190	0.2021	0.2044	0.2077

注：***、**和*分别表示在 1%、5% 和 10% 的水平上显著；括号内为稳健标准误。

4. 稳健性检验

上述实证分析以高铁发车频次为核心解释变量来反映高铁服务供给对城市群经济高质量发展的影响，并没有更加细致地考察各高铁车次类型的问题。为此，我们借鉴王春杨和任晓红（2018）的研究设计，通过收集整

理各高铁站的车次信息，来构建每个城市群的高铁吸附能力指标，作为反映高铁服务供给水平的替代指标，其表达式为

$$HSRA = \sum_{i=1}^{n} (\eta_k \sum_{q=1}^{3} X_{ij} \cdot \theta_q) \qquad (6-35)$$

其中，$HSRA$ 为城市群中各城市的高铁客运吸附能力之和；k 为 i 城市接入高铁网络的客运方式（包括始发站、途经站、终点站），η_k 为对应的权重，分别设置为 0.35、0.3、0.35；X_{ij} 为 i 城市到 j 城市的高铁通车次数；q 为 G、C、D 三种高铁车次类型，θ_q 为高铁车次类型的权重，依重要性分别赋值 3、2、1。

此外，考虑高铁服务供给及其他因素对于城市群经济高质量发展的影响可能并不是当期的，为进行广义矩（GMM）估计，本节在式（6-22）的基础上增加时间维度，并引入全要素生产率和经济发展水平变异系数的一阶滞后项，最终得到的动态面板方程为

$$EHQ_{it} = c_0 + c_1 HSRS_{it} + c_2 X_{it} + EHQ_{i(t-1)} + \mu_i + \eta_t + \varepsilon_{it} \qquad (6-36)$$

其中，EHQ_{it}、$EHQ_{i(t-1)}$ 分别反映了城市群 i 在 t 年的经济高质量发展水平及其滞后一期水平，包括全要素生产率（TFP_{it}）和城市间经济发展差异（V_{it}）；$HSRS_{it}$ 表示城市群 i 在 t 年的高铁服务供给水平，分别用高铁发车频次（$HSRF_{it}$）和高铁吸附能力（$HSRA_{it}$）来表示，μ_i 为个体效应，η_t 为时间效应，ε_{it} 为随机误差项，其他变量的含义和处理方法同式（6-22）。

表 6-15 汇总了系统 GMM 方法的检验结果，根据 AR 估计量和 Sargan 统计量的检验结果可以看出，式（6-36）建立的动态面板模型是合理的，其中滞后项（$L.TFP$）和（$L.V$）的系数均显著，说明前期城市群经济高质量发展的程度对后期具有动态影响机制。根据模型 22～模型 25 中的 GMM 估计结果，高铁发车频次（$\ln HSRF$）每增加 10%，城市群的全要素生产率将提高 0.04%，经济发展水平变异系数将降低 0.11%，而高铁吸附能力（$\ln HSRA$）每增加 10%，城市群的全要素生产率将提高 0.79%，经济发展水平变异系数将降低 0.12%。以上结果表明，高铁服务供给对城市群全要素生产率起到显著的正向促进作用，并且有利于缩小城市间的经济发展差异。由此证明，前文的实证结论具有稳健性。

表 6-15　　　　　　　　　稳健性检验（城市群经济高质量发展）

变量	ln*TFP*	V	ln*TFP*	V
	模型 22	模型 23	模型 24	模型 25
L. TFP	1. 0615 *** （0. 0010）		0. 9993 *** （0. 0013）	
L. V		− 0. 0311 *** （0. 0120）		− 0. 0358 ** （0. 0137）
ln*HSRF*	0. 0040 ** （0. 0015）	− 0. 0113 ** （0. 0055）		
ln*HSRA*			0. 0789 *** （0. 0066）	− 0. 0118 ** （0. 0053）
控制变量	是	是	是	是
AR（1）检验	0. 0284	0. 0336	0. 0142	0. 0352
AR（2）检验	0. 1305	0. 2129	0. 5426	0. 3545
Sargan 值	0. 3246	0. 2178	0. 6325	0. 4268

注：*** 、** 分别表示在 1% 、5% 的水平上显著；括号内为稳健标准误。

6.2.5　实证结论

新时代背景下，中国的基础设施建设尤其是高铁的大规模建设令世界惊叹。交通基础设施建设对于区域生产效率的提升发挥着重要的影响，揭示高铁服务供给对区域经济发展的影响效果和作用渠道，有助于全面评估高铁服务的经济效应，从而对实现城市群经济的高质量发展起到一定的指导作用。出于以上考虑，我们以中国十大城市群作为研究对象，通过构建中介效应模型，来实证检验高铁服务供给（以高铁发车频次和高铁吸附能力来反映）对中国城市群经济高质量发展的影响，得出以下主要结论。

高铁服务供给对城市群全要素生产率具有显著的正向促进作用，其中，空间结构演化、技术进步和资源配置起到了重要的中介作用。高铁服务供给主要通过技术进步的渠道来缩小城市间经济发展水平的差异。区域异质性分析结果表明，增加高铁服务供给对于北方城市群生产效率的提升作用更大，而对于南方城市群而言，高铁服务供给的增加则会促进城市群的经济协调发展。

第7章 交通可达性与区域
经济发展研究

7.1 交通可达性对粤港澳大湾区经济增长差异的
影响：基于高速公路与高铁的对比

7.1.1 引言

交通基础设施在区域经济发展中发挥着重要作用。交通可达性的改善不仅可以通过降低运输成本，使得企业更加容易地进入市场，而且有助于促进个人就业，提高区域竞争力。交通基础设施建设对促进区域经济一体化也有积极作用（Behrens，2004；Donaldson & Hornbeck，2016）。相反，缺乏足够的交通基础设施可能会扩大不同地区之间的经济发展差距（Démurger，2001）。

为促进区域经济协调发展，自21世纪以来，中国政府推出了一系列策略，发展各种类型的交通基础设施，如高速公路、城市轨道交通和高铁。从本质上讲，这些策略的基本原理已经从传统的以汽车为中心的移动规划转向了以可达性为导向的规划。其目标是通过改进多式联运系统，促进货运和客运的有效流动。尽管中国在过去10年以前所未有的速度发展了省际高速公路和高铁等大规模基础设施体系，但交通便利程度的提高在多大程度上影响了地区经济增长，目前仍不清楚。

在城市群层面上，这一问题变得更加突出，原因有以下两点：一方面，为打造区域经济增长极，各城市群内的交通可达性提升受到更多关注。根据中共中央、国务院在 2019 年 9 月发布的《交通强国建设纲要》，最终目标是通过加强高速公路和高铁网络的互联互通，实现城市群一体化。尽管有许多研究关注到交通可达性对区域经济增长发展的影响，但从实证角度来验证交通可达性与城市群经济增长之间关系的文献却寥寥无几（Chen & Haynes，2017）。另一方面，为了制定有效的交通基础设施规划和投资策略，合理评估不同交通运输方式对区域经济发展的影响显得十分重要。

因此，本节以粤港澳大湾区为例，评估交通可达性对区域经济增长的影响，以填补这些研究空白。具体而言，本评估涉及以下研究问题：交通可达性的改善如何影响区域经济差距？不同的交通方式对可达性的影响有何不同？除了有形的交通基础设施建设的影响以外，内地与其特别行政区之间的通关政策法规的变化在多大程度上促进了可达性的变化，以及对区域经济增长的影响如何。

有鉴于此，本节利用 2000—2017 年粤港澳大湾区 11 个城市的面板数据，通过构建内生增长模型来研究上述问题。本节有以下几个方面的贡献：第一，对粤港澳大湾区内部经济增长差异的时空变化进行了综合评估；第二，鉴于粤港澳大湾区独特的通关环境，本节不仅考察了不同交通方式提速所带来的可达性变化，而且关注到因边境通关政策调整和优化而带来的影响。第三，本节通过引入三个可达性指标（加权平均出行时间、潜在可达性和 1 小时可达性），来反映不同交通基础设施系统的质量改善情况。

7.1.2　文献综述

近年来，许多发展中国家对评估基础设施项目的经济影响的兴趣大大增加，因为发展各种基础设施系统得到了大量投资。就中国而言，基础设施规划的关键目标之一是实现区域经济的协调发展。对此，陈和海恩斯（Chen & Haynes，2017）试图利用省级数据评估高铁对中国区域经济差距的影响。他们的研究表明，国家高铁网络系统的发展对缩小区域经济差距确实起到了积极的作用。相反，孙和曼苏尔（Sun & Mansury，2016）通过对家庭收入的分析发现，高铁的引入扩大了不同地区之间的经济差距。

此外，几项研究还发现，交通可达性的改善可以重塑区域的空间结构，促进商品、人员和信息的流动，从而对经济增长产生积极的影响（Kim，2000）。相反，其他研究表明，交通可达性可能对经济增长产生双面影响，因为增加的可达性可能只是将经济活动从一个地区重新分配到另一个地区。例如，鲍姆–斯诺等（Baum–Snow et al.，2017）研究表明，中国高速公路的发展促进了主要城市的经济增长，而一些地区中小城市的增长有所减弱。如果考虑不同交通方式对可达性的影响，问题可能会更加复杂。这种不一致的结果可能是由于所采用的研究领域、数据和调查期间不同造成的。然而，这种实证评价的不一致也可能是由于缺乏对交通可达性与区域经济差距之间联系的理论基础的清晰认识。

新经济地理学理论认为，运输成本是影响个体和企业在经济中区位选择的关键因素。劳动力和生产要素的区位选择可以看作是运输成本（包括时间成本）与新区位带来的效益之间的折中。交通可达性的改善可以降低运输成本，促进生产要素投入的流动，从而影响经济活动的集聚和扩散（Krugman，1991）。哈勒（2009）和蒙松等（2013）指出，高铁的扩张可能加剧空间失衡，导致区域经济两极分化。这是因为高铁改善可达性的程度因城市而异。然而，在韩国也发现了相反的证据。例如，金姆（2000）发现首尔至釜山高铁运营后，就业和经济行为呈现出分散化趋势，他认为这是区域经济分散化的表现。综上所述，由于流动方向和集聚程度的不确定性，交通可达性的提高对区域经济增长的影响程度尚不清楚。

为了更好地识别交通可达性与区域经济差距之间的理论机制，在陈和海恩斯（2017）对框架进行扩展的基础上，提出了概念框架，如图 7 – 1 所示。交通可达性的改善可以提高区域区位优势（Urena et al.，2009；王鹏和李彦，2018），也可以降低交通成本，从而对区域经济活动产生积极的刺激作用，如劳动力和资本要素的流动、企业选址的变化。这些影响都会改变生产要素在不同区域间的集聚租金。集聚租金本质上反映了集聚成本（Baldwin et al.，2003；Li et al.，2016）。相对较低的集聚成本可能产生经济收益，而相对较高的集聚成本（表现为较高的土地成本和拥堵）可能导致经济损失（Condeco – Melhorado et al.，2014）。根据集聚成本的不同，经济增长可能会产生集聚效应，也可能会产生溢出效应，最终导致不同地区的增长模式不同。

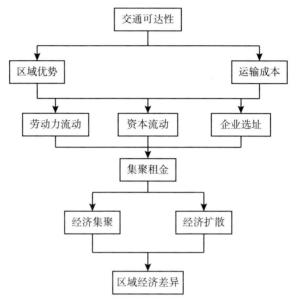

图 7 – 1　评估交通可达性与区域经济差异之间关系的理论框架

　　虽然国内外学术界已对交通可达性问题进行了广泛的研究，但大多数研究都集中在对单一交通方式的评价上。虽然在一些地区或国家，只有一个模式的交通发达，缺乏多通道考虑评价的交通可达性的影响尤其是对国家是有问题的，比如中国，自评估可能不能完全捕捉到可达性改善的影响从不同运输方式的发展。

　　此外，如果评估只集中于由于部署新的基础设施而引起的物理系统的变化，那么对可达性改善对经济增长的评估也会受到限制。需要指出的是，修改与运输管理有关的政策和规章，例如简化跨境安全检查和简化通关安排，也能够改善可达性，这一因素不可忽视。因为在"一国两制"的原则下，香港、澳门均享有高度自治权，且各自拥有单独的关税区，因而内地与两个特别行政区之间的货运和客运，都必须通过海关检查以及陆路边关检查。

综上所述，虽然以往的研究主要从综合评价的角度来考察交通可达性的改善对区域经济增长的作用，但目前尚不清楚交通可达性的改善在多大程度上影响城市群内不同城市之间的经济差距，且这种影响是否会因不同的运输方式和经济部门而产生差异。此外，内地与特别行政区之间通关政策的变化是否会对可达性的变化产生影响，这一因素也应当予以重视。

7.1.3　粤港澳大湾区概况

1. 粤港澳大湾区成立背景

粤港澳大湾区（以下简称"大湾区"）是在"十三五"规划提出后，由中央政府于 2017 年设立的。2019 年 2 月 18 日，《粤港澳大湾区发展规划纲要》正式发布，其中特别强调了"深化内地与港澳合作，进一步提升粤港澳大湾区在国家经济发展和对外开放中的支撑引领作用"。大湾区由香港特别行政区、澳门特别行政区以及广东省的广州、深圳、珠海、佛山、惠州、东莞、中山、江门和肇庆 9 个地级市组成，总面积约 5.6 万平方公里。根据广东省统计局、香港特区政府统计处、澳门特区政府统计暨普查局共同发布的《粤港澳大湾区联合统计手册 2023》，截至 2022 年，粤港澳大湾区地区生产总值超 13 万亿元，如果将大湾区作为一个经济体，其经济总量已超过韩国。毋庸置疑，粤港澳大湾区是中国最具活力的经济集聚区之一。

需要注意的是，评估交通可达性对粤港澳大湾区的经济影响具有特殊性。首先，虽然所有城市都位于粤港澳大湾区，但广东省的 9 个地级市都是内地关税区的一部分，而香港和澳门拥有各自的海关和自由贸易口岸。其次，香港和澳门是在"一国两制"的方针下，由各自的特别行政区政府管理。因此，不同的行政和政治背景，也为内地与两个特别行政区之间的货物运输和旅客流动设置了障碍，因为两地之间的海关和安检已不可避免地会耽误一定的通勤时间。最后，珠三角的 9 个城市和两个特别行政区之间的交通规划也是不一致的，这有时会给计划的实施带来挑战和挫折。因此，在不同的政治制度和经济体制下，在粤港澳大湾区兴建大型交通基础设施，比在其他国家的城市群更具挑战性。

2. 粤港澳大湾区的经济差异

大湾区 11 个城市相互毗邻,有着相似的文化背景,通过人员往来和经济交流,它们的经济一体化趋势越来越明显。为了更好地理解大湾区各城市经济差距的演化规律,本节采用藤田和胡(Fujita & Hu,2001)的方法计算了希尔指数。从本质上讲,指数(T)是一个 GDP 加权指数,它代表了每个城市的经济表现在多大程度上不同。T 值越大,城市间的经济差距越大。具体计算公式为

$$T = \sum_{i=1}^{N} Y_i \ln \frac{Y_i}{P_i} \qquad\qquad (7-1)$$

其中,Y_i 为 i 城市 GDP 除以大湾区 GDP 的比值;P_i 是 i 城市人口在大湾区人口中所占的比例;N 等于 11,表示大湾区内城市的数量。

大湾区内部不同部门经济差距的变化如图 7 - 2 所示。总体来看,变异系数在 2000—2017 年处于下降的趋势,表明大湾区内部城市间经济差异不断缩小,经济发展趋向协调。三次产业中只有农业的经济差异不断扩大,分部门来看,制造业的经济差异变化最小,而金融业经济差异变化最大,表明大湾区的金融一体化程度在不断加深。

图 7 - 2 展示了粤港澳大湾区三次产业和不同经济部门的实际国内生产总值(RGDP)差距的变化情况。具体来说,由图 7 - 2(a)可以看出,2000—2017 年,区域差距的总体趋势有明显的下降,这说明大湾区各城市之间的经济差距有所缩小,经济发展趋向于更加协调的格局。在三次产业方面,第一产业和第三产业的 RGDP 差距也在逐步缩小,显然第三产业的水平变化比第一产业的要大得多。相反,大湾区第一产业的区域经济差距出现缓慢扩大的趋势。图 7 - 2(b)较详细地说明了大湾区 8 个不同产业部门(主要是制造业和第三产业的细分产业部门)的区域经济差距的变化情况。总体而言,制造业的经济差距缩小的幅度相对较小,而金融、房地产和建筑等其他行业在同一时期则有较大的缩小。因此,通过比较分析可知,2000—2017 年粤港澳大湾区内部的经济发展差距已显著缩小。

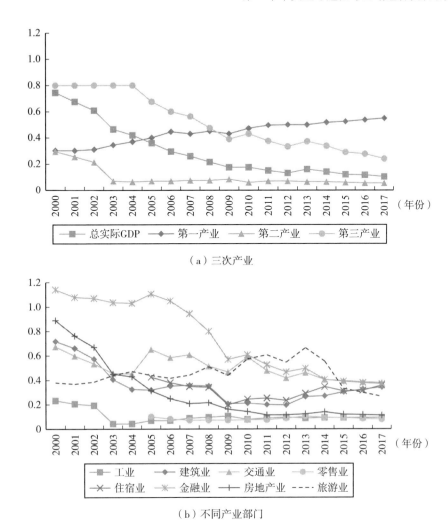

（a）三次产业

（b）不同产业部门

图 7-2 粤港澳大湾区不同产业部门经济增长差异（希尔指数）

3. 粤港澳大湾区的交通差异

在过去 20 年里，粤港澳大湾区的交通基础设施建设取得了飞速的发展。在高速公路网络建设方面，2000—2017 年，大湾区等级公路营运里程从 2000 年仅有的 34448.2 公里扩大到 2017 年的 65993.6 公里，增长了近一倍，其中一项重点工作是发展连接珠三角地区核心城市和周边城市的公路系统。此外，为了打通珠海与港澳特区间的直接运输通道，港珠澳大桥自 2009 年底起开始动工建设，该大桥全长 55 公里，已于 2018 年底正式投入使用。随着湾区西岸与湾区东岸交通联系的不断加深，粤港澳大湾区经济一体化的趋势越来越明显，这可能会对区域经济增长带来显著影响。

2000—2017 年粤港澳大湾区内新建的高速公路和铁路线路的详细清单见表 7-1。在铁路网络建设方面，大湾区铁路基础设施的发展主要集中在珠三角核心区的西侧和东侧。目标是改善这些欠发达城市（如江门、中山和珠海）与大湾区发达核心城市（广州、深圳和东莞）之间的铁路可达性。如表 7-1 所示，铁路可达性的改善主要是由于发展了三种铁路基础设施。第一种类型是高铁（例如 GSBL 和 XSPL），连接大湾区和其他主要城市。第二种类型是城际铁路系统（如 GZIL 和 GFPL），服务于核心区域的中型城市。第三种是常规铁路线路（如 BGL、GMSL、BJL、NGL），进而连接大湾区的核心城市和周边相对欠发达的城市。截至 2017 年底，大湾区新增铁路里程超过 2100 公里。

表 7-1　　　　　　　2000—2017 年大湾区重点交通基础设施项目清单

编号	名称	运营时间	长度（公里）	连接城市
G25	惠盐高速	1993	70	惠州—深圳
G4	京港澳高速	1996	122.8	广州—东莞—深圳
G15	广深高速	1997	122.8	广州—东莞—深圳
S113	广东省道 113 公路	1997	33.25	广州—佛山
S15	广佛高速	1999	15.7	广州—佛山
G0425	广澳高速	2005	61	广州—中山—珠海—澳门
G94	中江高速	2005	32.38	中山—江门
S32	西部沿海高速	2006	137	珠海—江门
G94	江珠高速	2007	48	江门—珠海
S3	龙大高速	2007	28.2	东莞—深圳
G9411	莞佛高速	2010	78	东莞—佛山—广州
G80	广肇高速	2010	177.34	广州—佛山—肇庆
S20	潮莞高速	2010	49.3	东莞—惠州
G94	江肇高速	2012	102	江门—佛山—肇庆

续表

编号	名称	运营时间	长度（公里）	连接城市
S3	广深沿江高速	2012	119	广州—东莞—深圳
S27	仁深高速	2013	102	深圳—东莞—惠州
G35	广惠高速	2015	182.1	广州—惠州
S2	惠大高速	2015	54.88	惠州—惠州
G1523	甬莞高速	2016	64	东莞—惠州
G55	二广高速	2016	234	肇庆—佛山—广州
S8	广佛肇高速	2016	234	广州—佛山—肇庆
SML	三茂线	1991	81	佛山—肇庆
BGL	京广线	1992	33	广州—佛山
GMSL	广梅汕线	1995	112.5	东莞—惠州
BJL	京九线	1996	141	广州—东莞—深圳—香港
GSBL	广深动车轨道	2007	102	广州—东莞—深圳
GZIL	广珠城际	2011	116	广州—中山—珠海
XSPL	厦深客运专线	2013	164.5	惠州—深圳
NGL	南广铁路	2014	111	肇庆—佛山—广州
GFPL	广佛肇城际	2016	111	广州—佛山—肇庆

注：资料来源于《全国铁路旅客列车时刻表》《中国高速公路及城乡公路网地图集》，作者整理。

为了更好地了解大湾区内不同城市间公路和铁路可达性的变化情况，本节采用不同模式和不同城市的加权平均出行时间（WATT）进行计算。如图 7-3 所示，由于所有城市的指数都大幅下降，公路和铁路的交通可达性都有所提高。公路可达性改善幅度最大的是澳门，而铁路可达性增加幅度最大的是肇庆和惠州。值得注意的是，自 2011 年广珠城际铁路开通以来，珠海、江门、中山等城市的高铁运输效率得到很大提升，铁路可达性不断提高。

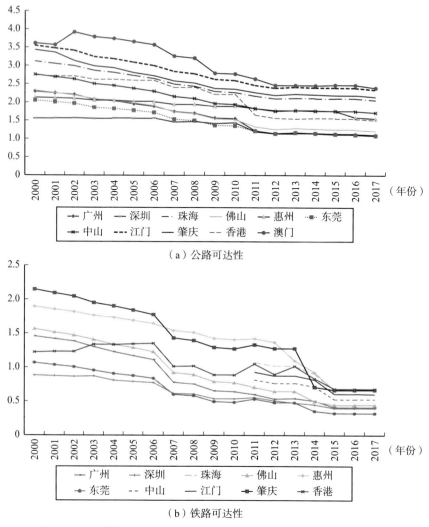

（a）公路可达性

（b）铁路可达性

图 7 – 3 粤港澳大湾区不同交通基础设施建设所带来的可达性变化

7.1.4 模型、变量与数据

1. 模型设定

本节采用内生增长模型，来实证检验交通可达性变化对粤港澳大湾区经济增长的影响，这样的增长模式也被称为 β 收敛。从本质上来说，人均收入较低的国家往往具有较高的经济增长率，各经济体发展都有趋于稳态的趋势。一些学者研究发现，许多国家的区域经济增长方式呈现 β 收敛的特点，比如美国、日本和中国（Barro & Sala – I – Martin，1991；Barro & Sala – I – Martin，1992；Chen & Fleisher，1996）。

内生增长模型遵循标准的巴洛克式框架。交通可达性变化对大湾区经济增长和区域差距的影响估计为

$$GRP_{it} = \ln \frac{y_{i(T+t)}}{y_{it}} = \alpha_i + \beta \ln y_{i(t-1)} + \gamma Accessibility_{it} + \lambda X_{it} + \mu_i + \varepsilon_{it} \quad (7-2)$$

其中，GRP_{it} 是大湾区 i 城市人均 GDP 年增长率；$y_{i(T+t)}$、y_{it} 与 $y_{i(t-1)}$ 分别表示 i 城市在 $T+t$ 年、t 年、$t-1$ 年的人均 GDP；$Accessibility_{it}$ 表示 i 城市在 t 年的交通可达性，本节分别测度大湾区的高速公路交通可达性（Road ACC）和铁路交通可达性（Rail ACC）；X 为控制变量、包括固定资产投资、实际外商投资、市场化程度、人口密度、教育经费支出和通关因素；u_i 为个体效应；ε_{it} 为随机扰动项。

2. 变量选取

（1）解释变量。交通可达性可以通过捕捉经济表现，或者旅行时间或地区之间距离的变化的指标来衡量（Martin & Reggiani，2017）。如 2.1.3 节所述，本节采用经典的可达性测度方法，用加权平均出行时间（$WATT$）、潜在可达性（PA）和 1 小时可达性（DA）三个指标来衡量大湾区的交通可达性水平。具体来说，这些指标表达式分别为

$$WATT_i = \frac{\sum_{j=1}^{n} t_{ij} GDP_j}{\sum_{j=1}^{n} GDP_j} \quad (7-3)$$

$$PA_i = \sum_{j=1}^{n} \frac{GDP_j}{t_{ij}^s} \quad (7-4)$$

$$DA_i = \sum_{j=1}^{n} POP_j \delta_{ij} \quad (7-5)$$

其中，t_{ij} 表示从 i 市到 j 市的公路或铁路的旅行时间；s 是一个反映距离衰减函数影响的参数，根据马丁和雷贾尼（Martin & Reggiani，2017）的建议，

s 通常设置为 1；POP_j 表示 j 市总人口，并根据指标定义给出可达性阈值。考虑到这里的重点是度量一小时内的可达性水平，如果 $t_{ij} < 1$ 小时，则 δ_{ij} 等于 1，否则为 0。

（2）控制变量。为了控制其他因素对区域经济增长的影响，借鉴相关文献的设计，本节选取了以下控制变量。

其一，固定资产投资。于和魏（Yu & Wei，2008）认为增加固定资产投资有利于促进区域经济增长。1997 年亚洲金融危机后，中国实施了投资导向型政策。因此，引入人均固定资产投资来控制这一效果。

其二，外商直接投资。FDI 对中国区域经济差距和收入不平衡的影响已被广泛证实（Sun，1998；魏后凯，2002）。一个地区越开放，经济增长就会越快。因此，采用人均 FDI 作为衡量城市开放程度的指标。

其三，市场化程度。藤田和胡（2001）认为，市场化过程的特征是国有企业比例大幅下降。因此，采用非国有工业产值占 GDP 的比重作为市场化指标。

其四，人口密度。人口密度越高的地区，往往资本产出越高。因此，引入人口密度来控制人口变化对区域经济差距的影响。正如德姆格（Démurger，2001）以及王鹏和李彦（2018）所述，这一因素在评估交通基础设施发展与区域增长之间的联系时尤为重要。

其五，教育水平。教育水平与技术进步密切相关。根据新经济增长理论，新知识和人力资本是经济增长的关键驱动力。王和姚（Wang & Yao，2003）发现，中国的人力资本积累相当快，对经济增长和福利作出了显著的贡献。本节以教育经费支出为指标来控制教育水平对区域经济增长的影响。

其六，通关因素。由于运输成本的降低，提高通关效率的政策可能对区域经济增长产生积极影响。例如，德加科沃等（Djankov et al.，2010）利用 126 个国家标准货物从工厂到装船的运输时间来衡量通关成本，研究发现，运输时间延误一天会导致贸易减少至少一个百分点。事实上，为了方便内地与港澳之间的货物运输和人员流动，在边检和出入境服务措施方面，中国海关分别在 2007 年、2009 年和 2012 年推出了一系列便民化措施。如表 7 - 2 所示，珠海—澳门及深圳—香港口岸的平均通关时间已由 30 多分钟大幅缩短至

10 分钟左右。因此，为了捕捉这些通关政策调整的效果，引入了代表不同政策实施年份的三个虚拟变量（y2007plus，y2009plus 和 y2012plus）。

表 7 - 2　　　　　　　　港澳通关便利化政策（2000—2017 年）

时间	政策	政策亮点	平均通关耗时
2007 年 2 月	12 条措施	中国公民不需要填写边防检查登记卡，实施"提前开通通道"措施，缩短高峰时段旅客的等待时间	30 分钟
2009 年 1 月	6 条措施	边境检查站开始提供 24 小时通关服务，实施出入境船舶边防检查在线预测预检系统	20 分钟
2012 年 1 月	12 条措施	边检机关在毗邻港澳的口岸开设边检专用通道，并为旅游团提供多样化边检查验模式；内地居民持有多次有效签注的《往来港澳通行证》出入境免加盖验讫章等	10 分钟

注：通关便利化措施的详细内容参见 http://www.mps.gov.cn/n2253534/n2253535/c4140867/content.html。通关便民化政策改善后，最短通关时间为通关便民化政策发布之前，数据收集来源于香港和澳门海关，不包括节假日排队等待时间。

需要注意的是，可达性的改善可以进一步分解为交通基础设施建设引起的改善和实施通关政策便民化措施后的改善。表 7 - 3 以加权平均旅行时间（WATT）为例，比较了这两种情形下交通可达性的变化情况。很明显，通过交通基础设施建设，广州、肇庆、佛山这三个城市的可达性改善幅度最大；在实施三次通关便民化政策之后，深圳的可达性改善幅度最大。总体而言，广州、佛山、东莞等城市的公路、铁路可达性改善幅度最大，而珠海、江门、中山等城市的可达性幅度相对较小。

表 7 - 3　　2000—2017 年不同交通模式和类别的加权平均旅行时间变化　　单位：%

城市	交通基础设施影响下的可达性变化		实施通关政策便民化政策后的可达性变化		可达性总变化	
	公路	铁路	公路	铁路	公路	铁路
广州	40.51	64.46	11.42	8.98	51.93	73.44
深圳	2.39	16.52	28.88	39.69	31.27	56.21
珠海	23.31	37.22	9.93	1.44	33.25	38.66

城市	交通基础设施影响下的可达性变化		实施通关政策便民化政策后的可达性变化		可达性总变化	
	公路	铁路	公路	铁路	公路	铁路
佛山	36.64	65.65	10.89	7.44	47.53	73.09
惠州	8.54	59.02	17.55	7.67	26.09	66.68
东莞	33.83	56.57	12.94	14.71	46.77	71.28
中山	26.44	33.68	10.78	2.31	37.22	36.00
江门	24.46	33.36	8.77	2.06	33.23	35.42
肇庆	28.46	64.88	8.34	5.64	36.80	70.52
香港	32.56	28.64	12.16	16.67	44.72	45.32
澳门	22.04	0.00	10.21	0.00	32.25	0.00

（3）数据来源。本节所有的人口和经济数据（如人口密度、GDP 等）均来自《广东统计年鉴》、香港特别行政区政府统计暨普查局、澳门特别行政区政府统计暨普查局。高速公路通行时间和城际铁路通行时间分别取自全国铁路客运列车时刻表和《中国高速公路及城乡公路网地图集》。所有的非百分位数变量都以对数形式转换，以减小异方差的影响。

7.1.5　实证分析

1. 内生性问题

为了分析交通可达性对粤港澳大湾区经济差距的影响，本节的实证估计分为三步进行。首先，进行 Hausman 检验，检验模型结构是否存在内生性问题。其次，将传统的 OLS 回归模型与两阶段最小二乘（2SLS）模型进行了比较。由表 7-4 的结果可以看出，Sargan 检验的不显著表明，2SLS 建模中采用的所有工具变量都是有效的。最后，Hausman 内生性检验结果证实，无论是在高速公路还是铁路系统中，这三个可达性指标都具有显著的外生特征。因此，内生性问题被证实不是本次评估的主要关注点。

表 7 - 4 Hausman 内生性检验结果

交通方式	高速公路						铁路					
解释变量	加权平均旅行时间		潜在可达性		1 小时可达性		加权平均旅行时间		潜在可达性		1 小时可达性	
	Chi - sq.	p 值	Chi - Sq.	p 值	Chi - Sq.	p 值	Chi - Sq.	p 值	Chi - Sq.	p 值	Chi - Sq.	p 值
Sargan 统计量	0.195	0.907	0.193	0.908	2.053	0.358	1.305	0.521	1.085	0.581	1.081	0.582
内生性检验	1.416	0.236	0.845	0.359	0.834	0.363	0.370	0.848	0.454	0.502	0.031	0.860

注:在内生性检验第一阶段,本节将是否实施通关政策、是否实施通关政策与是否为香港和澳门的交互项作为工具变量处理。第二阶段,将城市经济增长率($gdppcg$)作为因变量,外生控制变量的选择变量的选择同式（7 - 2）。Sargan 检验属于工具变量的过度识别检验,它的原假设是工具变量是有效的,内生性检验的零假设是被检验的回归变量是外生的。

2. 总样本检验

本节的实证估计分两组进行。第一组包括 24 个模型（每种可达性指标 8 个模型），基于总 GRP 和三次产业的 GRP，考察了公路和铁路可达性变化对区域经济增长差异的影响。第二组包括 48 个模型，考察了公路和铁路可达性变化对 8 个特定行业（包括制造业、建筑业、运输业、零售业、酒店业、金融业、房地产业和旅游业）增长变化的影响。基于不同经济部门的评估将帮助我们了解不同经济部门之间交通可达性变化的影响程度。

表 7 - 5 为公路、铁路交通可达性对不同经济部门的回归结果，其中可达性以 $WATT$ 计量。考虑到高速公路和铁路的可达性具有高度共线性，分别采用不同的模型进行分析。表 7 - 5 模型 1 和模型 2 是基于总体样本的回归结果。GRP_{it} 的滞后估计为负，具有统计学意义，说明大湾区的经济增长确实遵循 β 收敛。也就是说，考虑到交通可达性改善等因素的影响，区域经济差距显著缩小。此外，以人口密度衡量的人口状况的较大影响也具有统计学意义，表明人口密度较低的城市与人口密集的城市相比，经济增长率较高。这一结果进一步证实了区域经济的趋同趋势。

观察模型 1 和模型 2 中可达性的估计系数值可以发现，公路加权平均旅行时间的估计系数为 - 0.173，可以解释为：当公路交通的加权平均旅行时间每减少 1%，换句话说，以加权平均旅行时间指标所衡量的公路可达性每增加 1% 时，GRP_{it} 会增加 0.173%；同理，以加权平均旅行时间指标所衡量的铁路可达性每增加 1%，GRP_{it} 会增加 0.027%。模型 3 ~ 模型 8 总结了三次产业（农业、制造业和服务业）和不同运输方式的估计结果。同样，$L.\ GRP$ 的估计值为负且具有统计学意义，各产业经济增长之间存在较好的区域经济增长收敛性。在三次产业的估计结果中，公路加权平均旅行时间的系数估计在模型 3 和模型 7 中具有统计学意义，这说明公路可达性的改善对农业和服务业的增长具有显著的影响，铁路加权平均旅行时间的系数在模型 8 中具有统计学意义，表明铁路可达性的改善仅对大湾区服务业的增长具有显著的影响。

表 7 - 5 分产业检验结果（加权平均旅行时间）

变量	模型							
	1	2	3	4	5	6	7	8
	GRP_road	GRP_rail	GRP_1_road	GRP_1_rail	GRP_2_road	GRP_2_rail	GRP_3_road	GRP_3_rail
$L. GRP$	-0.291*** (-7.51)	-0.341*** (-8.29)	-0.129*** (-4.67)	-0.125*** (-3.56)	-0.243*** (-6.65)	-0.236*** (-5.72)	-0.200*** (-4.64)	-0.180*** (-5.55)
Road ACC	-0.173** (-2.01)		-0.264** (-2.42)		-0.108 (-0.96)		-0.286** (-2.60)	
Rail ACC		-0.027* (-1.80)		-0.086 (-1.33)		-0.065 (-1.11)		-0.002** (-2.04)
$Invest$	0.084*** (2.84)	0.196*** (6.32)	-0.094*** (-2.86)	-0.114** (-2.20)	0.192*** (5.68)	0.184*** (3.94)	0.016 (0.52)	0.105*** (4.02)
FDI	0.016 (0.86)	0.029** (2.08)	-0.038* (-1.77)	-0.024 (-0.87)	0.004 (0.16)	0.021 (0.82)	-0.013 (-0.65)	0.003 (0.15)
$Marketizion$	0.08 (0.52)	0.009 (0.12)	0.027 (0.16)	0.142 (0.51)	0.171 (0.95)	0.375 (1.50)	-0.034 (-0.20)	-0.148 (-1.62)
$Popden$	-0.126 (-0.84)	0.060** (2.54)	-0.951*** (-5.77)	-0.985*** (-4.72)	-0.208 (-1.23)	-0.468** (-2.48)	-0.557*** (-3.37)	0.070*** (2.63)
$Education$	0.088*** (2.98)	0.030** (2.15)	0.080** (2.39)	0.120** (2.19)	0.009 (0.25)	0.051 (1.01)	0.131*** (3.75)	0.036* (1.85)
$Patent$	0.012 (0.61)	0.029** (2.17)	-0.006 (-0.28)	-0.056 (-1.36)	-0.006 (-0.26)	-0.031 (-0.85)	-0.003 (-0.12)	-0.012 (-0.73)
y2007plus	-0.014 (-0.51)	-0.003 (-0.11)	0.060* (-1.84)	0.054 (-1.33)	-0.013 (-0.40)	0.029 (-0.83)	-0.002 (-0.06)	0.007 (-0.22)
y2009plus	-0.024 (-0.89)	-0.02 (-0.79)	0.033 (1.05)	0.112*** (2.99)	-0.060* (-1.88)	0.013 (0.39)	-0.023 (-0.76)	-0.017 (-0.54)
y2012plus	-0.024 (-0.98)	-0.001 (-0.04)	0.086*** (-2.96)	0.104*** (-3.27)	0.003 (-0.11)	0.032 (-1.10)	-0.025 (-0.89)	-0.007 (-0.25)
_cons	3.824*** (3.80)	2.910*** (8.09)	6.608*** (5.68)	6.621*** (4.64)	1.654 (1.38)	3.270** (2.53)	4.198*** (3.56)	-0.208 (-1.46)

续表

变量	模型							
	1	2	3	4	5	6	7	8
	GRP_road	GRP_rail	GRP_1_road	GRP_1_rail	GRP_2_road	GRP_2_rail	GRP_3_road	GRP_3_rail
Hausman Test	15.39**	7.31	54.10	34.04***	24.65***	39.47***	24.26***	12.40
$Effect$	FE	RE	FE	FE	FE	FE	FE	RE
N	187	140	187	140	187	140	187	140
R^2	0.340	0.515	0.344	0.345	0.387	0.438	0.297	0.298

注：***、** 和 * 分别表示在1%、5%和10%的水平上显著；括号内为 t 值；Hausman Test 用于判断使用固定效应还是随机效应；极个别数值为 0 的情况是四舍五入的结果。

表 7-6 总结了潜在可达性对总体样本和三次产业部门的影响结果。虽然模型 9 和模型 15 对公路可达性的估计仅在 10% 的水平上显著，但结果表明，以潜在可达性衡量的公路可达性对区域经济增长的影响总体上显著。进一步地，对于式（7-3）进行灵敏度分析，结果显示在表 7-7 中，即通过改变 s 这一参数（代表距离衰减函数）的系数值，来进行稳健性检验。对比模型 9 和模型 10，可以看出结果相对一致。这里反映出一个事实，即改善潜在可达性可能对区域经济增长产生混合的影响，这值得未来进一步研究。

表 7-6　　　　　　　分产业估计结果（潜在可达性）

变量	模型							
	9	10	11	12	13	14	15	16
	GRP_road	GRP_rail	GRP_1_road	GRP_1_rail	GRP_2_road	GRP_2_rail	GRP_3_road	GRP_3_rail
$L.GRP$	-0.237*** (-7.71)	-0.344*** (-8.32)	-0.127*** (-4.54)	-0.114*** (-3.32)	-0.235*** (-6.41)	-0.247*** (-6.13)	-0.186*** (-4.37)	-0.187*** (-5.79)
Road ACC	0.046* (1.79)		0.001 (0.02)		0.044 (0.96)		0.091** (2.06)	

续表

变量	模型							
	9	10	11	12	13	14	15	16
	GRP_road	GRP_rail	GRP_1_road	GRP_1_rail	GRP_2_road	GRP_2_rail	GRP_3_road	GRP_3_rail
Rail ACC		0.003 * (1.75)		0.012 (1.32)		0.009 (1.67)		0.042 * (1.82)
$Invest$	0.127 *** (5.64)	0.199 *** (6.43)	− 0.085 ** (− 2.50)	− 0.100 * (− 1.90)	0.185 *** (5.24)	0.164 *** (3.40)	0.007 (0.24)	0.107 *** (4.15)
FDI	0.015 (1.46)	0.032 ** (2.34)	− 0.029 (− 1.31)	− 0.027 (− 0.95)	0.004 (0.17)	0.019 (0.72)	− 0.014 (− 0.64)	0.004 (0.26)
$Marketizion$	− 0.099 (− 1.49)	0.008 (0.11)	0.127 (0.73)	0.100 (0.36)	0.194 (1.11)	0.382 (1.52)	0.049 (0.29)	− 0.183 ** (− 1.97)
$Popden$	0.064 *** (5.00)	0.056 ** (2.41)	− 0.832 *** (− 5.18)	− 0.923 *** (− 4.42)	− 0.174 (− 1.07)	− 0.536 *** (− 2.82)	− 0.464 *** (− 2.86)	0.072 *** (2.86)
$Education$	0.018 * (1.81)	0.031 ** (2.09)	0.069 ** (2.03)	0.104 * (1.83)	0.006 (0.17)	0.079 (1.53)	0.121 *** (3.50)	0.047 ** (2.30)
$Patent$	− 0.006 (− 0.90)	0.026 * (1.71)	− 0.010 (− 0.44)	− 0.040 (− 0.92)	− 0.013 (− 0.57)	− 0.051 (− 1.32)	− 0.02 (− 0.86)	− 0.027 (− 1.48)
y2007plus	− 0.021 (− 0.80)	− 0.013 (− 0.47)	0.095 *** (2.72)	0.068 (1.59)	− 0.018 (− 0.49)	0.014 (0.37)	− 0.002 (− 0.05)	− 0.019 (− 0.59)
y2009plus	− 0.006 (− 0.24)	− 0.022 (− 0.86)	0.060 * (1.95)	0.107 *** (2.83)	− 0.058 * (− 1.86)	0.013 (0.37)	− 0.012 (− 0.41)	− 0.028 (− 0.89)
y2012plus	− 0.02 (− 0.91)	− 0.01 (− 0.41)	0.116 *** (3.92)	0.110 *** (3.04)	0.003 (0.11)	0.016 (0.48)	− 0.019 (− 0.65)	− 0.035 (− 1.21)
_cons	2.186 *** (8.16)	3.007 *** (8.54)	5.483 *** (5.03)	6.124 *** (4.29)	1.329 (1.19)	3.825 *** (2.93)	3.301 *** (2.92)	− 0.139 (− 1.29)
Hausman Test	11.85	7.82	49.09 ***	33.04 ***	25.17 ***	39.47 ***	20.67 ***	12.97
Effect	RE	RE	FE	FE	FE	FE	FE	RE
N	187	140	187	140	187	140	187	140
R^2	0.366	0.513	0.321	0.336	0.387	0.433	0.287	0.344

注： *** 、 ** 和 * 分别表示在 1% 、 5% 和 10% 的水平上显著；括号内为 t 值；Hausman Test 用于判断使用固定效应还是随机效应；极个别数值为 0 的情况是四舍五入的结果。

表 7 - 7 潜在可达性公式中关键系数的敏感性检验

变量	模型					
	17	18	19	20	21	22
	GRP_road	GRP_rail	GRP_road	GRP_rail	GRP_road	GRP_rail
L. GRP	-0.237 *** (-7.71)	-0.344 *** (-8.32)	-0.283 *** (-7.38)	-0.359 *** (-8.84)	-0.235 *** (-7.63)	-0.359 *** (-8.84)
Road ACC	0.046 * (1.79)		0.058 * (1.89)		0.026 * (1.84)	
Rail ACC		0.003 * (1.75)		0.033 * (1.96)		0.014 ** (2.01)
y2007plus	-0.021 (-0.80)	-0.013 (-0.47)	-0.011 (-0.38)	-0.018 (-0.64)	-0.014 (-0.55)	-0.011 (-0.40)
y2009plus	-0.006 (-0.24)	-0.022 (-0.86)	-0.016 (-0.61)	-0.023 (-0.88)	-0.001 (-0.03)	-0.018 (-0.70)
y2012plus	-0.02 (-0.91)	-0.01 (-0.41)	-0.02 (-0.80)	-0.017 (-0.69)	-0.013 (-0.66)	-0.01 (-0.43)
_cons	2.186 *** (8.16)	3.007 *** (8.54)	3.180 *** (3.48)	3.133 *** (9.20)	2.163 *** (8.17)	3.172 *** (9.21)
Control variables	Yes	Yes	Yes	Yes	Yes	Yes
Hausman Test	11.85	7.82	16.89 **	9.77	12.64	12.37
Effect	RE	RE	FE	RE	RE	RE
N	187	140	187	140	187	140
R^2	0.366	0.513	0.334	0.503	0.364	0.501
s 值	1	1	0.5	0.5	1.5	1.5

注：***、**和*分别表示在1%、5%和10%的水平上显著；括号内为 t 值；Hausman Test 用于判断使用固定效应还是随机效应；极个别数值为 0 的情况是四舍五入的结果。

基于公路、铁路的 1 小时可达性的估计结果如表 7 - 8 所示。与 *WATT* 和 *PA* 指标不同，1 小时可达性是指城市人口数量，可以通过公路和铁路 1 小时的旅行距离来观察。因此，该值估计数越大，意味着在 1 小时的旅行距离内的可达性就越高。对高速公路可达性进行了统计上显著的估计，表明高速公路 1 小时可达性增加 1% 的城市，其 GRP 平均增长率约为 0.032%。

就三次产业的影响而言，模型 27 和模型 29 的评估显示，高速公路 1 小时可达性的改善与工业和服务业的经济增长率的变化也有显著的关联，模型 30 的估计结果表明，铁路 1 小时可达性的改善对服务业的经济增长率有显著的正向影响（0.01）。结果证实，每小时可达性的提高可以通过高速公路或高铁的新项目建设，进而影响服务业的经济增长，此时商品和人力资本在区域内流通更有效率。

表 7 - 8　　　　　　　　　　分产业的估计结果（1 小时可达性）

变量	模型							
	23	24	25	26	27	28	29	30
	GRP_road	GRP_rail	GRP_1_road	GRP_1_rail	GRP_2_road	GRP_2_rail	GRP_3_road	GRP_3_rail
$L.\,GRP$	-0.242 *** (-7.09)	-0.348 *** (-8.47)	-0.122 *** (-4.04)	-0.139 *** (-3.82)	-0.278 *** (-7.04)	-0.250 *** (-5.91)	-0.203 *** (-4.34)	-0.176 *** (-5.38)
Road ACC	0.032 ** (2.44)		-0.016 (-0.69)		0.042 ** (1.98)		0.043 *** (2.95)	
Rail ACC		0.016 * (1.80)		0.050 * (1.88)		-0.003 (-1.14)		0.010 * (1.75)
$Invest$	0.148 *** (5.86)	0.205 *** (6.60)	-0.098 *** (-2.61)	-0.123 ** (-2.39)	0.207 *** (5.30)	0.173 *** (3.29)	0.030 (0.81)	0.101 *** (3.81)
FDI	0.018 (1.33)	0.027 ** (1.97)	-0.005 (-0.20)	-0.035 (-1.26)	0.051 ** (2.04)	0.021 (0.79)	-0.018 (-0.70)	0.005 (0.29)
$Marketizion$	-0.041 (-0.52)	0.021 (0.29)	0.164 (0.90)	0.129 (0.47)	0.388 ** (2.16)	0.385 (1.53)	0.219 (1.20)	-0.154 * (-1.68)
$Popden$	0.058 *** (3.89)	0.061 *** (2.62)	-0.884 *** (-5.36)	-0.943 *** (-4.74)	-0.285 * (-1.69)	-0.519 *** (-2.82)	-0.567 *** (-3.22)	0.067 ** (2.57)
$Education$	0.022 * (1.86)	0.030 ** (2.17)	0.076 * (1.87)	0.126 ** (2.34)	-0.007 (-0.16)	0.071 (1.44)	0.164 *** (3.73)	0.035 * (1.81)
$Patent$	-0.003 (-0.28)	0.029 ** (2.18)	0.018 (0.71)	-0.073 * (-1.71)	0.024 (0.91)	-0.044 (-1.14)	-0.034 (-1.21)	-0.013 (-0.81)
y2007plus	-0.029 (-1.04)	-0.001 (-0.06)	0.118 *** (3.37)	0.057 (1.47)	0.000 (0.00)	0.019 (0.55)	-0.021 (-0.56)	0.001 (0.04)
y2009plus	-0.001 (-0.03)	-0.015 (-0.59)	0.057 * (-1.81)	0.103 *** (-2.77)	-0.067 ** (-2.11)	0.014 (-0.42)	-0.005 (-0.16)	-0.021 (-0.66)

变量	模型							
	23	24	25	26	27	28	29	30
	GRP_road	GRP_rail	GRP_1_road	GRP_1_rail	GRP_2_road	GRP_2_rail	GRP_3_road	GRP_3_rail
y2012plus	−0.033 (−1.43)	0.005 (0.22)	0.093 *** (3.04)	0.099 *** (3.13)	−0.028 (−0.94)	0.022 (0.75)	−0.029 (−0.96)	−0.014 (−0.54)
_cons	2.246 *** (7.70)	2.966 *** (8.65)	5.510 *** (5.03)	6.393 *** (4.73)	1.867 (1.65)	3.677 *** (2.92)	3.925 *** (3.29)	−0.162 (−1.30)
Hausman Test	13.21	7.10	48.96 ***	35.73 ***	28.83 ***	39.54 ***	24.98 ***	12.86
Effect	RE	RE	FE	FE	FE	FE	FE	RE
N	166	140	166	140	166	140	166	140
R^2	0.353	0.519	0.337	0.355	0.436	0.433	0.334	0.332

注：***、** 和 * 分别表示在 1%、5% 和 10% 的水平上显著；括号内为 t 值；Hausman Test 用于判断使用固定效应还是随机效应；极个别数值为 0 的情况是四舍五入的结果。

3. 分产业检验

通过模型 31~模型 78 考察了交通可达性对 8 个具体行业经济增长率变化的影响（见表 7-9~表 7-11）。加权平均出行时间测量的公路可达性对零售业和房地产业的增长具有显著的正向影响，表明出行时间减少引起的公路可达性变化对零售业和房地产业的影响尤为显著。通过对潜在可达性和 1 小时可达性的测量，也证实了公路基础设施对房地产行业的影响。这一结果表明大湾区房地产行业的增长也得益于新开发的公路基础设施带来的经济潜力的增加和 1 小时的可达性。此外，表 7-9 显示，经济潜力衡量的公路可达性改善与金融部门增长率变化呈负相关。这种结果可能有两个原因。首先，金融业增长率的变化具有周期性波动和较高的资本依存度等内在特征。因此，这种负相关关系可能反映了金融部门的实际表现以及公路基础设施发展带来的经济潜力的变化。其次，负相关也可能揭示，公路潜在可达性的改善可能对金融部门产生挤出效应。

表 7－9　分经济部门的估计结果（加权平均旅行时间）

变量	模型 31 GRP_Manufacuring Road	32 GRP_Manufacuring Rail	33 GRP_Construction Road	34 GRP_Construction Rail	35 GRP_Transportation Road	36 GRP_Transportation Rail	37 GRP_retail Road	38 GRP_retail Rail	39 GRP_Hospitality Road	40 GRP_Hospitality Rail	41 GRP_Finance Road	42 GRP_Finance Rail	43 GRP_RealEstate Road	44 GRP_RealEstate Rail	45 GRP_Tourism Road	46 GRP_Tourism Rail
$L.GRP$	-0.226 *** (-6.85)	-0.431 *** (-7.66)	-0.441 *** (-9.23)	-0.348 *** (-5.88)	-0.381 *** (-6.34)	-0.424 *** (-5.94)	-0.304 *** (-4.90)	-0.346 *** (-3.69)	-0.340 *** (-5.08)	-0.396 *** (-4.85)	-0.289 *** (-7.93)	-0.283 *** (-7.33)	-0.259 *** (-6.10)	-0.255 *** (-4.36)	-0.009 * (-1.80)	-0.071 (-1.45)
Road ACC	-0.242 ** (-1.96)	0.188 (1.32)	-0.063 (-0.39)		0.375 * (1.80)		-0.403 *** (-2.67)		-0.152 (-0.71)		0.228 (1.62)		-0.175 ** (-2.09)		-0.126 (-0.87)	
Rail ACC				-0.025 (-0.41)		-0.200 (-1.65)		-0.061 * (-1.86)		-0.290 *** (-2.99)		-0.035 (-1.33)		0.001 (1.01)		-0.020 ** (-2.34)
y2007plus	-0.081 (-1.33)	-0.081 (-0.90)	-0.026 (-0.55)	0.017 (0.45)	0.095 (1.54)	0.002 (0.02)	0.014 (0.40)	0.045 (1.07)	0.030 (0.59)	0.093 (1.63)	0.141 ** (2.19)	0.099 (1.19)	0.008 (0.16)	0.042 (0.68)	0.042 (0.98)	-0.004 (-0.09)
y2009plus	-0.063 (-1.02)	-0.110 (-1.28)	0.038 (0.84)	0.079 ** (2.25)	0.081 (1.38)	0.079 (1.13)	0.015 (0.44)	0.087 ** (2.38)	0.079 (1.56)	0.143 *** (2.87)	0.018 (0.26)	0.046 (0.58)	0.013 (0.28)	-0.062 (-1.08)	0.06 (1.45)	0.059 (1.40)
y2012plus	-0.053 (-1.03)	-0.095 (-1.29)	0.048 (1.16)	0.050 * (1.67)	0.232 *** (4.15)	0.141 ** (2.36)	-0.002 (-0.06)	0.090 *** (2.64)	-0.022 (-0.44)	0.042 (0.99)	0.028 (0.50)	0.010 (0.16)	-0.016 (-0.42)	-0.021 (-0.43)	0.004 (0.10)	-0.001 (-0.03)
_cons	0.224 (0.66)	-2.064 (-0.60)	-0.558 (-0.32)	0.54 (0.39)	0.524 (0.23)	6.539 ** (2.43)	6.019 *** (4.16)	2.696 (1.50)	6.996 *** (3.46)	5.540 *** (2.48)	-1.631 *** (-3.45)	-1.123 ** (-2.57)	-0.749 ** (-2.41)	-2.991 (-1.31)	4.440 *** (2.87)	0.087 (0.40)
Control variables	Yes	Yes	Yes	Yes	Yes	Yes	Yes	Yes	Yes	Yes	Yes	Yes	Yes	Yes	Yes	Yes
Hausman Test	13.63	27.31 ***	25.56 ***	22.61 ***	31.62 ***	29.98 ***	41.27 ***	26.10 ***	31.82 ***	35.33 ***	7.38	10.21	13.29	17.28 **	15.56 **	10.86
Effect	RE	FE	FE	FE	FE	FE	FE	FE	FE	FE	RE	RE	RE	FE	FE	RE
N	187	140	187	140	187	140	142	110	142	110	187	140	187	140	187	140
R^2	0.340	0.443	0.384	0.363	0.269	0.302	0.402	0.346	0.399	0.462	0.338	0.377	0.277	0.352	0.172	0.124

注：***、** 和 * 分别表示在 1%、5% 和 10% 的水平上显著；括号内为 t 值；Hausman Test 用于判断使用固定效应还是随机效应；极个别数值为 0 的情况是四舍五入的结果。

表 7－10

分经济部门的估计结果（潜在可达性）

模型

变量	47	48	49	50	51	52	53	54	55	56	57	58	59	60	61	62
	GRP_Manufacturing		GRP_Construction		GRP_Transportation		GRP_retail		GRP_Hospitality		GRP_Finance		GRP_RealEstate		GRP_Tourism	
	Road	Rail	Road	Rail	Road	Rail	Road	Rail	Road	Rail	Road	Rail	Road	Rail	Road	Rail
L_GRP	-0.228 *** (-6.73)	-0.441 *** (-7.80)	-0.440 *** (-9.21)	-0.344 *** (-6.07)	-0.360 *** (-6.01)	-0.398 *** (-5.57)	-0.272 *** (-4.26)	-0.363 *** (-4.01)	-0.368 *** (-5.49)	-0.422 *** (-4.89)	-0.290 *** (-8.71)	-0.279 *** (-7.18)	-0.276 *** (-6.62)	-0.275 *** (-4.82)	-0.009 * (-1.84)	-0.08 (-1.52)
$Road\ ACC$	0.079 (1.04)		0.000 (0.01)		-0.180 ** (-2.14)		0.000 (-0.01)		-0.097 (-1.37)		-0.207 *** (-2.73)		0.147 *** (3.02)		0.004 (0.06)	
$Rail\ ACC$		-0.139 * (-1.69)		0.043 (1.28)		-0.003 (-0.05)		0.018 * (1.78)		0.152 *** (2.80)		-0.062 (-0.95)		0.118 ** (2.16)		0.006 ** (2.10)
y2007plus	-0.093 (-1.29)	-0.047 (-0.50)	-0.018 (-0.36)	0.001 (0.04)	0.119 * (1.83)	0.046 (0.57)	0.060 (1.65)	0.042 (0.97)	0.082 (1.63)	0.111 * (1.83)	0.221 *** (3.03)	0.151 * (1.73)	-0.042 (-0.82)	-0.008 (-0.12)	0.057 (1.27)	-0.015 (-0.31)
y2009plus	-0.068 (-1.04)	-0.090 (-1.04)	0.045 (1.01)	0.073 ** (2.06)	0.081 (1.41)	0.075 (1.05)	0.063 * (1.90)	0.093 ** (2.57)	0.131 *** (2.76)	0.186 *** (3.58)	0.058 (0.85)	0.064 (0.78)	-0.014 (-0.30)	-0.081 (-1.42)	0.073 * (1.79)	0.056 (1.32)
y2012plus	-0.064 (-1.09)	-0.054 (-0.66)	0.056 (1.33)	0.030 (0.90)	0.238 *** (4.31)	0.172 ** (2.53)	0.053 (1.54)	0.095 ** (2.52)	0.039 (0.84)	0.091 * (1.83)	0.09 (1.47)	0.061 (0.81)	-0.056 (-1.36)	-0.086 (-1.59)	0.017 (0.45)	-0.008 (-0.21)
_cons	-0.188 (-0.72)	-2.605 (-0.75)	-0.813 (-0.50)	0.926 (0.66)	1.922 (0.94)	5.118 * (1.89)	4.316 *** (3.23)	2.702 (1.48)	5.875 *** (3.40)	5.418 *** (2.37)	-1.379 *** (-4.52)	-1.306 *** (-3.68)	-1.045 *** (-4.24)	-1.787 (-0.80)	3.904 *** (2.74)	0.165 (0.93)
Control variables	Yes	Yes	Yes	Yes	Yes	Yes	Yes	Yes	Yes	Yes	Yes	Yes	Yes	Yes	Yes	Yes
Hausman Test	14.58 *	27.56 ***	26.56 ***	24.92 ***	31.19 ***	27.00 ***	36.70 ***	26.52 ***	33.86 ***	34.19 ***	5.25	8.39	12.87	18.97 ***	15.39 ***	10.42
Effect	RE	FE	FE	FE	FE	FE	FE	FE	FE	FE	RE	RE	RE	FE	FE	RE
N	187	140	187	140	187	140	142	110	142	110	187	140	187	140	187	140
R^2	0.323	0.449	0.383	0.371	0.274	0.286	0.367	0.342	0.406	0.456	0.356	0.381	0.296	0.377	0.168	0.123

注：***、**和*分别表示在1%、5%和10%的水平上显著；括号内为 t 值；Hausman Test 用于判断使用固定效应还是随机效应；极个别数值为0的情况是四舍五入的结果。

表 7 - 11　分经济部门的估计结果（1 小时可达性）

变量	模型																
	63	64	65	66	67	68	69	70	71	72	73	74	75	76	77	78
	GRP_Manufacuring		GRP_Construction		GRP_Transportation		GRP_retail		GRP_Hospitality		GRP_Finance		GRP_RealEstate		GRP_Tourism	
	Road	Rail	Road	Rail	Road	Rail	Road	Rail	Road	Rail	Road	Rail	Road	Rail	Road	Rail
L. GRP	-0.377*** (-7.87)	-0.421*** (-7.54)	-0.451*** (-8.25)	-0.341*** (-5.98)	-0.385*** (-6.14)	-0.397*** (-5.65)	-0.320*** (-4.93)	-0.371*** (-4.17)	-0.365*** (-4.98)	-0.325*** (-4.02)	-0.408*** (-10.18)	-0.275*** (-6.59)	-0.353*** (-6.26)	-0.274*** (-4.92)	-0.018*** (-3.00)	-0.072 (-1.49)
Road ACC	0.071 (1.40)		0.055* (1.85)		-0.071* (-1.68)		0.011 (0.38)		0.020 (0.49)		-0.106*** (-3.67)		0.114*** (3.02)		0.049* (1.71)	
Rail ACC		-0.094* (-1.68)		0.003 (0.12)		-0.036 (-0.77)		0.021 (0.71)		0.041** (1.99)		-0.022 (-0.52)		0.108*** (2.97)		0.008** (2.35)
y2007plus	-0.095 (-1.12)	-0.099 (-1.16)	-0.023 (-0.48)	0.022 (0.62)	0.161** (2.27)	0.051 (0.70)	0.070* (1.77)	0.038 (0.94)	0.053 (0.90)	0.043 (0.75)	0.281*** (3.89)	0.123 (1.53)	-0.064 (-0.99)	0.028 (0.49)	0.024 (0.52)	-0.006 (-0.14)
y2009plus	-0.100 (-1.34)	-0.086 (-1.00)	0.036 (0.82)	0.078** (2.20)	0.073 (1.18)	0.081 (1.14)	0.091*** (2.73)	0.096*** (2.62)	0.138*** (2.78)	0.159*** (2.99)	0.037 (0.55)	0.055 (0.67)	-0.005 (-0.10)	-0.085 (-1.52)	0.063 (1.52)	0.061 (1.43)
y2012plus	-0.138* (-1.94)	-0.081 (-1.10)	0.018 (0.44)	0.053* (1.73)	0.249*** (4.22)	0.187*** (3.04)	0.103*** (2.78)	0.098*** (2.65)	0.018 (0.35)	0.035 (0.73)	0.038 (0.64)	0.034 (0.51)	-0.068 (-1.31)	-0.071 (-1.50)	0.035 (0.91)	0.000 (-0.01)
_cons	0.637 (0.23)	-1.262 (-0.39)	1.135 (0.71)	0.427 (0.31)	3.213 (1.44)	4.862* (1.87)	5.020*** (3.89)	2.794 (1.56)	6.991*** (3.91)	7.835*** (3.60)	-2.554*** (-6.49)	-1.252*** (-3.58)	-0.92 (-0.44)	-2.358 (-1.10)	4.070*** (2.82)	0.107 (0.61)
Control variables	Yes	Yes	Yes	Yes	Yes	Yes	Yes	Yes	Yes	Yes	Yes	Yes	Yes	Yes	Yes	Yes
Hausman Test	24.48***	28.08***	25.68***	23.59***	34.02***	34.86***	42.45***	27.20***	31.61***	30.18***	13.40	9.58	18.04***	22.58***	17.41***	10.38
Effect	FE	FE	FE	FE	FE	FE	FE	FE	FE	FE	RE	RE	FE	FE	FE	RE
N	166	140	166	140	166	140	125	110	125	110	166	140	166	140	166	140
R²	0.403	0.449	0.4	0.362	0.318	0.289	0.45	0.344	0.434	0.414	0.46	0.378	0.333	0.397	0.215	0.124

注：***、**和*分别表示在 1%、5% 和 10% 的水平上显著；括号内为 t 值；Hausman Test 用于判断使用固定效应还是随机效应；极个别数值为 0 的情况是四舍五入的结果。

另一个值得注意的发现是，以表7-9为准进行分析，可以看出，以加权平均旅行时间所衡量的铁路可达性对批发零售、住宿餐饮和旅游业的经济增长促进效应十分明显，如陈和海恩斯（2015）和邵等（Shao et al.，2017）所揭示的那样，铁路基础设施的可达性的改进，比如高铁和城际客运铁路系统的发展，可以有效地改善消费性服务业的价值属性。

7.1.6 进一步讨论

以上研究探讨了高速公路和铁路交通对粤港澳大湾区城市经济增长的异质性影响，为了更准确地验证高铁建设所带来的经济效应。除了构建三种交通可达型指标以外，本节还选取铁路发车频次作为解释变量来进行稳健性检验。城市间发车频次在一定程度上反映了客流比重及客流强度，对于沿线城市来说，高铁的频次效应加快了要素流动，进而增强了城市间的空间相互作用（蒋华雄和孟晓晨，2017）。由此，构建模型为

$$R_{it} = \alpha_0 + \alpha_1 GN_{it} + \beta_1 PEO_{it} + \beta_2 IMP_{it} + \beta_3 PGDP_{it} + \beta_4 FDI_{it}$$
$$+ \beta_5 IT_{it} + \beta_6 GOV_{it} + \mu_i + \varepsilon_{it} \tag{7-6}$$

其中，R_{it}表示大湾区城市间的经济联系强度，这里采取改进的引力模型计算，计算方法同5.1节在研究长三角一体化的设置；GN_{it}表示城市i一天内通过铁路客运方式到大湾区其他城市之间的总发车频次；控制变量中，PEO_{it}表示城市人口密度，IMP_{it}表示内部市场潜力，$PGDP_{it}$表示人均GDP，FDI_i表示实际外商投资额，IT_{it}表示互联网发展水平，为互联网用户数占总人口比重，GOV_{it}表示政府服务水平，为政府财政支出占GDP比重。进一步地，考虑到高铁建设对已开通高铁城市的影响影响时段不只是当期的，借鉴李彦等（2018）的研究设计，在式（7-6）的基础上，加入被解释变量的一阶滞后项，并进行广义矩（GMM）估计，最终得到的动态面板方程为

$$R_{it} = \alpha_0 + \alpha_1 GN_{it} + \alpha_2 R_{i(t-1)} + \beta_1 PEO_{it} + \beta_2 IMP_{it} + \beta_3 PGDP_{it} + \beta_4 FDI_{it}$$
$$+ \beta_5 IT_{it} + \beta_6 GOV_{it} + \mu_i + \eta_t + \varepsilon_{it} \tag{7-7}$$

其中，$R_{i(t-1)}$为被解释变量的滞后一期；为了凸显高速铁路与常规铁路的通车对大湾区经济联系所产生影响的差异性，总发车频次（GN_{it}）的数据分别以常规铁路发车频次和高速铁路发车频次的指标来反映；μ_i为个体效应，η_t

为时间效应，ε_{it} 为随机误差项，时间范围为 2003—2015 年。

　　根据表 7 - 12 的估计结果，模型 79 中 GN 的系数为 0.63，但未通过显著性检验，而模型 80 中 GN 的系数显著为正，说明高铁发车频次每增加 1%，大湾区城市间的空间经济关联水平将提升 1.19%。由此表明，高铁建设对大湾区城市间的经济关联水平确有影响，前文的实证结论具有稳健性。

表 7 - 12　　　　变换解释变量的稳健性检验结果（粤港澳大湾区）

变量	模型 79：常规铁路	模型 80：高速铁路
GN	0.63 (1.35)	1.19 ** (2.54)
$R_{(t-1)}$	0.41 (0.85)	0.39 *** (4.60)
PEO	4.45 (1.31)	- 0.17 (- 0.23)
IMP	3.33 ** (2.16)	0.63 * (1.78)
PGDP	- 0.39 (- 0.18)	0.52 (1.44)
FDI	0.30 *** (3.69)	- 0.19 *** (- 2.73)
IT	0.63 (1.16)	0.31 *** (3.23)
GOV	- 1.82 *** (- 3.12)	1.28 (0.37)
cons	- 5.64 *** (- 12.10)	7.49 * (1.72)
N	132	132
AR(1)	0.0403	0.0980
AR(2)	0.6980	0.7422
Sargan 检验 P 值	0.9709	0.9130

　　注：***、** 和 * 分别表示在 1%、5% 和 10% 的水平上显著；采用系统 GMM 方法进行估计，括号内为 t 值。

7.1.7　实证结论

本节聚焦交通可达性变化对粤港澳大湾区经济差距的影响。这一问题很重要，因为中国进行了大规模基础设施投资，但经济效益达到了何种程度仍不清楚。对此，我们从以下几个方面对该问题进行了全面的评估。首先，比较了不同交通方式（公路和铁路）的影响。其次，研究了基础设施开发和通关政策调整引起的可达性变化。最后，分析了交通可达性对不同经济部门的影响。

本节研究有两个主要发现。

（1）粤港澳大湾区具有区域经济增长趋同的趋势，表明2000—2017年珠三角地区9个城市与港澳特区的区域经济差距有所缩小。这一结果证实，在港澳特区与广东省城市经济差距明显缩小的情况下，粤港澳大湾区经济正朝着协调发展的方向发展。

（2）实证研究表明，公路和铁路可达性的改善对区域经济增长具有不同的影响。例如，研究发现，不论是在总体层面还是分产业层面，公路可达性的改善对区域经济增长都具有重大影响，且总影响大于铁路可达性的影响，特别在促进零售和房地产部门增长方面有很强的作用。这也可能反映这样一个事实，即通过货物运输的方式对区域经济增长的贡献往往大于人员运输的影响。相比之下，铁路可达性对区域经济增长的影响则主要集中在批发零售业、住宿餐饮和旅游业。此外，加快通关政策的实施对促进区域经济增长也有积极作用。

值得注意的是，本节研究也有一些局限性。例如，研究结果只反映了2000—2017年交通系统的影响。首先，由于最近两年粤港澳大湾区开展了许多重大交通基础设施建设，包括广深港高速铁路（香港段）、港珠澳大桥等主要通道相继通车，这些影响在未来的研究中值得考虑。其次，本节探讨了影响交通可达性变化的两个因素，即基础设施网络变化和与通关政策因素，而其他因素，如各种客运轨道的服务频率和运行速度的调整，也应考虑在未来的评估框架中。最后，交通可达性的影响可以用个人的出行行为和企业的选址变化来反映，这有助于我们从微观机制的角度来理解交通可达性对区域经济增长的影响。

7.2 交通可达性、边界效应与中国跨境贸易发展：基于沿边地区的空间计量分析

7.2.1 引言

推动外贸高质量发展是新时代中国对外开放战略的重要一环，改革开放以来，中国政府通过实施"兴边富民行动"、建立"跨境经济合作区"等政策措施，不断加大对边境地区的扶持力度，当地经济状况也有了较大改观。党的十九大报告提出要"优化区域开放布局，加大西部开放力度"。与此同时，随着中国"一带一路"倡议的不断推进，沿边地区的跨境贸易发展也迎来广阔的发展空间。

新中国成立 70 年来，中国对外贸易发展在规模增长、市场拓展、结构升级等方面取得了举世瞩目的成就（盛斌和魏方，2019）。然而，外贸区域结构发展失衡、发达经济体"逆全球化"等现象也给我国对外贸易实现高质量发展带来不小的挑战。戴翔和宋婕（2018）认为中国外贸高质量发展的内涵主要体现在横向与纵向两个维度上，其中横向维度是指要实现内部外贸区域结构更加协调、外部市场更加多元化的平衡发展格局，纵向维度则强调要在全球价值链分工、创新要素驱动以及外贸营商环境等方面实现"质"的提升。就外贸区域结构而言，由于中国绝大部分进出口贸易都发生在东部沿海地区，因而对中西部地区的人力资本和物质资源产生了巨大的"虹吸效应"，而这并不利于外贸增长质量的整体提升（朱启荣和言英杰，2012）。从对外贸易体量上来看，2017 年中国沿边 8 个省区（辽宁、吉林、黑龙江、内蒙古、新疆、西藏、广西、云南）的进出口贸易额为 25.37 亿美元，占全国的比重仅为 6.18%。因此，如何更加有效地促进沿边地区的跨境贸易、释放当地经济增长潜力，已成为一个亟待解决的问题。

值得注意的是，在与毗邻国家进行跨境经济合作的过程中，沿边地区

的贸易活动不仅受到自身交通可达性水平、投资环境等因素的影响，而且有可能受到与周边地区经济联系水平（即"第三方因素"）的影响。例如，广西百色市与云南省文山州在地理上相邻，东道国越南的市场规模、政治局势稳定性和基础设施完备度等因素对它们的跨境贸易活动均具有积极影响，可能会导致百色市与文山州对越南的出口贸易流量发生同向变化。因此，为了更好地捕捉区域间贸易流量的空间相关性，有必要从空间经济学视角来深入分析中国沿边地区在进行跨境贸易活动中所发生的变化以及遇到的问题，并进一步讨论区域异质性的影响。基于此，本节利用2000—2013年中国沿边地区76个地级市与毗邻国家的贸易数据以及自身内贸数据，通过构建空间杜宾模型，就交通可达性、边界效应与中国跨境贸易发展的关系进行实证检验和评价，从而为促进沿边区域经济一体化、推动新时代外贸高质量发展提供相应的对策建议。

7.2.2 文献综述

作为对外贸易的重要组成部分，有关沿边地区的跨境贸易发展问题一直是学术界关注的焦点。尼布尔和斯蒂勒（Niebuhr & Stiller，2002）认为边境地区具有靠近外部市场的区位优势，能够有效吸引新企业聚集，从而有利于推动跨境贸易发展。目前，国内外学者从经济地理、地缘政治和交通规划等多个角度出发，就交通可达性、边界效应和跨境贸易发展等相关领域展开了深入的研究。

可达性最早由汉森（1959）提出，表示交通网络中各节点相互作用的机会大小。交通可达性的改善能够促进人口、资本要素的流动，刺激边境地区的经济活动，并改变整个区域的空间布局（Fontes et al.，2014）。为衡量高铁运输质量的提高，陈和海恩斯（2017）引入包括加权平均旅行时间在内的三种可达性指标，研究表明高铁建设有效缩小了中国区域经济发展的差距，并且对中国东部和北部地区经济增长的正向影响最为显著。蒋等（Jiang et al.，2018）以中国长江经济带电子信息产业为例，分析了交通可达性对区域制造业产业转移模式的影响，结果发现位于边境地区的城市最容易遇到瓶颈，而交通可达性的提高则有利于促进产业转移过程中的渗透变迁。

在政府的大力投资下，中国国内交通网在过去十年里以前所未有的速度扩展，但区域交通投资比例却严重失衡，这也是解释中国省际经济差异的重要因素（Démurger，2001）。2017 年中国 8 个沿边省区的铁路网密度和公路网密度分别为 0.8 公里/百平方公里和 22.39 公里/百平方公里，这些数值远远低于全国平均值，极大地制约了沿边地区的经济发展潜力。由于交通基础设施建设主要是为人口密度相对较高的地区而设计开展的，因而沿边地区交通基础设施建设相对落后也就不足为奇了。尽管如此，一些国内学者仍然通过实证研究得出交通可达性对于跨境贸易发展的重要性。马颖忆等（2015）研究发现泛亚高铁建设显著提高了中国西南边疆地区沿线市州的可达性，从而有利于促进当地与中南半岛的空间联系和跨境合作。这些结果引发了一些问题：交通可达性的改善能否有效推动沿边地区的跨境贸易发展？每个区域能否获得同样的经济增长机会？然而，既有研究成果往往缺乏一定的理论支撑，且多关注于公路建设、普通铁路建设对跨境贸易发展的影响，忽略了高铁建设这一重大交通基础设施因素。事实上，近年来大规模高铁建设不仅提高了城市间的可达性，而且对于中国经济空间布局的重塑也产生了重要影响（董艳梅和朱英明，2016）。

在研究沿边地区的跨境贸易发展时，边界效应是不可忽视的重要因素，具体表现边界对跨边界经济行为的影响（李铁立，2005）。早期贸易理论关注于关税和非关税壁垒的影响，随着研究的深入，一些学者也关注到本地偏好、运输成本、货币兑换等因素对跨境贸易发展的负面影响，其主要原因在于以下三点。第一，本地偏好，具体表现为消费者对本地商品的喜爱胜过对贸易对象所生产的同质商品（Nitsch，2002）。第二，区位条件和运输成本。雷奎纳和拉娄（Requena & Llano，2010）认为企业地理集中度的制约显著弱化了边界效应，中间产品贸易的国内边界效应比最终产品贸易大两倍。第三，货币兑换的便利程度。王赞信等（2018）研究发现，人民币区域一体化的推行有助于降低中国西南地区的边界效应。罗斯和温科普（Rose & Wincoop，2001）的研究结论同样证实了便捷的货币兑换有利于降低双边贸易壁垒，进而带动跨境贸易的发展。关于边界效应的测度，目前研究主要包括贸易引力模型和一价定律两种方法，前者关注区域间的贸易流数据（李天籽，2015），而后者是通过构造城市间相对价格的变动方差来衡量区域间的市场分割程度（Engel & Roger，1996；屠年松和熊玫，2015）。

总体而言，国内外学者关于跨境贸易发展领域的分析已取得丰富的研究成果，但仍存在许多不足之处。从研究内容来看，多数学者仅从政策制定角度来分析中国跨境贸易发展的现状以及面临的问题，而没有对其中的交通可达性和边界效应进行系统的理论分析和实证研究。此外，对边界效应的研究往往基于国家和省际层面，缺乏城市层面的探讨。从研究方法上来看，既有研究在采取贸易引力模型来测度边界效应时，往往潜在地假定各区域的贸易流在空间范围内是相互独立的，这就忽视了空间相关性，进而带来错误的检验结论。事实上，某地的进出口贸易会受到其邻近地区进出口贸易的变化而发生变化，因而空间经济学分析方法能够有效地避免上述问题的发生（曾冰，2016；熊彬和王梦娇，2018）。有鉴于此，本节就交通可达性、边界效应与跨境贸易发展的关系进行详细的分析，具体贡献如下：第一，对雷丁（2016）提出的空间模型进行扩展，构建一个包含交通可达性因素的空间经济学一般均衡分析框架，以期在理论上可以丰富跨境贸易的内涵。第二，基于 2000—2013 年中国海关数据库，搜集整理出沿边地区与毗邻国家之间的双边贸易额数据，为跨境贸易高质量发展提供新的研究视角。第三，通过构建空间杜宾模型，来实证检验交通可达性、边界效应对跨境贸易发展的影响。

7.2.3 理论模型

借鉴雷丁（2016）提出的包含贸易成本和劳动力流动因素的空间经济模型，本节构建一个包含交通可达性的空间经济学一般均衡分析框架，进而分析交通可达性、边界效应对跨境贸易发展的影响机理，模型构建具体包括以下过程。

1. 消费者

假设经济系统由 R 个地区组成（r, $s = 1, 2, \cdots, R$），地区 s 和地区 r 分别指代经典的消费区域和生产区域。两地区之间的冰山贸易成本为 γ_{rs}，且 $\gamma_{rs} \geq 1$。经济系统中有 L 个消费者，他们可以在区域之间自由流动。对居

住在地区 s 中的消费者，其效用函数可用柯布—道格拉斯函数表示为

$$U_s = C_s^{\mu} H_s^{1-\mu}, \quad 0 < \mu < 1 \qquad (7-8)$$

其中，C_s 和 H_s 分别代表可贸易产品的消费指数和非流动性消费设施，借鉴雷丁等（2008）的做法，H_s 用房地产参数来代替，且 C_s 满足 CES 函数形式：

$$C_s = \left[\sum_{r=1}^{R} a_{rs} M_{rs}^{\frac{\sigma-1}{\sigma}} \right]^{\frac{\sigma}{\sigma-1}} \qquad (7-9)$$

其中，a_{rs} 表示地区 s 的消费者赋予地区 r 生产产品数量的权重；σ 为产品间的替代弹性（$\sigma \geq 1$）；M_{rs} 代表地区 r 生产的产品在地区 s 的消费数量，其表达式为

$$M_{rs} = \int_{i \in N} q_r(i)^{\frac{(\sigma-1)}{\sigma}} \mathrm{d}i \qquad (7-10)$$

假设将 1 单位产品从地区 r 出口到地区 s，需要运输数量 $g(\tau_{rs})$ 的产品，在这当中有 $[g(\tau_{rs})-1]$ 部分的产品作为运输成本而损失掉，即单位产品运输所需的资源量，这里的 $g(\tau_{rs}) = g_{rs}^1 - g_{rs}^2$，其中 g_{rs}^1 为两地区间的初始货运量，g_{rs}^2 为因可达性指数提升后而减少消耗的资源量。从边界效应角度来看，$g(\tau_{rs})$ 又被称作贸易成本影响因子（Anderson & Wincoop，2003），该值由两地是否存在国界边境以及地理距离等因素决定，于是有

$$g(\tau_{rs}) = g_{rs}^1 - g_{rs}^2 = f(Border_{rs},\ d_{rs},\ \chi_{rs}) \qquad (7-11)$$

其中，$Border_{rs}$ 表示地区 r 与地区 s 间是否存在国境边界的虚拟变量，当两地间通过国境边界发生跨境贸易时，$Border_{rs}$ 值为 1，当两地间不通过国境边界而发生国内贸易时，$Border_{rs}$ 值为 0；d_{rs} 为地区 r 和地区 s 之间的地理距离，且满足 $\partial g(\tau_{rs})/\partial d_{rs} > 0$，即贸易成本因子随两地间地理距离的增大而增大；$\chi_{rs}$ 表示影响贸易成本因子的其他因素，一般包括是否具有共同语言等文化因素，以及双方是否有签署区域贸易协定等制度安排因素等（黄新飞等，2014）。

接着，借鉴雷丁等（2008）的方法，定义两地的可达性指数 CMA_{rs} 为

$$CMA_{rs} = \sum_{i \in N} a_{rs} [p_r g(\tau_{rs})]^{1-\sigma} \qquad (7-12)$$

此时，从地区 r 到地区 s 的双边贸易流的值可以表示为

$$V_{rs} = n_r p_{rs} q_{rs} \qquad (7-13)$$

其中，n_r 是地区 r 生产的产品种类数量；p_{rs} 和 q_{rs} 分别表示地区 r 所生产产品的最终交货价格和交货量。当地区 r 生产的所有种类的产品都以相同的离岸价格销售，则有 $p_{rs} = g(\tau_{rs})p_r$。设地区 s 的总收入为 Y_s，以 μ_s 的比例购买可贸易产品，进一步地，通过求解 U_s 最大化，可以得出地区 s 对可贸易产品的均衡需求（q_{rs}）和价格指数（P_s）分别为

$$q_{rs} = a_{rs}^{\sigma-1}\left[\frac{g(\tau_{rs})p_r}{P_s}\right]^{-\sigma}\frac{\mu_s Y_s}{P_s} \qquad (7-14)$$

$$P_s = \left[\sum_{r=1}^{R} a_{rs}(p_{rs})^{1-\sigma}\right]^{\frac{1}{(1-\sigma)}} = \left[CMA_{rs}\right]^{\frac{1}{(1-\sigma)}} \qquad (7-15)$$

2. 生产者

假设地区 r 出口可贸易产品，其生产所有种类的出口价格都是一样的。但对于生产每个产品 j 而言，各厂商的生产率 z 不同，且满足弗雷歇分布：

$$F_r(z) = e^{-A_r z^{-\theta}} \qquad (7-16)$$

其中，A_r 为平均生产率，参数 θ 控制了生产率在不同产品之间的分布程度，且 $\theta > \sigma-1$。遵循孔勃（Combes et al., 2008）关于 D – S 垄断竞争模型的假设，将劳动力视为唯一的生产要素。对地区 r 中的代表性厂商，其利润函数为

$$\pi_r = p_r q_r - \omega_r(F + l_m q_r) \qquad (7-17)$$

根据厂商利润最大化条件，可以得出地区 r 生产产品的均衡价格为

$$P_{rs} = \left(\frac{\sigma}{\sigma-1}\right)(l_m \omega_r) \qquad (7-18)$$

其中，l_m 表示单位产出所需的劳动力投入量，且 $l_m = \dfrac{g(\tau_{rs})}{z}$，$F$ 为固定成本，ω_r 为劳动力工资水平。根据零利润条件可计算得出，各交易品种的均衡产量为

$$q_r = zF(\sigma-1) \qquad (7-19)$$

3. 模型的均衡分析

（1）交通可达性。本节将两地之间的贸易流视为跨境贸易发展的成效，当两地劳动力流动实现均衡时，地区 r 的总产值等于两地之间的贸易流。用

V_r 表示地区 r 的总产值，则

$$V_r = n_r p_r q_r \qquad (7-20)$$

联立式（7-13）~式（7-15）、式（7-20）可得

$$V_{rs} = \frac{V_r}{q_r}\left[\frac{g(\tau_{rs})}{a_{rs}}\right]\left(\frac{p_r}{P_s}\right)^{-\sigma}\left(\frac{\mu_s Y_s}{P_s}\right) = \frac{V_r}{q_r}\left[\frac{g(\tau_{rs})}{a_{rs}}\right]\left[\frac{p_r}{(CMA_{rs})^{\frac{1}{(1-\sigma)}}}\right]^{-\sigma}\left[\frac{\mu_s Y_s}{(CMA_{rs})^{\frac{1}{(1-\sigma)}}}\right]$$

$$(7-21)$$

根据式（7-21）可知，在其他因素不变的情况下（$\sigma \geq 1$），可达性指数 CMA_{rs} 越高，越有利于促进双边贸易。李杰梅等（2019）以中国 32 个边境城市为研究对象，借助贸易引力模型，研究发现跨境可达性的提升对口岸经济发展起到显著的正向影响，但其作用效果呈现逐年下降的趋势，且呈现"东强西弱"的区域异质性特征。由此提出以下假说。

假说 7-1 可达性的改善有助于降低双边贸易成本，促进沿边地区的跨境贸易发展。对于经济基础薄弱的地区而言，大力开展快速交通基础设施建设是促进其贸易发展的有效路径。

（2）空间相关性。进一步，对式（7-21）予以对数形式转化，可以得到

$$\ln V_{rs} = \ln \mu_s Y_s + \ln V_r - (\sigma - 1)\ln\frac{g(\tau_{rs})}{a_{rs}} - \sigma\ln p_r + \ln P_s^{\sigma-1} \qquad (7-22)$$

其中，$\dfrac{g(\tau_{rs})}{a_{rs}}$ 代表广义上的贸易成本。考虑到 P_s 也表示其他地区的产品在地区 s 中的销售价格指数，其值取决于地区间的贸易量变化（V_{ms}），以 a_{ms} 表示地区 s 的消费者赋予其他地区 m 生产的产品数量的权重，则有

$$\ln P_s^{\sigma-1} = (\sigma - 1)\ln \sum_{m=1}\sum_{s=1} a_{ms} V_{ms} \qquad (7-23)$$

代入式（7-23）有

$$\ln V_{rs} = \ln \mu_s Y_s + \ln V_r - (\sigma - 1)\ln\frac{g(\tau_{rs})}{a_{rs}} - \sigma\ln p_r + (\sigma - 1)\ln \sum_{m=1}\sum_{s=1} a_{ms} V_{ms}$$

$$(7-24)$$

可以看出，地区 r 和地区 s 之间的贸易流会明显受到其他地区之间贸易的影响，即贸易量在空间范围内存在相关性。由于各地购买可贸易商品的支出比例 μ 具有多样性，因而进口、出口的贸易量也会具有差异。曾冰

（2016）通过构建空间计量交互模型，研究发现中国省际贸易流存在明显的空间依赖性，进而对边界效应的检验结果产生一定影响。由此提出以下假说。

假说 7 - 2　在开展跨境贸易发展的过程中，沿边地区与周边地区的贸易流存在空间上的相关性。

（3）边界效应。在式（7 - 24）中，$\ln V_{rs}$ 表示地区 r 和地区 s 之间的贸易流，$g(\tau_{rs})$ 为贸易成本因子。进一步地，将式（7 - 11）代入式（7 - 24），可得

$$\ln V_{rs} = \ln \mu_s Y_s + \ln V_r - (\sigma - 1) \ln \frac{f(Border_{rs}, \ drs, \ \chi rs)}{a_{rs}}$$

$$- \sigma \ln p_r + (\sigma - 1) \ln \sum_{m=1} \sum_{s=1} a_{ms} V_{ms} \qquad (7 - 25)$$

其中，$Border_{rs}$ 变量表示两地间是否具有国境边界，其回归的系数就反映了边界效应的大小（杨荣海和李亚波，2014）。需要说明的是，本节中的边界效应泛指与国境边界有关的所有贸易壁垒，包括本地偏好、运输成本以及非关税壁垒等因素，主要体现为沿边城市在进行国内贸易与对外贸易之间的差异程度。李天籽（2014）、王赞信等（2018）的研究结论均证实了边界效应的存在不利于双方跨境经济合作的顺利开展。由此提出以下假说。

假说 7 - 3　对于沿边城市而言，边界效应是阻碍其跨境贸易发展的重要因素。

7.2.4　方法、变量与数据

1. 实证方法

当前，已有一些学者测度了地区间的交通可达性水平。古铁雷斯（2001）就西班牙马德里到法国之间边境高铁的可达性影响进行了评价，研究发现新建交通基础设施在更大程度上提升了边境中小城市的可达性水平，缓解了当地经济发展中的不平衡现象。对于沿边城市而言，交通可达性的改善不仅可以促进经济要素自由流动，而且有利于增强区位优势，激发经济活力（Fontes et al.，2014）。

因此，为了验证假说 7-1 到假说 7-3，本节试图构建一个包含交通可达性和边界效应的空间杜宾模型（SDM）。相比于空间误差模型（SEM）和空间滞后模型（SAR），SDM 的优势在于可以同时考察因变量的空间溢出效应和误差项的空间依赖性，其一般形式为

$$y_{it} = \rho \sum_{j=1}^{N} \omega_{ij} y_{jt} + \beta \chi'_{it} + \sum_{j=1}^{N} \omega_{ij} \chi'_{jt} \theta + \mu_i + \lambda_t + \varepsilon_{it} \qquad (7-26)$$

其中，被解释变量 y 为 $N \times 1$ 阶的向量；χ' 为解释变量矩阵；ω 为空间权重矩阵，μ_i、λ_t 和 ε_{it} 分别代表个体效应、时间效应和误差项。若 $\theta = 0$，SDM 将退化成 SAR；若 $\theta + \beta \cdot \rho = 0$，则 SDM 退化成 SEM。

考虑到不同的空间计量模型对于空间溢出效应的估计结果并不一致，勒萨热和派斯（Lesage & Pace，2009）提出使用求偏导数来解释这种现象。由此，y 对第 k 个解释变量 χ_k 的 N 个空间单位（χ_k，$i=1$，2，$\cdots$，N）的偏导数矩阵可以表示为

$$\left[\frac{\partial y}{\partial \chi_{1k}} \cdots \frac{\partial y}{\partial \chi_{Nk}} \right] = [1 - \rho\omega]^{-1} \begin{bmatrix} \beta_k & \omega_{12}\theta_k & \cdots & \omega_{1N}\theta_k \\ \omega_{12}\theta_k & \beta_k & \cdots & \omega_{2N}\theta_k \\ \vdots & \vdots & & \vdots \\ \omega_{N1}\theta_k & \omega_{N2}\theta_k & \cdots & \beta_k \end{bmatrix} \quad (7-27)$$

其中，右式主对角线上的元素反映本地 χ 对于本地 y 的影响（即"直接效应"），非对角线上的元素反映其他地区 χ 对于本地 y 的影响（即"间接效应"），二者之和即总效应。

接着，本节以中国沿边城市对周边地区的贸易额来反映其跨境贸易发展的水平，基于传统边界效应模型的基本形式（Mccallum，1995），对式（7-26）做适当的扩展变形，可以建立影响中国沿边城市跨境贸易发展的空间杜宾模型：

$$\ln EX_{it} = \rho_1 \sum_{j=1}^{N} \omega_{ij} EX_{it} + \theta_1 \sum_{j=1}^{N} \omega_{ij} ACC_{it} + \beta_1 ACC_{it} + \beta_2 Border_{ij}$$
$$+ \beta_3 X_{ijt} + \mu_i + \lambda_t + \varepsilon_{it} \qquad (7-28)$$

$$\ln IM_{it} = \rho_2 \sum_{j=1}^{N} \omega_{ij} IM_{it} + \theta_2 \sum_{j=1}^{N} \omega_{ij} ACC_{it} + \beta_1^* ACC_{it} + \beta_2^* Border_{ij}$$
$$+ \beta_3^* X_{ijt} + \mu_i^* + \lambda_t^* + \varepsilon_{it}^* \qquad (7-29)$$

其中，EX_{it}、IM_{it} 分别代表沿边城市 i 在 t 年的出口贸易额和进口贸易额，用于反映中国沿边城市的跨境贸易发展水平；ACC_{it} 为沿边城市 i 在 t 年的交通可达性水平；$Border_{ij}$ 为虚拟变量，当中国沿边城市 i 与周边国家进行跨境贸易时，$Border_{ij}$ 为 1，当沿边城市与国内其他城市进行国内贸易时，$Border_{ij}$ 为 0，$Border_{ij}$ 变量前的系数 β 即衡量边界效应的大小（李天籽，2014）；X_{ijt} 为控制变量矩阵。

2. 变量选取

结合相关文献，本节选取跨境可达性和边界效应作为解释变量，控制变量则包括国内生产总值、人口密度、外资开放度和城市化率，具体说明及文献支撑见表 7 - 13。

$$X_{ijt} = \{ GDP_{it}, \ GDP_{jt}, \ Pop_{it}, \ Open_{it}, \ City_{it} \} \qquad (7 - 30)$$

其中，GDP_{it}、GDP_{jt} 分别表示沿边城市 i 和贸易对象 j 在 t 年的国内生产总值；Pop_{it} 代表沿边城市 i 在 t 年的人口密度，用常住人口与土地面积的比值来表示；$Open_{it}$ 代表沿边城市 i 在 t 年的外资开放度，用年末实际外商投资额与 GDP 的比值来表示；$City_{it}$ 为沿边城市 i 在 t 年的城市化率，用城镇人口占总人口的比例来表示。

为了更好地体现中国沿边城市在进行跨境贸易合作中的特点，借鉴哈瓦斯和哈森（Hawas & Hassan，2016）的做法，本节选取跨境可达性（ACC_{it}）这一指标来反映沿边城市到周边地区的交通可达性水平，其表达式为

$$ACC_{it} = \gamma_1 ACC_{it}^{in} + \gamma_2 ACC_{it}^{out} \qquad (7 - 31)$$

其中，ACC_{it}^{in}、ACC_{it}^{out} 分别表示沿边城市 i 在 t 年的境内可达性和境外可达性，其中境内可达性体现了沿边城市连接国内中心城市的交通便捷程度，境外可达性则反映了沿边城市辐射国外贸易城市的吸引力和通达性；γ_1、γ_2 分别为境内可达性与境外可达性的权重。结合专家咨询建议，本节根据进出口贸易总额占当地实际 GDP 的比重来确定境外可达性的指标权重。2000—2013 年我国沿边 8 个省份按货源地划分的进出口贸易总额达 13.30 万亿元，占其实际 GDP 的比重约为 0.26（以 2000 年为基期），故最终设置 $\gamma_1 = 0.74$，$\gamma_2 = 0.26$，并对 ACC_{it} 进行标准化处理。另外，选取加权平均旅行时间（A_{it}）的倒数来计算沿边城市的境内可达性和境外可达性。对于境内可

达性，有

$$ACC_{it}^{in} = \frac{1}{A_{it}^{in}} \qquad (7-32)$$

$$A_{it}^{in} = \frac{\sum_{j=1}^{n} M_{jt} T_{ijt}}{\sum_{j=1}^{n} M_{jt}} \qquad (7-33)$$

$$M_{jt} = (POP_{jt} \times GDP_{jt})^{\frac{1}{2}} \qquad (7-34)$$

其中，A_{it}^{in} 为沿边城市 i 在 t 年的境内加权平均旅行时间；T_{ijt} 为沿边城市 i 通过陆路交通方式到城市 j 的最短旅行时间，参考王雨飞和倪鹏飞（2016）的研究设计，这里的交通方式及相应的运行速度分别为高速公路（100 公里/小时）、普通铁路（140 公里/小时）和高速铁路（250 公里/小时），并遵循最短路径的原则来计算；M_{jt} 为沿边城市 i 的综合质量指数，表示对其他城市的吸引力，POP_{jt}、GDP_{jt} 分别表示城市 j 在 t 年的总人口和国内生产总值。境外可达性的计算类比同上。特别地，境内可达性中的城市 j 表示内地 31 个省会城市及直辖市（考虑到数据的可得性，不包括香港、澳门和台北），境外可达性中的城市 j 表示与沿边地区毗邻的国外主要贸易城市。

表 7 - 13　　　　　　　　　变量的选取及说明（沿边地区）

变量指标	变量含义	理论解释	预期影响	文献支撑
ACC_{it}	跨境可达性	交通可达性的改善有助于降低双边贸易成本	+	*Hawas & Hassan*（2016）
$Border_{ij}$	是否有国境边界	边界效应是阻碍跨境贸易发展的重要因素	−	李天籽（2015）曾冰（2016）
GDP	国内生产总值	经济规模在一定程度上反映了本地与贸易对象的出口能力和外贸需求	+	李天籽（2015）；曾冰（2016）
Pop	人口密度	人口密度在一定程度上反映了本地的要素供给水平和市场需求	+	罗来军等（2014）
$Open$	外资开放度	外资开放度的提高有利于扩大沿边开放	+	Tham et al.（2018）

变量指标	变量含义	理论解释	预期影响	文献支撑
$City$	城市化率	合理推进城市化进程有利于促进沿边开放，但过高的城市运行成本也会带来一定的负面效益	–	屠年松和付文宇（2017）
d_{ij}	地理距离	地理距离会增加双边贸易成本	–	曾冰（2016）

3. 数据说明

本节以中国沿边 8 个省区的地级市为研究对象，研究时段为 2000—2013 年。其中，沿边城市的双边贸易额数据来自中国海关进出口贸易数据库，按照企业地址、邮编、起运地或目的地、进出口方式的路径进行匹配加总，并剔除进出口总额小于出口额或进口额的异常数据，最终汇总得到沿边城市与毗邻国家的双边贸易额。就中国沿边城市毗邻的国家（地区）来说，考虑到数据的可得性，剔除阿富汗、不丹、尼泊尔和朝鲜 4 国数据，最终选取 10 个接壤国家（地区）样本数据，包括俄罗斯、蒙古国、哈萨克斯坦、吉尔吉斯斯坦、塔吉克斯坦、老挝、越南、缅甸、印度和巴基斯坦。通过整理，本节最终得到 76 个沿边地级市/自治州，分别与毗邻贸易国组成 164 个城市—国家对的出口贸易数据和 129 个城市—国家对的进口贸易数据，与国内其他地级市发生内部贸易组成 76 个城市—地区对，由此最终整合为 240 个城市—贸易地区对的出口数据和 205 个城市—贸易地区对的进口数据。另外，毗邻贸易国的 GDP 数据来源于世界银行数据库，其他有关沿边城市的数据来源于中国经济与社会发展数据库，国研网和《中国口岸统计年鉴》。对各绝对值变量进行对数化处理。

7.2.5 实证分析

1. 空间自相关检验

在建立好空间计量模型之后，下面进行空间自相关检验，首先构建代表地理因素的反距离空间权重矩阵 w_{ij}^d：

$$w_{ij}^d = \begin{cases} \dfrac{1}{d_{ij}}, & i \neq j \\ 0, & i = j \end{cases} \tag{7-35}$$

其中，d_{ij} 为沿边城市 i 与贸易对象 j 的地理距离。当发生跨境贸易时，d_{ij} 为沿边城市到最近进出口口岸的距离；当发生国内贸易时，d_{ij} 为沿边城市到内地其他 30 个省会城市及直辖市之间交通距离总和的算术平均值。

基于设定的空间权重矩阵，可以计算出沿边城市的出口贸易额（$\ln EX_{it}$）、进口贸易额（$\ln IM_{it}$）和跨境可达性（ACC_{it}）在 2000—2013 年的全局 Moran's I 指数，以反映这些变量在全局范围内的空间自相关情况，结果见表 7-14。总体来看，中国沿边城市的出口贸易额、进口贸易额和跨境交通可达性存在显著的空间自相关，表现出正向的空间集聚特征，说明了建立空间计量模型的必要性。特别地，出口贸易额、进口贸易额的 Moran's I 指数值在 2008—2010 年发生小幅度的下降，这可能是受到 2008 年金融危机的影响，进而对当地进出口贸易结构造成较大冲击。

表 7-14　　　　　　　　　全局 Moran's 指数值

年份	$\ln EX_{it}$	$\ln IM_{it}$	ACC_{it}
2000	0.340 *** (2.98)	0.413 *** (5.13)	0.113 ** (2.10)
2001	0.336 *** (2.99)	0.459 *** (6.10)	0.128 ** (2.09)
2002	0.338 *** (3.14)	0.481 *** (7.24)	0.150 ** (1.98)
2003	0.339 *** (3.02)	0.474 *** (6.38)	0.179 *** (2.79)
2004	0.332 *** (4.21)	0.451 *** (4.43)	0.181 ** (2.56)
2005	0.341 *** (3.76)	0.448 *** (4.79)	0.213 ** (2.21)

续表

年份	$\ln EX_{it}$	$\ln IM_{it}$	ACC_{it}
2006	0.343 ** (2.57)	0.446 *** (6.67)	0.218 ** (2.39)
2007	0.375 *** (3.16)	0.495 *** (7.01)	0.267 *** (2.90)
2008	0.424 *** (3.45)	0.554 *** (9.23)	0.196 *** (2.85)
2009	0.395 *** (3.29)	0.477 *** (7.96)	0.214 *** (2.81)
2010	0.342 *** (3.19)	0.382 *** (8.24)	0.245 *** (3.46)
2011	0.384 *** (3.51)	0.486 *** (7.31)	0.234 *** (3.12)
2012	0.496 *** (4.12)	0.571 *** (7.75)	0.220 *** (4.91)
2013	0.491 *** (3.98)	0.542 *** (7.15)	0.245 *** (4.13)

注：*** 、** 分别表示在1%、5%的水平上显著；括号内为 t 值。

2. 模型的最优化选择

在进行空间计量回归之前，本节利用 Matlab 2014a 软件，通过 LM 检验和稳健 LM 检验来选择最优的空间计量模型形式，LM 检验的原假设是不存在空间滞后效应或空间误差影响，结果见表 7 - 15。当被解释变量为出口额 $\ln EX_{it}$ 时，模型 4 中的对数似然函数值（log-likelihood）和拟合优度 R^2 最大，且 LM 检验值分别为 30. 91 与 28. 32，Robust - LM 检验值分别为 19. 13 与 9. 92，均在 1% 的显著性水平上拒绝了原假设。此时，选择包含时空固定效应的 SDM 才是最优模型。当被解释变量为进口额 $\ln IM_{it}$ 时，可得出相同的检验结论。

表 7-15   空间计量模型的最优化选择

变量	lnEX$_{it}$				ln IM$_{it}$			
	模型 1	模型 2	模型 3	模型 4	模型 5	模型 6	模型 7	模型 8
	混合 OLS	空间固定效应	时间固定效应	时空固定效应	混合 OLS	空间固定效应	时间固定效应	时空固定效应
Border$_{ij}$	-2.140 *** (-5.13)	-1.480 *** (-4.11)	1.125 (1.12)	-1.318 *** (-4.89)	-1.978 *** (-4.31)	-1.644 *** (-6.13)	1.424 (1.60)	-1.294 *** (-4.53)
ACC$_{it}$	0.033 ** (2.10)	0.024 * (1.90)	0.031 * (1.84)	0.046 ** (2.01)	0.056 ** (2.54)	0.041 *** (3.12)	0.012 * (1.75)	0.042 *** (3.25)
控制变量	Yes	Yes	Yes	Yes	Yes	Yes	Yes	Yes
log likelihood	-324.525	411.532	-242.975	541.742	-350.293	467.841	-254.140	581.043
σ^2	0.083	0.037	0.074	0.042	0.068	0.029	0.069	0.032
R^2	0.498	0.553	0.346	0.613	0.517	0.614	0.481	0.670
LM test no Spatial Lag	48.13 ***	18.46 **	7.31 *	30.91 ***	78.49 ***	24.90 ***	8.44 **	98.06 ***
LM test no Spatial Error	31.74 ***	14.54 **	13.34 **	28.32 ***	54.40 ***	28.41 **	13.39 *	18.12 ***
Robust LM test no Spatial Lag	14.41 ***	13.40 **	7.31 *	19.13 ***	21.08 ***	8.42 **	6.87 *	31.92 ***
Robust LM test no Spatial Error	28.01 ***	0.778	6.30 *	9.92 ***	48.13 ***	0.264	5.37 *	8.50 ***

3. 模型的基准检验

下面对式（7-28）和式（7-29）进行空间杜宾模型（SDM）的基准检验。从表 7-16 的估计结果可以看出，不论被解释变量为沿边城市的出口额还是进口额，模型 9 和模型 10 的 ρ 均在 1% 的水平上显著为正，表明在研究沿边城市跨境贸易发展时，空间效应是不可忽视的因素。接着，使用 Wald 检验和 LR 检验来判断 SDM 是否可以简化为空间滞后或空间误差模型，它们的原假设分别为 $\theta = 0$ 和 $\theta + \beta \cdot \rho = 0$，由估计结果可以看出，这两个检验都拒绝了原假设，进一步说明使用 SDM 是最优的。此外，模型 9 和模型 10 中的 Hausman test 的统计值分别为 37.40 和 29.91，二者都显著，说明在反距离空间权重矩阵的情形下，固定效应优于随机效应。因此，本节最终选择包含时空固定效应的 SDM 进行分析。

模型 9 和模型 10 的估计结果显示，$Border_{ij}$ 的回归系数分别为 -1.426 与 -1.240，表明边界效应的存在不利于中国沿边城市的跨境贸易发展，并且出口贸易的边界效应要大于进口贸易的边界效应，该结果验证了假说 7 - 3，这主要与双方的进出口商品种类和贸易优惠政策有关。由于多数相邻国家的产业体系不够完善，中国从其进口的多为劳动密集型产品，并且给予更多的税收优惠措施；相反，中国沿边城市在对这些周边国家开展出口贸易的过程中，往往遇到更多的贸易阻力，比如贸易对象国设置的贸易保护措施等，这些因素是造成出口贸易边界效应相对较大的主要原因。另外，根据表 7 - 15 中模型 1 和模型 5 中 $Border_{ij}$ 的系数值（-2.140 和 -1.978），通过对比可以发现，在讨论跨境贸易发展中的边界效应时，如果不考虑空间效应，则会带来边界效应的高估，这可能是由于贸易流的空间相关性反映了双方经济联系的紧密程度，从而在一定程度上弱化了地区间距离所带来的边界效应。跨境可达性 ACC_{it} 的回归系数均显著为正，ACC_{it} 每提高 1%，将会分别促进沿边城市的出口贸易和进口贸易增长 0.054% 与 0.068%，表明跨境可达性的提升有利于促进当地的跨境贸易发展，并且对进口贸易的影响要大于对出口贸易的影响，这可能与沿边城市的进出口贸易比重有关，跨境可达性的改善不仅优化了当地的贸易结构和营商环境，而且在一定程度上增强了东部、中部内陆地区居民的购买力和消费信心。此外，通过观察数据，我们发现大部分沿边城市的进口贸易额要大于其出口贸易额，因而跨境可达性的改善对进口贸易的影响程度相对较大。

从控制变量的估计结果来看，沿边城市和贸易对象的 GDP 回归系数均显著为正，表明双方经济规模的扩大能够有效推动跨境贸易发展；人口密度 Pop_{it} 有利于扩大沿边城市的进口贸易，但对其出口贸易并没有显著的影响。外资开放度 $Open_{it}$ 的系数在模型 9 的回归中显著为正，说明就沿边城市的出口贸易而言，FDI 是重要的影响因素，对于推动当地经济外向型发展起到明显的促进作用。值得注意的是，城市化率 $City_{it}$ 在模型 9 和模型 10 中的回归均显著为负，表明提高沿边城市的城市化率在一定程度上制约了当地的跨境贸易发展，这与屠年松和付文宇（2017）的研究结论相一致，边境地区城市化率的提高带动了当地的产业转型升级进程，增强了与国内其他内陆省份的经济联系，进而在某种程度上对其跨境贸易发展产生了"挤出效应"，笔者认为，伴随着近年来边境地区城市化进程的快速推进，城市运行成本的大幅上升也给当地外向型经济的可持续发展带来不小的挑战。

考虑到空间外溢效应的存在，使得跨境可达性不再可以单独解释对沿边城市跨境贸易发展的影响，因而需要对空间总效应进行分解，结果见表 7 - 16 的最后三行统计结果。分指标来看，一方面，跨境可达性对沿边城市出口贸易的直接效应显著为正（0.176），但其间接效应不显著，表明对于周边地区的出口贸易来说，更多依赖于本地交通可达性的提升。另一方面，就出口贸易指标而言，跨境可达性每提高 1%，将会使本地和周边地区的进口贸易分别增长 0.241% 和 0.076%，这说明跨境可达性对沿边城市进口贸易存在显著的空间外溢效应，不仅能够促进本地区的进口贸易，而且能够辐射带动周边地区。

表 7 - 16　　　　　　　　　　空间杜宾模型的估计结果

变量	$\ln EX_{it}$		$\ln IM_{it}$	
	模型 9		模型 10	
	系数	t 统计量	系数	t 统计量
$Border_{ij}$	- 1.426 ***	- 4.89	- 1.240 ***	- 6.33
ACC_{it}	0.054 **	2.24	0.068 ***	3.94
$\ln GDP_{it}$	0.546 ***	8.42	0.440 ***	7.74
$\ln GDP_{jt}$	0.254 ***	6.45	0.268 ***	4.14
$\ln Pop_{it}$	0.134	1.52	0.075 *	1.88
$Open_{it}$	0.029 *	1.74	0.031	1.39
$City_{it}$	- 1.247 ***	- 12.40	- 1.048 ***	- 13.64
$w_{ij}^{d} \times ACC_{it}$	0.148 ***	5.36	0.267 ***	7.04

续表

变量	$\ln EX_{it}$		$\ln IM_{it}$	
	模型 9		模型 10	
	系数	t 统计量	系数	t 统计量
ρ	0.356 ***	6.44	0.531 ***	5.53
σ^2	0.038		0.034	
R^2	0.740		0.791	
$loglikelihood$	618.41		631.64	
Wald test Spatial Lag	21.784 ***		31.439 ***	
LR test Spatial Lag	18.849 ***		28.314 ***	
Wald test Spatial Error	24.245 ***		36.841 ***	
LR test Spatial Error	19.592 ***		25.375 ***	
Hausman test FE or RE	37.40 ***		29.91 ***	
N	3360		2870	
直接效应	0.176 ***		0.241 ***	
间接效应	0.108		0.076 ***	
总效应	0.284 ***		0.317 ***	

注：*** 、** 和 * 分别表示在 1% 、5% 和 10% 的水平上显著；括号内为 t 值。

4. 区域异质性检验

由于沿边地区各城市的经济基础、地缘环境以及交通发展水平不尽相同，因而交通可达性、边界效应对不同区域跨境贸易发展的影响具有异质性。对此，本节根据各沿边城市所在的省份，将研究样本划分为东北地区（辽宁、吉林和黑龙江）、西北地区（新疆和内蒙古）以及西南地区（云南、广西和西藏），并将边界效应与跨境可达性组成交互变量，以观察区域异质性的影响，结果如表 7-17 所示。

表 7 - 17　　　　　　　　　　区域异质性检验结果

变量	$\ln EX_{it}$			$\ln IM_{it}$		
	东北地区	西北地区	西南地区	东北地区	西北地区	西南地区
	模型 11	模型 12	模型 13	模型 14	模型 15	模型 16
$Border_{ij}$	- 1.165 * (- 1.80)	- 1.713 *** (- 2.95)	- 2.211 *** (- 5.42)	- 1.172 ** (- 2.10)	- 1.118 *** (- 3.41)	- 2.425 *** (- 7.42)
ACC_{it}	0.049 (0.78)	0.051 ** (2.21)	0.067 *** (3.30)	0.057 (0.93)	0.063 * (1.90)	0.098 *** (4.35)
$Border_{ij} \times ACC_{it}$	- 0.892 ** (- 2.45)	- 0.560 *** (- 2.99)	- 0.426 *** (- 4.21)	- 1.022 * (- 1.89)	- 0.939 *** (- 3.94)	- 0.475 *** (- 9.56)
$w_{ij}^{d} \times ACC_{it}$	0.174 *** (3.36)	0.144 *** (5.45)	0.197 ** (2.01)	0.191 *** (8.19)	0.314 *** (7.04)	0.165 ** (2.12)
控制变量	Yes	Yes	Yes	Yes	Yes	Yes
ρ	0.242 *** (3.31)	0.253 *** (5.45)	0.324 *** (6.14)	0.523 *** (2.90)	0.630 ** (1.99)	0.457 *** (5.58)
σ^2	0.031	0.028	0.046	0.018	0.025	0.014
R^2	0.537	0.763	0.784	0.811	0.752	0.740
$loglikelihood$	537.12	353.64	695.80	713.60	630.42	441.64
Hausman test FE or RE	25.69 ***	17.40 **	34.86 ***	14.75 **	14.34 **	26.18 ***
N	1204	1092	1064	1022	938	910

注：*** 、** 和 * 分别表示在 1% 、5% 和 10% 的水平上显著；括号内为 t 值。

首先，总体来看，模型的 11 ~ 模型 16 中的边界效应系数均显著为负，并且东北地区沿边城市和西北地区沿边城市的出口边界效应和进口边界效应都相对最小，其原因可能在于东北地区的地貌相对平坦开阔，且沿边城市与毗邻国家（俄罗斯）的经济联系较为密切，双边贸易依赖度较高，而西北地区的口岸数量较多，通关环境较为便利。《中国口岸年鉴》的数据显示，2013 年中国公路口岸和铁路口岸外贸货物吞吐量排名首位的是分别是新疆的霍尔果斯口岸与内蒙古的满洲里口岸，二者均位于西北地区。相比之下，西南地区的边界效应较大，其原因可能在于其地形比较复杂，周边的地缘政治环境较为动荡，进而在一定程度上限制了其双边贸易活动。

其次，从跨境可达性的回归系数来看，跨境可达性对西北、西南地区沿边城市的进出口贸易都表现出显著的正向促进作用，但对东北地区沿边城市的进出口贸易的回归系数并不显著，其原因在于相比于西北和西南地区而言，东北地区的城市化进程较早，城市间交通网络建设较为完善，因而交通可达性的改善对东北地区跨境贸易发展的正向影响可能遭遇瓶颈期。需要说明的是，由于本节的研究年限为 2000—2013 年，而 2012 年底开通的哈大高铁对东北地区经济发展起到了有力的促进作用（姜博和初楠臣，2015），这在一定程度上有助于增强交通可达性所带来的福利效应，这一点值得未来进一步探讨。

最后，从边界效应与跨境可达性的交互项回归系数来看，交互项的系数均显著为负，表明较高的跨境可达性降低了边界效应对沿边城市进、出口贸易的影响，且对各区域出口边界效应和进口边界效应的影响程度具有差异。分区域来看，跨境可达性对西南地区沿边城市边界效应的调节效应最大，出口贸易边界效应从 −2.211 上升到 −0.426，进口贸易边界效应从 −2.425 上升到 −0.475，结合前面的分析可知，这可能是由于边际递减效应的影响，由于西南边疆地形比较复杂，跨境交通网络建设相对缓慢，因而单位交通可达性的提高带来的效益往往是最大的。

7.2.6 稳健性检验

1. 更换权重矩阵

借鉴熊彬和王梦娇（2018）的做法，本节采取更换空间权重矩阵的方法来进行稳健性检验。

$$w_{ij}^e = \begin{cases} \dfrac{1}{|\overline{Y}_i - \overline{Y}_j|}, & i \neq j \\ 0, & i = j \end{cases} \qquad (7-36)$$

其中，w_{ij}^e 为经济距离空间权重矩阵，$\overline{Y}_i$、$\overline{Y}_j$ 分别为沿边城市 i 和贸易对象 j

的人均 GDP 均值。

表 7 – 18 展示了更换空间权重矩阵后的稳健性检验结果。根据 Wald 检验、LR 检验和 Hausman 检验的结果，采取 SDM_FE 的估计方式。从模型 17 和模型 20 的检验结果可以看出，边界效应（$Border_{ij}$）的系数显著为负，而交通可达性（ACC_{it}）的系数显著为正，这与前文的研究结论相一致，由此说明权重矩阵的更换并不会影响前文的实证结论。

2. 子样本回归

在交通基础设施建设方面，各沿边地区的省会城市往往具有良好的先行优势，并且交通可达性的改善会导致核心城市与中小城市之间生产资源的重新配置，因而这些核心城市的引入可能会影响到我们估计结果的精度。借鉴邵等（Shao et al.，2017）的做法，我们接下来剔除这些省会城市（包括沈阳、长春、哈尔滨、呼和浩特、乌鲁木齐、拉萨、南宁和昆明），并重新进行估计。通过对比前面的基准回归结果，来检验交通可达性和边界效应对沿边城市跨境贸易的影响是否存在一定的差异。

表 7 – 18 中模型 18 和模型 21 给出了相应的子样本回归结果，由核心解释变量的回归系数可以看出，交通可达性的改善有利于促进沿边城市跨境贸易发展，而边界效应则发挥着负面影响，这与采用总样本估计所得出的结论相同。值得注意的是，相比于模型 9 和模型 10 中的基准估计结果而言，不论是出口贸易还是进口贸易，子样本回归中边界效应的估计系数都要大于基准回归中的系数，而可达性的估计系数则有一定程度的降低。这一结果表明，在开展跨境贸易合作的过程中，沿边地区的核心城市发挥着重要的经济辐射和腹地支撑作用，未来应当努力加强核心城市与中小城市间的交通连接，从而更好地实现口岸经济与腹地经济的良性互动和优势互补，提高跨境贸易的整体效益。

3. 替换解释变量

考虑到交通可达性的测度方法有许多种，我们借鉴刘勇政和李岩（2017）的做法，采用客运总量（$PCit$）这一指标来表示城市的交通可达性水平，即对式（7 – 28）和式（7 – 29）进行核心解释变量的替换，于是有

$$\ln EX_{it} = \rho_1 \sum_{j=1}^{N} \omega_{ij} EX_{it} + \theta_1 \sum_{j=1}^{N} \omega_{ij} PC_{it} + \beta_1 PC_{it} + \beta_2 Border_{ij}$$
$$+ \beta_3 X_{ijt} + \mu_i + \lambda_t + \varepsilon_{it} \qquad (7-37)$$

$$\ln IM_{it} = \rho_2 \sum_{j=1}^{N} \omega_{ij} IM_{it} + \theta_2 \sum_{j=1}^{N} \omega_{ij} PC_{it} + \beta_1^* PC_{it} + \beta_2^* Border_{ij}$$
$$+ \beta_3^* X_{ijt} + \mu_i^* + \lambda_t^* + \varepsilon_{it}^* \qquad (7-38)$$

其中，PC_{it} 表示沿边城市 i 在 t 年的客运总量，其他变量的含义和处理方法不变。模型 19 和模型 22 给出了利用客运总量来衡量交通可达性水平的估计结果，可以看出边界效应（$Border_{ij}$）的系数在 5% 的水平上均显著为负，而客运总量（PC_{it}）的系数在 10% 的水平上显著为正，基本与前文的研究结论保持一致。

此外，相比于前面的基准估计结果来说，模型 19 和模型 22 的拟合优度（R^2）都出现了很大程度的降低，这是因为客运总量这一指标侧重于反映城市的境内交通通达性水平，但总体而言，并不影响最终的研究结论。综上所述，前文的实证估计结果具有较好的稳健性。

表 7-18　　　　　　　稳健性检验（沿边地区）

变量	lnEX_{it}			lnIM_{it}		
	更换权重矩阵	子样本回归	替换解释变量	更换权重矩阵	子样本回归	替换解释变量
	模型 17	模型 18	模型 19	模型 20	模型 21	模型 22
$Border_{ij}$	-2.711 *** (-8.80)	-1.642 *** (-5.51)	-0.748 ** (-2.40)	-2.469 *** (-11.31)	-1.598 *** (-6.74)	-0.624 ** (-2.28)
ACC_{it}	0.165 *** (5.38)	0.039 ** (1.98)		0.172 *** (7.60)	0.042 ** (2.13)	
$w_{ij}^e \times ACC_{it}$	1.642 *** (7.56)			1.940 *** (9.32)		
$w_{ij}^d \times ACC_{it}$		0.118 *** (3.85)			0.150 *** (5.42)	
PC_{it}			1.246 * (1.81)			1.375 ** (1.98)

续表

变量	lnEX_{it}			lnIM_{it}		
	更换权重矩阵	子样本回归	替换解释变量	更换权重矩阵	子样本回归	替换解释变量
	模型 17	模型 18	模型 19	模型 20	模型 21	模型 22
$w_{ij}^d \times PC_{it}$			0.720 (1.48)			0.835 * (1.79)
控制变量	Yes	Yes	Yes	Yes	Yes	Yes
ρ	0.291 ** (2.24)	0.142 ** (1.98)	0.134 * (1.86)	0.354 *** (3.15)	0.179 ** (2.12)	0.145 * (1.78)
σ^2	0.046	0.011	0.019	0.025	0.015	0.023
R^2	0.811	0.726	0.410	0.856	0.763	0.438
$loglikelihood$	428.32	391.44	262.55	374.94	413.90	294.67
Hausman test FE or RE	28.387 ***	22.746 ***	18.412 **	31.829 ***	24.980 ***	20.194 **
N	3360	2828	3360	2870	2436	2870

注：*** 、** 和 * 分别表示在 1%、5% 和 10% 的水平上显著；括号内为 t 值；限于篇幅，不再展示 Wald 检验、LR 检验和区域异质性检验的估计结果。

7.2.7 实证结论

随着区域经济一体化的不断推进，区域间密切的经贸往来意味着双边贸易流存在着空间相关性。然而，既有研究在测度跨境边界效应时往往忽略了这种空间效应。对此，本节利用 2000—2013 年中国沿边地区 76 个地级市与毗邻国家（地区）的贸易数据以及自身内贸数据，通过构建空间计量模型，来对交通可达性、边界效应对跨境贸易发展的影响进行实证评估，主要得出以下研究结论。

中国沿边城市与周边地区的进出口贸易存在显著的空间相关性，并表现出较强的正向集聚趋势。空间杜宾模型的估计结果表明，在沿边城市开展跨境贸易发展的过程中，交通可达性、双方经济规模都发挥着显著的正向影响，而边界效应和城市化率则产生了一定的负面影响。需要强调的是，相较于传统的面板模型,空间杜宾模型所测度的边界效应要低。区域异质性检验结果表明,跨境可达性、边界效应对沿边城市进出口贸易的影响具有区域异质性,不论是东北地区、西北地区还是西南地区,边界效应都是限制当地沿边城市进出口贸易的重要因素,而跨境可达性的提高有利于削弱这种负面效应,并且对地理环境复杂、经济基础薄弱的西南地区改善作用最大。

第8章 结论、建议与展望

8.1 研究结论

加快高铁建设、促进要素流动对于实现交通强国的目标意义重大。笔者通过"三大概念""四大理论""七大机制"和"七大实证"来对高铁建设、要素流动与区域经济发展的关系进行深入的分析。通过梳理有关高铁建设、要素流动与区域经济发展之间的研究动态,总结不足,并提出本书的贡献。采用高铁站开通、高铁发车频次和高铁可达性等指标,详细分析中国高铁的建设历程、发展现状和布局特征。

本书从高铁建设与区域经济发展、要素流动与区域经济发展两大视角展开详尽的理论推导和机制分析。前者具体包括高铁建设影响区域经济增长、区域经济一体化和区域劳动生产率等的机制分析,后者具体包括劳动力要素、资本要素和技术要素对区域经济发展的机制分析,借助七大机制分析框架,提出相应的理论假说。为了更好地探讨高铁建设所产生的经济效应,本书基于高铁开通、高铁服务供给和交通可达性三个视角,分别反映高铁发展过程中的政策效应、强度效应和时空压缩效应,开展了七个方面的实证研究,主要得出以下结论。

8.1.1 长三角区域

基于高铁建设背景和要素流动视角,利用2003—2018年的城市面板数据,对长三角区域经济一体化的变化特征及其影响因素进行了深入研究,主要得出以下两方面研究结论。

（1）2003—2018 年长三角区域的网络密度处于不断上升的趋势，随着主要省内高速铁路和多条城际铁路的相继建成通车，长三角区域各城市间的经济联系不断增强，城市群的空间结构持续优化。尽管长三角区域的空间经济关联整体呈现多中心、网络化的结构特点，但从网络结构来看，各城市间存在不对称和不均衡的现象，经济基础相对较好的上海、南京仍处于核心支配地位，而舟山、宣城与长三角其他城市的经济联系水平还有待提升。

（2）整体来看，高铁开通这一政策因素有效地提升了长三角区域城市间的经济关联水平，并且人口集聚和信息条件也是重要的影响因素，而地方保护主义则是最主要的负向影响。高铁开通有利于缩小长三角区域内的城乡收入差距，这一研究发现对于未来实施经济一体化具有重要的政策启示。从核心—新扩容层面来看，高铁开通对长三角区域核心城市间经济关联的影响要大于对其新扩容城市的影响，反映了区域经济规划中的政策先行优势。此外，从高铁开通的时间效应来看，对于增强城市间的经济关联水平而言，反映长三角区域高铁开通时间效应的 DT 指标呈现逐渐递增的趋势，说明高铁开通这一政策的影响见效快，其快捷便利的运输特点极大地满足了人们的出行要求和美好的生活需要。

8.1.2 收缩型城市

尽管中国的城市化程度日益提高，但仍有一些中国城市的人口在减少。近年来，随着中国高铁网的广泛扩展，旅行时间的减少大大增加了城市间人们的流动性，从而影响了中国城市人口的空间再分配。一个重要的问题出现了：对于正在遭受人口流失的城市，当它们连接到高铁网时，高铁是否进一步有利于城市的转型发展？

本书以 2006—2017 年中国的 32 个收缩型城市为研究对象，系统分析高铁开通对收缩型城市转型发展的影响。研究发现，中国收缩型城市的空间分布显示出"小群落"的聚集特征，主要集中在中国东北、珠江三角洲、长江三角洲和陕西。多期 DID 模型的估计结果表明高铁对城市人口的影响可能具有一定的时滞效应。高铁首次开始运营后的四到五年，促进了收缩型城市的人口回流，但却不利于改善收缩型城市的经济发展。该结论强调，高铁并不总是产生增长机会；相反，对于遭受人口流失的城市，高铁可能会带来严峻的挑战。

8.1.3 城市群经济集聚演化

机制分析结果表明：高铁建设可通过初步集聚、集聚增强和虹吸扩散三个阶段对城市群的经济集聚演化产生影响。在要素初步集聚阶段，高铁建设提升了城市可达性水平，促进了劳动力、信息等要素的流动，并通过拉动投资、增加就业等方式影响了城市的产业布局和知识溢出效应。在要素集聚增强阶段，要素流动的加快产生了规模经济效应，推动了沿线各城市的专业互补分工，改变了沿线城市的区位优势，边界突破效应得到增强。在要素的虹吸扩散阶段，高铁建设通过规模经济和贸易开放对城市的聚集租金产生影响，进而在一定程度上导致了要素外流和产业重新布局，最终影响了城市群经济空间结构的变化。

多期 DID 模型估计表明：高铁建设有利于中国三大城市群经济集聚梯度效应的实现，高铁建设促进了长三角城市群的制造业扩散和生产性服务业集聚，对长江中游城市群和成渝城市群的产业集聚则产生了异质性影响。在中心—外围层面，高铁建设有利于实现各城市的专业分工，促进了中心地区生产性服务业的集聚，对外围地区制造业的集聚也发挥着正向影响，从而促进了城市群多中心模式的发展。

8.1.4 城市劳动生产率

本书研究了与中国大规模高铁建设相关的一个基本问题：高铁服务供给对城市劳动生产率的影响是什么？这个问题从以下三个方面来研究。首先，笔者基于集聚经济理论，探讨高铁服务供给在对于城市劳动生产率中的影响路径。其次，通过构建生产函数模型，在解决内生性问题的基础上，进一步研究高铁服务供给对不同地区和不同产业城市生产率的影响。最后，基于人口集聚和交通公平的视角，实证估计高铁服务供给影响城市劳动生产率的门槛效应。研究结果证实了高铁建设对城市劳动生产率的促进作用以及产业异质性影响，且城市本身的人口分布情况和公共交通发展水平也会对城市劳动生产率产生影响。

8.1.5 城市群经济高质量发展

新时代背景下，实现交通强国的目标需要充分发挥高铁服务供给的作用。本书利用2007—2017年中国十大城市群面板数据，通过构建中介效应模型，就高铁服务供给对城市群经济高质量发展的影响及其作用渠道进行实证检验。

研究结论表明，高铁服务供给促进了城市群空间组织结构朝着多中心化的方向发展，加速了技术要素流动，促进了产业资源在城市间的重新配置，进而提升了城市群全要素生产率。增强高铁服务供给可以缩小城市群内部经济发展水平的差异，而技术进步在其中发挥了主要的中介作用。分区域研究表明，高铁服务供给对于北方城市群全要素生产率的正向影响更大，并且有利于提升南方城市群的经济协调发展水平。

8.1.6 粤港澳大湾区

本书研究了与粤港澳大湾区大规模基础设施建设相关的一个问题：交通可达性变化对区域经济差距的影响是什么？本书采用基于2000—2017年大湾区11个城市面板数据的内生增长模型来研究这一问题。首次研究了基础设施开发和定制策略调整对可访问性的影响。此外，还研究了不同交通方式（公路和高速铁路）的可达性对不同经济部门的影响。

这项研究有三个主要发现。首先，大湾区确认了区域经济增长趋同的发展态势，表明广东省9个城市与香港、澳门特别行政区之间的区域经济差距已经缩小。其次，公路可达性的改善对区域经济增长有显著影响，特别是在零售和房地产领域，而铁路可达性的改善对住宿餐饮、旅游业发展有很强的影响。最后，执行有助于加快通关的政策也被发现对改善交通可达性有重大影响。特别是在交通和零售部门，它对经济增长的影响更大。总而言之，这项研究为交通规划人员和决策者提供了重要的启示，从而优化他们对未来基础设施投资的决策。

8.1.7 沿边地区跨境贸易

促进要素跨境流动，降低城市边界效应，对于推动跨境贸易发展具有重要意义。首先，基于空间经济学的分析框架，构建了交通可达性和边界效应对沿边地区进出口贸易影响的理论模型。其次，利用 2000—2013 年中国沿边地区 76 个地级市的跨境贸易以及内贸数据，来进行实证检验。

研究结果证实了沿边城市与周边地区的进出口贸易存在显著的空间相关性，如果忽略了空间效应的影响，则会带来边界效应的高估。交通可达性、经济规模对于跨境贸易发展发挥着显著的正向影响，而边界效应和城市化率则具有负面效应。交通可达性对沿边城市进口贸易的影响具有明显的空间外溢效应，但对其出口贸易的影响仅具有直接效应。区域异质性分析结果表明，交通可达性的提高有利于降低边界效应的不利影响，并且对经济基础薄弱的西南地区改善作用最大。为更好地促进沿边城市的跨境贸易高质量发展，应当加快跨境交通网络建设，不断提升边境地区城市化质量，并实施差异化的沿边开放政策。

8.2 政策建议

本书研究结论对于构建现代综合交通运输体系、实现区域经济高质量发展具有较强的政策指导价值，结合实证部分的研究结论，以下从各区域发展层面提出相应的对策建议。

8.2.1 促进长三角区域经济一体化发展的政策建议

1. 以高铁建设为主体，构筑以轨道交通为主的综合交通网络

高铁时代下，长三角城市群的空间结构朝着多中心、网络化的方向演化,均衡化程度持续提高,经济要素在城市群内流动更加便捷,范围逐步扩大,这就需要我们加快构筑以轨道交通为主的综合交通网络。对此,可以从以下两方面着手。

第一,不断完善城际综合交通网络,建设以上海为核心,南京、杭州、合肥为副中心,以长江黄金水道为主通道的多层次综合交通网络,推进沪宁合、沪杭、合杭甬等主要骨干城际通道建设。

第二,不断完善高铁配套体系建设,强化高铁建设中多渠道的资金保障和全方位的安全保障,通过城市群内一卡互通、不同客运方式联程化等方式实现城市群内交通信息的共享互通,提升高铁运输的服务水平。

2. 以高铁建设为依托,推动区域经济一体化发展

城市群是实现集聚经济的载体,而合理的高铁网络有利于引导城市间经济要素的流动和转移。当前,长三角城市的高铁网络依旧存在着覆盖率不高、分布不均衡等问题,在一定程度上造成了"核心"城市与"边缘"城市的空间分异现象。因此,首先,长三角城市群需要加强城市间的产业分工与协作,特别是对合肥、安庆、铜陵等部分安徽省城市来说,应当结合区位优势,抓住承接东部地区产业转移的时代机遇,规划建设上海—南通—泰州—南京—合肥、安庆—黄山等高速铁路和城际铁路建设,提升运输能力,扩大产业分工协作,加强与长三角地区其他城市的经济联系。其次,应当努力改善尚未开通高铁城市的对外交通方式,促进其与高铁城市接驳的相关基础设施的建设,例如,舟山市由于特殊的地理位置(我国首个以群岛建立的地级市),截至2015年尚未开通高铁,对此可考虑建立舟山连接宁波市快速水路通道,并将铁路与水路交通方式作为一个系统进行统筹规划,使其能享受到高铁时代所带来的经济福利。

3. 在高铁建设过程中,重视高技能劳动力集聚和信息条件等其他要素的作用

除高铁开通因素外,城市间的空间经济关联还受到人口密度和信息条件等其他因素的影响。对此,长三角区域应当努力构建总部经济,积

极改善教育、电信、医疗等地方公共服务设施的建设，减少对外商投资的过度依赖，而对于长三角新扩容城市来说，则应当以市场为主导，努力减少政府对产业经济的干预，通过城际轨道、高速公路等方式加强与长三角城市的交通衔接，提高市场潜力，从而共享高铁时代所带来的经济福利。

8.2.2 推动收缩型城市转型发展的政策建议

1. 树立"精明发展"理念，制定合理的城市发展规划

一方面，当地政府应当结合城市本身的资源禀赋、区位特征等因素，努力打造特色产业和优势产业，并提供政策扶持以吸引外商投资，这不仅能够增强城市核心竞争力，也能够创造出大量的就业机会。另一方面，收缩型城市在打造"高铁新城"的过程中，要努力摆脱对土地财政的过度依赖，科学规划城市空间结构，并提高高铁站区的土地利用价值。

2. 坚持引才聚才，保持必要的劳动力资源

根据研究结论，高铁开通虽然能够短暂地带动收缩型城市的人口回流，但却削弱了经济因素尤其是资本要素的集聚能力，并最终不利于城市的经济发展。对此，当地政府应当统筹各方力量，加强生态文明建设，努力改善营商环境和市政设施，优化人才引进体制，积极鼓励和引导企业通过精神和物质激励措施来吸引熟练劳动力，并提高就业匹配度。

3. 推进区域间合作，拓展收缩型城市的转型路径

对于收缩型城市而言，应当充分发挥其开通高铁的优势，加强与沿线城市的经济合作。例如，可以考虑建立高效的要素流通渠道，进而疏解中心城市的部分产业和功能，并为周边城市注入新的发展动力。此外，在进行要素转移的过程中，要注重资源的合理配置，从而最终推动收缩型城市的转型发展。

8.2.3 促进城市群经济集聚演化的政策建议

1. 以高铁建设为依托，发展"高速铁路＋城市群"的组合型交通模式

城市群是实现集聚经济的载体，而合理的高铁网络有利于引导各城市群之间要素的流动和转移。在建设"十纵十横"综合运输大通道的同时，应当结合城市群的经济发展现状进行统一的整体规划，兼顾公平与效率，不断完善高铁线路建成后所带来经济效益的评价体系。特别地，应当加大对成渝城市群高铁建设的投资力度，促使更多经济要素向西部地区集聚，从而推动区域经济协调发展。

2. 以高铁建设为依托，实现城市群内部产业结构优化

高铁建设不仅能够拉近各城市群之间的时空距离，而且能够优化城市群内部经济要素的合理配置。高铁建设促进了中心地区制造业的扩散和生产性服务业的集聚，而对外围地区制造业和生产性服务业的影响则具有一定的差异。因此，对于如上海、杭州等中心地区城市而言，应当努力构建总部经济，逐渐迁移资源依赖性的制造业，注重发展金融、教育等生产性服务业，促进产业结构升级；而对于外围地区城市来说，则应当加强政策引导，以高铁分支线路为纽带，充分整合区域资源，通过产业集群化、共建产业园区等方式不断提高市场合作效率，注重产业分工与互补，从而避免同质化竞争的不利影响。

3. 以高铁建设为依托，重视可达性、信息条件等其他要素的影响和作用

城市群经济的集聚和演化不仅受到高铁建设的影响，而且受到可达性、外商投资、信息条件等其他因素的影响。就生产性服务业集聚而言，中心地区城市应当以市场为主导，努力减少政府对生产性服务业经济的干预，并将先进的信息技术应用于生产性服务业中；而对于外围地区城市来说，则应当注重改善文化、医疗等地方公共服务设施的建设，不断优化外商投资结构，通过城际轨道、高速公路等方式加强与中心城市的交通衔接，提高城市可达性水平，从而共同分享高铁时代福利。

8.2.4 提高城市劳动生产率的政策建议

1. 充分发挥高铁服务的效率提升效应

当前，我国正积极推进新型基础设施建设，而城际高速铁路是其中的重要组成部分。对此，本书研究表明高铁服务供给能够有效提升城市劳动生产率，特别是中小城市的劳动生产率，因而未来在规划和建设城际高速铁路的过程中，要特别注重加强中心城市与周边城市的支线连接，努力让更多的中小城市嵌入高铁网络之中，从而共享高铁服务所带来的经济福利。

2. 不断促进高铁服务的均衡化供给

考虑到高铁服务对不同地区、不同产业的异质性影响，地方政府在推进高铁建设的过程中要兼顾公平与效率。在区域层面，要不断加大对西部地区的高铁建设投资，通过减税、住房补贴等具体措施来吸引人才和资本的流入，努力缩小不同地区间的基础设施发展差距；在产业层面，要注重借助高铁网络完成合理的产业布局，不仅要促进高铁站点的服务业集聚，也要注重改善农业的生产和投资环境，进而促进三次产业间的协调发展。

3. 重点关注高铁服务供给的门槛效应

基于人口集聚和公共交通的观察视角，探讨了高铁服务供给影响城市劳动生产率的门槛效应，这一问题的研究有助于为今后基础设施投资和交通网络规划提供重要的经验启示，从而实现各城市之间的协调发展。例如，地方政府可以加强高铁站与城市公共交通的多样化接驳，通过改善本地的营商环境来吸引重点企业的进驻，铁路运营商也应当加强站点的信息化建设，通过优化换乘环境、加强人文关怀来不断提升自身的服务质量，从而实现更大的经济效益。

8.2.5 促进城市群经济高质量发展的政策建议

1. 合理规划高铁网络

为提高城市群的生产效率,要合理规划高铁建设,充分发挥空间结构演化、技术进步等中介渠道的作用。城市间的协同发展离不开交通基础设施的支持,而完备的高铁服务供给将显著提高城市群的生产效率,推动空间组织结构朝着多中心、网络化的方向发展,这一潜在影响或将重塑我国区域经济发展的整体格局。

2. 关注高铁服务供给的南北差异

鉴于当前的高铁服务并未有效促进北方城市群的经济协调发展,未来在开展高铁网络建设的过程中,应当按照《交通强国建设纲要》的要求,着力构建多层次的综合运输交通体系,除了继续加快干线铁路建设外,要特别注重改善未接入高铁网络城市的对外交通方式,通过城乡高速公路等方式加强其与枢纽城市的交通连接;对于南方城市群而言,则应当注重引导经济要素的有序流动,提升高铁服务的质量和效益,努力改善当地的投融资环境,从而更好地促进区域经济协调发展。

8.2.6 提高粤港澳大湾区可达性的政策建议

1. 构筑以高铁铁路交通为主的综合交通网络

高铁时代下,粤港澳大湾区城市群的空间结构朝着多中心、网络化的方向演化,经济要素在大湾区内流动更加便捷,范围逐步扩大,这就需要我们加快构筑以高铁铁路交通为主的综合交通网络。对此,可不断完善大湾区内城际综合交通网络,建设以广州、深圳、香港为核心,以高速铁路、城际铁路、高速公路、跨海通道为主的多层次综合交通网络,继续推进广深港高速铁路(香港段)、港珠澳大桥等主要城际通道建设,提高城际铁路对城镇的覆盖范围和水平。

2. 以高铁建设为依托，推动大湾区及周边城市经济协调发展

城市间经济要素的流动和转移离不开高铁网络的合理引导和布局，然而目前粤港澳大湾区城市群的高铁网络依旧存在着覆盖率不高、分布不均衡等问题。对此，粤港澳大湾区城市群首先需要加强与周边城市间的经济交流和联系，按照《广东省综合交通运输体系发展"十三五"规划》中的要求，规划建设深圳—茂名、梅州—潮汕等高速铁路和城际铁路建设，提升大湾区周边城市的运输能力，带动城市间的产业分工和协作。其次考虑到大湾区地理特点，应当将高速铁路与跨海交通方式作为一个系统进行统筹规划，努力改善澳门的交通方式，提高城市可达性，加强其与高铁城市接驳的相关基础设施的建设。

8.2.7 促进沿边地区跨境贸易发展的政策建议

1. 加快跨境交通网络建设

弱化跨境贸易中的边界效应，需要不断加强沿边城市的口岸基础设施建设，创新跨境物流的管理方式，不断降低对外运输成本，从而增强与周边地区的互联互通水平。西南地区要以"一带一路"倡议为依托，加快泛亚铁路等跨境交通基础设施建设，进而促进中国与东盟国家的双边贸易合作。对于东北地区而言，则应当努力加强高铁网络建设，突破常规型陆路交通运输方式的瓶颈，加强本地产业园区与中俄跨境经济合作区的交通连接，实现内贸外运的目标。当然，除了要增强境外交通可达性之外，沿边城市还应当着力加强与境内大城市和中心城市的交通连接，进一步强化跨境贸易发展的腹地支撑能力。

2. 提升沿边地区城市化质量

沿边城市在开展跨境贸易的过程中，可以从以下三个方面出发，不断提升城市化质量。首先，沿边地区要制定合理的城市发展规划，结合当地

实际情况优化产业布局，切实加强精准扶贫，努力缩小城乡收入差距。其次，沿边城市要努力为外贸企业提供良好的营商环境，通过加大外资吸引力度、提升市政服务水平以及改革不合理的户籍制度等措施，不断吸引优秀人才集聚和优势企业入驻，以提高本地产业的国际竞争力。最后，沿边城市应当特别注重增强其文化软实力，通过推进边民互市和跨境旅游发展等方式，积极开展与周边国家的文化交流与沟通，并充分发挥民间商会在跨境贸易中的纽带作用，进而共同应对和解决双边经贸合作中所遇到的问题。

3. 实施差异化的沿边开放政策

由于交通可达性和边界效应等因素对跨境贸易发展的影响具有明显的区域异质性，因而对于不同的边境地区，要因地制宜，根据自身的资源禀赋、产业环境和区位条件等特征实施差异化的对外开放政策。考虑到东北、西北地区的地势较为平坦，因而可以适当增设贸易口岸，积极加强沿边地区中小城市与腹地中心城市的交通连接，从而促进对内交流与对外开放的有机结合；对于西南地区的沿边城市而言，则应当切实加强次区域的贸易合作与文化交流（如"大湄公河次区域经济合作"），借鉴和推广成功经验，在财税管理、投融资等领域与东盟国家开展深度合作，并不断创新跨境经济合作区的管理体制，减少制度性约束，积极完善各方的沟通与协调机制，从而更好地推动跨境贸易的高质量发展。

8.3　研究不足及展望

本研究立足于中国区域经济高质量发展的现实需要，基于劳动力、资本和技术要素流动的观察视角，构建了高铁建设推动区域经济发展的理论分析框架，并开展细致详尽的实证研究。虽然本书已经取得了一些重要的研究成果，但由于时间和精力的原因，仍有一些不足之处需要进一步研究。

一方面，就研究对象而言，本书仅选取了劳动力、资本和技术三大要素，在随后的研究中，研究对象可以扩展到更多的经济要素，以便更全面地分析高铁建设对要素流动的影响，比如高铁建设如何促进高技能劳动力就业，高铁建设对不同要素流动的影响差异。本书重点分析了高铁建设对地级市、城市群等层面经济发展的影响，忽略了对县级市、县区乃至企业层面的考察。随着高铁研究的逐步成熟，今后可以获取更多的数据支撑，以便进行更全面、详细的论证。

另一方面，就研究方法和数据而言，本书的研究仅使用了每个城市经济要素的存量数据进行分析，而不涉及要素流动的动态研究。在未来的研究中，可以选择更合适的方式来衡量高铁背景下要素在城市间的流动情况。此外，本书着重基于三大要素流动的视角进行研究，有关要素流动的微观机制分析，值得未来进一步研究。在指标设计方面，本书以高铁服务频次和高铁停靠车次两个指标来反映城市整体的高铁服务供给水平，考虑到权重设置的复杂性，并未考虑城市内不同站点的旅客流量、高铁站与市中心的距离等因素，未来有待全面深入地探讨。

参 考 文 献

［1］阿尔弗雷德·韦伯．工业区位论［M］．李刚剑，等译．北京：商务印书馆，1997.

［2］安虎森．新经济地理学原理［M］.2 版．北京：经济科学出版社，2009.

［3］奥利沙文．城市经济学［M］.4 版．苏晓燕，等译．北京：中信出版社，2002.

［4］白俊红，王林东．创新驱动是否促进了经济增长质量的提升？［J］.科学学研究，2016，34（11）：1725－1735.

［5］白俊红，王钺，蒋伏心，李婧．研发要素流动、空间知识溢出与经济增长［J］.经济研究，2017，52（7）：109－123.

［6］卞元超，吴利华，白俊红．高铁开通、要素流动与区域经济差距［J］.财贸经济，2018，39（6）：149－163.

［7］柴庆元．高速铁路对知识交流的影响——基于学术会议信息的分析［D］.广州：暨南大学，2019.

［8］常野．要素流动对城乡发展一体化的影响研究［D］.西安：西北大学，2015.

［9］陈丰龙，徐康宁，王美昌．高铁发展与城乡居民收入差距：来自中国城市的证据［J］.经济评论，2018（2）：59－73.

［10］陈计旺．区际产业转移与要素流动的比较研究［J］.生产力研究，1999（3）：65－68.

［11］陈婧，方军雄，秦璇．交通发展、要素流动与企业创新——基于高铁开通准自然实验的经验证据［J］.经济理论与经济管理，2019（4）：20－34.

[12] 陈磊，胡立君，何芳. 要素流动、市场一体化与经济发展——基于中国省级面板数据的实证研究 [J]. 经济问题探索，2019（12）：56–69.

[13] 陈良文，杨开忠. 我国区域经济差异变动的原因：一个要素流动和集聚经济的视角 [J]. 当代经济科学，2007（3）：35–42，124.

[14] 陈心颖. 人口集聚对区域劳动生产率的异质性影响 [J]. 人口研究，2015，39（1）：85–95.

[15] 陈燕儿，白俊红. 要素流动与区域经济差距 [J]. 现代经济探讨，2019（6）：6–13.

[16] 戴翔，宋婕. 我国外贸转向高质量发展的内涵、路径及方略 [J]. 宏观质量研究，2018，6（3）：22–31.

[17] 戴学珍，徐敏，李杰. 京沪高速铁路对沿线城市效率和空间公平的影响 [J]. 经济地理，2016，36（3）：72–77.

[18] 单豪杰. 中国资本存量K的再估算：1952～2006年 [J]. 数量经济技术经济研究，2008（10）：17–31.

[19] 邓涛涛，王丹丹，程少勇. 高速铁路对城市服务业集聚的影响 [J]. 财经研究，2017，43（7）：119–132.

[20] 邓涛涛，闫昱霖，王丹丹. 高速铁路对中国城市人口规模变化的影响 [J]. 财贸研究，2019，30（11）：1–13.

[21] 丁秋贤，朱丽霞，张辉，等. 高速铁路对沿线城市可达性及经济联系的影响——以汉宜高速铁路为例 [J]. 华中师范大学学报（自然科学版），2015，49（6）：952–957.

[22] 丁嵩，孙斌栋. 空间相互作用与城市经济增长——来自长三角的证据 [J]. 人口与经济，2016（4）：71–81.

[23] 丁志刚，孙经纬. 中西方高铁对城市影响的内在机制比较研究 [J]. 城市规划，2015，39（7）：25–29.

[24] 丁卓. 基于复杂网络的智慧城市公共交通网络研究 [D]. 广州：华南理工大学，2015.

[25] 董春，张玉，刘纪平，等. 基于交通系统可达性的城市空间相互作用模型重构方法研究 [J]. 世界地理研究，2013，22（2）：34–42.

[26] 董建卫. 高铁开通与风险资本投资的企业创新 [J]. 现代经济探

讨，2019（8）：94 - 104．

[27] 董艳梅，朱英明．高铁建设的就业效应研究——基于中国 285 个城市倾向匹配倍差法的证据 [J]．经济管理，2016，38（11）：26 - 44．

[28] 董艳梅，朱英明．高铁建设能否重塑中国的经济空间布局——基于就业、工资和经济增长的区域异质性视角 [J]．中国工业经济，2016（10）：92 - 108．

[29] 董直庆，赵星．要素流动方向、空间集聚与经济增长异地效应检验 [J]．东南大学学报（哲学社会科学版），2018，20（6）：57 - 67，147．

[30] 杜兴强，侯菲，赖少娟．交通基础设施改善抑制了审计师选择的"地缘偏好"吗？——基于中国高速列车自然实验背景的经验证据 [J]．审计研究，2018（1）：103 - 110．

[31] 杜志威，李郇．珠三角快速城镇化地区发展的增长与收缩新现象 [J]．地理学报，2017，72（10）：1800 - 1811．

[32] 樊士德，姜德波．劳动力流动与地区经济增长差距研究 [J]．中国人口科学，2011（2）：27 - 38，111．

[33] 范欣，宋冬林，赵新宇．基础设施建设打破了国内市场分割吗？ [J]．经济研究，2017（2）：22 - 36．

[34] 方大春，孙明月．高速铁路对长三角城市群经济发展影响评估——基于 DID 模型的实证研究 [J]．华东经济管理，2016，30（2）：42 - 47．

[35] 方浪．我国城市群的经济效率研究 [D]．武汉：武汉大学，2016．

[36] 冯山，范红忠，张誉航．高速铁路对城市生产率的影响 [J]．城市问题，2018（6）：14 - 19．

[37] 付文宇，李彦，赵景峰．数字经济如何赋能中国制造业优化升级？ [J]．经济问题探索，2022（11）：128 - 142．

[38] 高鸿鹰，武康平．集聚效应、集聚效率与城市规模分布变化 [J]．统计研究，2007（3）：45 - 49．

[39] 高舒琦．收缩城市的现象、概念与研究溯源 [J]．国际城市规划，2017，32（3）：50 - 58．

[40] 高舒琦．收缩城市研究综述 [J]．城市规划学刊，2015（3）：

44 - 49.

[41] 郭剑雄, 李志俊. 劳动力选择性转移下的农业产出增长——非技能偏态技术进步与质量过剩劳动力假说及其检验 [J]. 吉林大学社会科学学报, 2011, 51 (6): 100 - 109, 156.

[42] 郭源园, 李莉. 中国收缩城市及其发展的负外部性 [J]. 地理科学, 2019, 39 (1): 52 - 60.

[43] 韩会然, 焦华富, 李俊峰, 等. 皖江城市带空间经济联系变化特征的网络分析及机理研究 [J]. 经济地理, 2011, 31 (3): 384 - 389.

[44] 郝伟伟. 轨道交通对城市群紧凑发展及其经济效率的影响研究 [D]. 北京: 北京交通大学, 2017.

[45] 郝伟伟, 张梅青, 刘宗庆. 交通、城市紧凑度与城市生产率关系实证研究——基于京津冀区域地级市面板数据计量分析 [J]. 宏观经济研究, 2016 (1): 109 - 120.

[46] 何雄浪. 多要素流动、产业空间演化与多重经济地理均衡 [J]. 财贸研究, 2014, 25 (1): 38 - 46.

[47] 何雄浪. 多要素流动、内生产业空间波动与经济地理新均衡——基于新经济地理学自由企业家模型的比较研究 [J]. 吉首大学学报 (社会科学版), 2019, 40 (4): 44 - 55.

[48] 贺俊, 刘亮亮. 基于内生增长模型的技术扩散与经济增长的关系研究 [J]. 天津大学学报 (社会科学版), 2015, 17 (3): 210 - 214.

[49] 侯雪, 张文新, 吕国玮, 等. 高铁综合交通枢纽对周边区域影响研究——以北京南站为例 [J]. 城市发展研究, 2012, 19 (1): 41 - 46.

[50] 侯燕飞, 陈仲常. 中国"人口流动—经济增长收敛谜题"——基于新古典内生经济增长模型的分析与检验 [J]. 中国人口·资源与环境, 2016, 26 (9): 11 - 19.

[51] 侯赟慧, 刘志彪, 岳中刚. 长三角区域经济一体化进程的社会网络分析 [J]. 中国软科学, 2009 (12): 90 - 101.

[52] 胡鹏, 覃成林. 空间外部性、空间依赖与空间外溢之辨析 [J]. 地域研究与开发, 2011, 30 (1): 5 - 9.

[53] 胡煜, 李红昌. 交通枢纽对城市集聚经济的影响研究——基于中

国地级市数据的实证研究［J］.经济问题探索，2017（2）：76-83.

［54］华坚，胡金昕.中国区域科技创新与经济高质量发展耦合关系评价［J］.科技进步与对策，2019，36（8）：19-27.

［55］黄文军，荆娴.资本流动是否影响我国地区经济增长——基于1979—2010年省际面板数据的实证［J］.财经论丛，2013（1）：8-12.

［56］黄新飞，欧阳利思，王绪硕.基于"多国模式"的中国—东盟自由贸易区贸易效应研究［J］.学术研究，2014（4）：79-85.

［57］黄妍妮，高波，魏守华.中国城市群空间结构分布与演变特征［J］.经济学家，2016（9）：50-58.

［58］黄张凯，刘津宇，马光荣.地理位置、高铁与信息：来自中国IPO市场的证据［J］.世界经济，2016，39（10）：127-149.

［59］吉赟，杨青.高铁开通能否促进企业创新：基于准自然实验的研究［J］.世界经济，2020，43（2）：147-166.

［60］贾善铭，覃成林.高速铁路对中国区域经济格局均衡性的影响［J］.地域研究与开发，2015，34（2）：13-20.

［61］姜博，初楠臣.哈大高铁对区域可达性影响及空间格局演变［J］.城市规划，2015，39（11）：92-98.

［62］姜竹青，刘建江，韩峰.交通拥堵、空间外溢与人口城市化［J］.财经论丛，2019（2）：1-12.

［63］蒋华雄，孟晓晨.京沪高铁对沿线城市间空间相互作用影响研究［J］.北京大学学报（自然科学版），2017，53（5）：905-912.

［64］蒋茂荣，范英，夏炎，等.中国高铁建设投资对国民经济和环境的短期效应综合评估［J］.中国人口·资源与环境，2017（2）：75-83.

［65］柯善咨.中国城市与区域经济增长的扩散回流与市场区效应［J］.经济研究，2009（8）：85-98.

［66］兰秀娟，张卫国.高铁网络影响下城市群经济联系格局与区域经济协调发展［J］.统计与信息论坛，2023（10）：1-14.

［67］雷永霞，钱晓东.高速铁路客运专线运输网络的鲁棒性分析［J］.兰州交通大学学报，2015，34（3）：75-80.

［68］黎文勇，杨上广.市场一体化、城市功能专业化与经济发展质

量——长三角地区的实证研究［J］.软科学，2019，33（9）：7－12.

［69］李红昌，Linda Tjia，胡顺香.中国高速铁路对沿线城市经济集聚与均等化的影响［J］.数量经济技术经济研究，2016（11）：127－143.

［70］李红启.基于 Wilson 模型的物流空间相互作用［J］.经济地理，2008（4）：588－591.

［71］李郇，杜志威，李先锋.珠江三角洲城镇收缩的空间分布与机制［J］.现代城市研究，2015（9）：36－43.

［72］李杰梅，吴浩，刘陈，等.边境城市跨境可达性对口岸经济的影响机理［J］.交通运输系统工程与信息，2019（4）：30－37.

［73］李金培，徐丽群，姚迪，等.公共交通对城市群发展的影响研究进展述评——基于集聚经济视角［J］.上海管理科学，2018，40（1）：105－110.

［74］李金星.中国要素市场错配与地区经济增长绩效——基于垄断竞争模型的实证研究［J］.南大商学评论，2015（1）：20－38.

［75］李敬，陈澍，万广华，等.中国区域经济增长的空间关联及其解释——基于网络分析方法［J］.经济研究，2014（11）：4－16.

［76］李顺成，李喜演.紧凑式城市空间结构对劳动生产率的影响——基于区域经济发展视角的分析［J］.城市问题，2017（7）：42－47.

［77］李天籽.地理距离、边界效应与中国沿边地区跨境次区域合作——兼论珲春国际合作示范区的发展［J］.东北亚论坛，2014（4）：54－61.

［78］李天籽.中国沿边的跨境经济合作的边界效应［J］.经济地理，2015，35（10）：5－12.

［79］李铁立.边界效应与跨边界次区域经济合作研究［M］.北京：中国金融出版社，2005.

［80］李文钊.公共政策研究的范式变迁及其超越［J］.中国人民大学学报，2019，33（4）：98－107.

［81］李贤文，白建军，唐尚红.陕西省高铁网络建设对可达性空间格局影响［J］.经济地理，2019，39（2）：82－92.

［82］李欣泽，纪小乐，周灵灵.高铁能改善企业资源配置吗？——来自中国工业企业数据库和高铁地理数据的微观证据［J］.经济评论，2017（6）：3－21.

[83] 李学伟,李静,孙琼,等. 高铁运营对经济社会的拉动期望分析 [J]. 北京联合大学学报(人文社会科学版),2018,16(4):1-10.

[84] 李彦,林晓燕,付文宇. 高铁服务供给对城市劳动生产率的影响:兼论人口集聚与公共交通的门槛效应 [J]. 人口与经济,2021(2):117-132.

[85] 李彦,屠年松. 交通可达性、边界效应与中国跨境贸易发展——基于沿边地区的空间计量分析 [J]. 财贸经济,2020(4):144-160.

[86] 李彦,王鹏,梁经伟. 高铁建设对粤港澳大湾区城市群空间经济关联的改变及影响分析 [J]. 广东财经大学学报,2018(3):35-45.

[87] 李彦,王鹏,梁经伟. 生态旅游示范区对区域经济绿色发展的影响研究——基于准自然实验的视角 [J]. 经济问题探索,2020(2):21-30.

[88] 李煜伟,倪鹏飞. 外部性、运输网络与城市群经济增长 [J]. 中国社会科学,2013(3):22-42.

[89] 梁晨,曾坚. 城市流视角下京津冀城市群网络联系测度 [J]. 城市问题,2019(1):78-83.

[90] 梁辉. 省际信息流动空间格局与机制分析 [J]. 情报杂志,2009,28(7):24-28.

[91] 林晓言,罗燊,朱志航. 区域质量与高速铁路社会效用——关于高速铁路建设时机的研究 [J]. 中国软科学,2015(4):76-85.

[92] 林雄斌,杨家文,张衔春,等. 我国城市收缩测度与影响因素分析——基于人口与经济变化的视角 [J]. 人文地理,2017,32(1):82-89.

[93] 刘秉镰,杨晨. 基础设施影响城市规模分布的作用机理及实证研究 [J]. 经济与管理研究,2016,37(3):20-28.

[94] 刘贵文,谢芳芸,洪竞科,等. 基于人口经济数据分析我国城市收缩现状 [J]. 经济地理,2019,39(7):50-57.

[95] 刘国斌,宋瑾泽. 中国区域经济高质量发展研究 [J]. 区域经济评论,2019,38(2):61-66.

[96] 刘果. 高铁网络对节点场的影响机理研究 [D]. 重庆:重庆大学,2017.

[97] 刘荷，王健. 交通基础设施对制造业集聚的溢出效应：基于地区和行业的实证分析 [J]. 东南学术，2014 (4)：96 – 105.

[98] 刘金山，徐明. 对口支援政策有效吗？——来自 19 省市对口援疆自然实验的证据 [J]. 世界经济文汇，2017 (4)：43 – 61.

[99] 刘军，季良玉，王佳玮，等. 产业聚集与税收竞争——来自中国的证据 [J]. 河海大学学报（哲学社会科学版），2015 (3)：65 – 71.

[100] 刘莉文，张明. 高速铁路对中国城市可达性和区域经济的影响 [J]. 国际城市规划，2017，32 (4)：76 – 81.

[101] 刘瑞明，赵仁杰. 国家高新区推动了地区经济发展吗？——基于双重差分方法的验证 [J]. 管理世界，2015 (8)：30 – 38.

[102] 刘生龙，胡鞍钢. 交通基础设施与中国区域经济一体化 [J]. 经济研究，2011 (3)：72 – 82.

[103] 刘晓庆，陈仕鸿. 复杂网络理论研究状况综述 [J]. 现代管理科学，2010 (9)：99 – 101.

[104] 刘修岩. 集聚经济、公共基础设施与劳动生产率——来自中国城市动态面板数据的证据 [J]. 财经研究，2010，36 (5)：91 – 101.

[105] 刘彦军. 中国产业集聚是由因果循环积累导致的吗？[J]. 经济经纬，2016，33 (3)：90 – 95.

[106] 刘迎霞. 空间外溢、空间俱乐部趋同与中国区域经济增长 [M]. 北京：中国社会科学出版社，2013.

[107] 刘勇. 城市群空间结构演化：交通运输业的作用及机理 [M]. 北京：经济管理出版社，2010.

[108] 刘勇，王雨飞. 高速铁路发展与中国人口空间分布：基于城市面板数据的空间计量分析 [J]. 城市观察，2019 (6)：93 – 102.

[109] 刘勇政，李岩. 中国的高速铁路建设与城市经济增长 [J]. 金融研究，2017 (11)：18 – 33.

[110] 龙瀛，吴康，王江浩. 中国收缩城市及其研究框架 [J]. 现代城市研究，2015 (9)：14 – 19.

[111] 龙玉，李曜，宋贺. 高铁通车与风险投资绩效 [J]. 经济学动态，2019 (1)：76 – 91.

[112] 龙玉，赵海龙，张新德，等．时空压缩下的风险投资——高铁通车与风险投资区域变化 [J]．经济研究，2017，52 (4)：195 - 208.

[113] 卢佩莹，王波．从区域一体化看融合交通——以粤港澳大湾区和港深广高铁线为例 [J]．地理科学进展，2018，37 (12)：1623 - 1632.

[114] 鲁晓东，李荣林．区域经济一体化、FDI 与国际生产转移：一个自由资本模型 [J]．经济学（季刊），2009，8 (4)：1475 - 1496.

[115] 罗来军，罗雨泽，刘畅，等．基于引力模型重新推导的双边国际贸易检验 [J]．世界经济，2014 (12)：67 - 94.

[116] 罗小龙．城市收缩的机制与类型 [J]．城市规划，2018，42 (3)：107 - 108.

[117] 马为彪，吴玉鸣，许丽萍．高铁开通与长三角区域经济发展差距——基于中心—外围的分析视角 [J]．经济问题探索，2022 (8)：149 - 165.

[118] 马颖忆，陆玉麒，柯文前，等．泛亚高铁建设对中国西南边疆地区与中南半岛空间联系的影响 [J]．地理研究，2015 (5)：825 - 837.

[119] 梅林，王丽艳．高铁网络下我国城市通达性与土地利用效率关系研究 [J]．经济问题探索，2017 (12)：102 - 109.

[120] 年猛．交通基础设施、经济增长与空间均等化——基于中国高速铁路的自然实验 [J]．财贸经济，2019，40 (8)：146 - 161.

[121] 彭宇拓．论高速铁路对加速我国城市化进程的促进作用 [J]．理论学习与探索，2010 (5)：18 - 19.

[122] 齐讴歌，赵勇，白永秀．城市群功能分工、技术进步差异与全要素生产率分化——基于中国城市群面板数据的实证分析 [J]．宁夏社会科学，2018 (5)：86 - 97.

[123] 齐讴歌，赵勇，王满仓．城市集聚经济微观机制及其超越：从劳动分工到知识分工 [J]．中国工业经济，2012 (1)：36 - 45.

[124] 乔彬，张蕊，雷春．高铁效应、生产性服务业集聚与制造业升级 [J]．经济评论，2019 (6)：80 - 96.

[125] 邱毅，郑勇军．交易效率、运输成本、产业集群与中心市场生成 [J]．商业经济与管理，2010 (7)：11 - 17.

[126] 任晓红，王钰，但婷．高铁开通对中小城市经济增长的影响

[J]. 城市问题，2020（1）：91 - 97.

[127] 任晓红，张宗益. 交通基础设施、要素流动与城乡收入差距 [J]. 管理评论，2013，25（2）：51 - 59.

[128] 沈坤荣，唐文健. 大规模劳动力转移条件下的经济收敛性分析 [J]. 中国社会科学，2006（5）：46 - 57，206.

[129] 盛斌，魏方. 新中国对外贸易发展 70 年：回顾与展望 [J]. 财贸经济，2019（10）：1 - 16.

[130] 师博，张冰瑶. 全国地级以上城市经济高质量发展测度与分析 [J]. 社会科学研究，2019（3）：19 - 27.

[131] 石敏俊，张雪. 城市异质性与高铁对城市创新的作用：基于 264 个地级市的数据 [J]. 经济纵横，2020（2）：15 - 22.

[132] 舒元，黄亮雄. 我国省区环境污染资源损失及其外溢效应研究 [J]. 审计与经济研究，2012，27（3）：86 - 96.

[133] 孙久文，李姗姗，张和侦. "城市病" 对城市经济效率损失的影响——基于中国 285 个地级市的研究 [J]. 经济与管理研究，2015，36（3）：54 - 62.

[134] 孙卿. 交通可达性与旅游经济联系空间关系研究——以大西高铁为例 [J]. 经济问题，2023（4）：95 - 104.

[135] 孙学涛，李岩，王振华. 高铁建设与城市经济发展：产业异质性与空间溢出效应 [J]. 山西财经大学学报，2020（2）：58 - 71.

[136] 覃成林，柴庆元. 交通网络建设与粤港澳大湾区一体化发展 [J]. 中国软科学，2018（7）：71 - 79.

[137] 覃成林，崔聪慧. 粤港澳大湾区协调发展水平评估及其提升策略 [J]. 改革，2019，300（2）：56 - 63.

[138] 覃成林，黄龙杰. 中国高铁与区域经济发展研究进展 [J]. 广西大学学报（哲学社会科学版），2018，40（5）：72 - 79.

[139] 覃成林，黄小雅. 高速铁路与沿线城市经济联系变化 [J]. 经济经纬，2014，31（4）：1 - 6.

[140] 覃成林，杨礼杉. 铁路对沿线城市要素空间集聚的影响 [J]. 城市问题，2016（2）：25 - 35.

[141] 覃成林，杨晴晴. 高速铁路发展与城市生产性服务业集聚 [J]. 经济经纬，2016 (3)：1 - 6.

[142] 覃成林，种照辉. 高速铁路发展与铁路沿线城市经济集聚 [J]. 经济问题探索，2014 (5)：163 - 169.

[143] 谭建华，丁红燕，谭志东. 高铁开通与企业创新——基于高铁开通的准自然实验 [J]. 山西财经大学学报，2019，41 (3)：60 - 70.

[144] 唐恩斌，张梅青. 高铁背景下城市铁路可达性与空间相互作用格局——以江西省为例 [J]. 长江流域资源与环境，2018，27 (10)：2241 - 2249.

[145] 唐可月，姜昱汐. 高速铁路对站点城市及区域经济影响的异质性分析 [J]. 财经问题研究，2021 (12)：58 - 65.

[146] 唐宜红，俞峰，林发勤，等. 中国高铁、贸易成本与企业出口研究 [J]. 经济研究，2019，54 (7)：158 - 173.

[147] 屠年松，付文宇. 影响滇桂面向大湄公河次区域沿边开放的因素研究 [J]. 国际贸易问题，2017 (1)：60 - 69.

[148] 屠年松，李彦. 城市扩张、对外贸易与经济增长的关系——以广西为例 [J]. 城市问题，2015 (11)：53 - 59.

[149] 屠年松，李彦. 中国与东盟国家双边贸易效率及潜力研究——基于随机前沿引力模型 [J]. 云南社会科学，2016 (5)：84 - 89.

[150] 屠年松，熊玫. 大湄公河次区域边界效应的实证研究——以中泰、中越数据为例 [J]. 云南社会科学，2015 (3)：68 - 73.

[151] 万里阳，万千. 高铁网络与流行病跨城传播——来自 COVID - 19 疫情的经验分析 [J]. 产业经济评论，2020 (2)：37 - 48.

[152] 万庆，曾菊新. 基于空间相互作用视角的城市群产业结构优化——以武汉城市群为例 [J]. 经济地理，2013，33 (7)：102 - 108.

[153] 汪小帆，李翔，陈关荣. 复杂网络理论及其应用 [M]. 北京：清华大学出版社，2006.

[154] 王春杨，孟卫东，周靖祥. 高铁时代中国城市群空间演进：集聚还是扩散 [J]. 当代经济科学，2018 (3)：103 - 113.

[155] 王春杨，任晓红. 高铁对京津冀城市群时空格局的影响 [J]. 城

市问题，2018（10）：37－44.

[156] 王昊，龙慧. 试论高速铁路网建设对城镇群空间结构的影响[J]. 城市规划，2009（4）：41－44.

[157] 王红勇，赵嶷飞，温瑞英. 基于复杂网络的空中交通复杂性度量方法[J]. 系统工程，2014（3）：112－118.

[158] 王华星，石大千，余红伟. 高铁开通能够促进区域经济协调发展吗？[J]. 上海经济研究，2019（11）：59－69.

[159] 王姣娥，丁金学. 高速铁路对中国城市空间结构的影响研究[J]. 国际城市规划，2011，26（6）：49－54.

[160] 王姣娥，焦敬娟. 中国高速铁路网络的发展过程、格局及空间效应评价[J]. 热带地理，2014，34（3）：275－282.

[161] 王珏，陈雯. 全球化视角的区域主义与区域一体化理论阐释[J]. 地理科学进展，2013，32（7）：1082－1091.

[162] 王丽，曹有挥，刘可文，等. 高铁站区产业空间分布及集聚特征——以沪宁城际高铁南京站为例[J]. 地理科学，2012，32（3）：301－307.

[163] 王列辉，夏伟，宁越敏. 中国高铁城市分布格局非均衡性分析——基于与普通铁路对比的视角[J]. 城市发展研究，2017（7）：74－84.

[164] 王林辉，赵星. 要素空间流动、异质性产业集聚类型与区域经济增长——基于长三角和东北地区的分析[J]. 学习与探索，2020（3）：1－7.

[165] 王鹏，李彦. 高铁对城市群经济集聚演化的影响——以中国三大城市群为例[J]. 城市问题，2018（5）：62－72.

[166] 王鹏，李彦. 跨区域创新合作中的中间人角色及其影响因素研究——以粤港澳大湾区为例[J]. 港澳研究，2018（3）：62－74.

[167] 王鹏，莫珂迪. 人口集聚视角下交通基础设施对城市劳动生产率的影响[J]. 产经评论，2019，10（2）：124－139.

[168] 王鹏，吴思霖. 研发投入对高新区集聚发展影响的门限效应[J]. 科学学研究，2019（6）：996－1005.

[169] 王群勇，陆凤芝. 环境规制能否助推中国经济高质量发展？——基于省际面板数据的实证检验[J]. 郑州大学学报（哲学社会科学

版），2018，51（6）：64－70.

［170］王巍，马慧．高速铁路网络、劳动力转移与产业空间集聚［J］．当代经济管理，2019，41（12）：38－48.

［171］王小鲁，樊纲．中国地区差距的变动趋势和影响因素［J］．经济研究，2004（1）：33－44.

［172］王垚，年猛．高速铁路带动了区域经济发展吗？［J］．上海经济研究，2014（2）：82－91.

［173］王宇光，安树伟．高速铁路影响区域经济发展的机理研究及展望［J］．城市，2016（7）：33－38.

［174］王雨飞，倪鹏飞．高速铁路影响下的经济增长溢出与区域空间优化［J］．中国工业经济，2016（2）：21－36.

［175］王赟赟，陈宪．市场可达性、人口流动与空间分化［J］．经济评论，2019（1）：3－18，90.

［176］王赞信，魏巍，吴鹏．我国西南边境地区跨境贸易的阻力及其影响因素［J］．地域研究与开发，2018（2）：69－72，77.

［177］王振华，李萌萌，江金启．交通可达性对城市经济高质量发展的异质性影响［J］．经济与管理研究，2020（2）：98－111.

［178］魏后凯．外商直接投资对中国区域经济增长的影响［J］．经济研究，2002（4）：19－26，92－93.

［179］魏后凯．中国城镇化进程中两极化倾向与规模格局重构［J］．中国工业经济，2014（3）：18－30.

［180］魏益华．西部地区"有效核心优势"培育与"区域优势产业"成长［J］．经济学动态，2000（9）：24－27.

［181］温忠麟，叶宝娟．中介效应分析：方法和模型发展［J］．心理科学进展，2014，22（5）：731－745.

［182］吴常艳，黄贤金，陈博文，等．长江经济带经济联系空间格局及其经济一体化趋势［J］．经济地理，2017，37（7）：71－78.

［183］吴昊，赵阳．中国人口集聚对劳动生产率的非线性影响研究［J］．人口学刊，2019，41（6）：78－88.

［184］吴康，龙瀛，杨宇．京津冀与长江三角洲的局部收缩：格局、

类型与影响因素识别 [J]. 现代城市研究, 2015 (9): 26 - 35.

[185] 吴旗韬, 张虹鸥, 孙威, 等. 基于矢量—栅格集成法的厦深高铁影响空间分布——以广东东部地区为例 [J]. 地理科学进展, 2015, 34 (6): 707 - 715.

[186] 吴启焰, 朱喜刚, 陈涛. 城市经济学 [M]. 北京: 中国建筑工业出版社, 2008.

[187] 习近平. 决胜全面建成小康社会夺取新时代中国特色社会主义伟大胜利——在中国共产党第十九次全国代表大会上的报告 [R]. 北京: 人民出版社, 2017.

[188] 肖挺. 交通设施、居民的消费区域流向与消费结构——来自我国省际层面的经验证据 [J]. 财贸研究, 2018, 29 (9): 12 - 27.

[189] 谢呈阳, 周海波, 胡汉辉. 产业转移中要素资源的空间错配与经济效率损失: 基于江苏传统企业调查数据的研究 [J]. 中国工业经济, 2014 (12): 130 - 142.

[190] 熊彬, 王梦娇. 基于空间视角的中国对"一带一路"沿线国家直接投资的影响因素研究 [J]. 国际贸易问题, 2018 (2): 102 - 112.

[191] 徐博. 收缩城市与精明发展——收缩型中小城市政府治理与市场效率的内在逻辑匹配及改革创新空间 [J]. 经济学家, 2019 (12): 34 - 45.

[192] 徐厚广. 大国速度: 中国高铁崛起之路 [M]. 长沙: 湖南科学技术出版社, 2017.

[193] 徐明, 刘金山. 省际对口支援如何影响受援地区经济绩效——兼论经济增长与城乡收入趋同的多重中介效应 [J]. 经济科学, 2018 (4): 75 - 88.

[194] 许丽萍, 吴玉鸣, 马为彪. 高铁建设促进制造业与生产性服务业协同集聚了吗? [J]. 产业经济研究, 2023 (1): 1 - 14.

[195] 许召元, 李善同. 区域间劳动力迁移对地区差距的影响 [J]. 经济学 (季刊), 2009, 8 (1): 53 - 76.

[196] 宣烨, 陆静, 余泳泽. 高铁开通对高端服务业空间集聚的影响 [J]. 财贸经济, 2019, 40 (9): 117 - 131.

[197] 闫枫，张明玉. 京津城际高铁运营的综合影响力实证分析 [J]. 经济问题，2015 (5)：117 - 120.

[198] 阎福礼，邹艺昭，王世新，等. 中国不同交通模式的可达性空间格局研究 [J]. 长江流域资源与环境，2017，26 (6)：806 - 815.

[199] 杨昌安，何熙琼. 高铁能否提高地区资本市场的信息效率——基于公司股价同步性的视角 [J]. 山西财经大学学报，2020 (6)：30 - 44.

[200] 杨东峰，殷成志. 如何拯救收缩的城市：英国老工业城市转型经验及启示 [J]. 国际城市规划，2013，28 (6)：50 - 56.

[201] 杨多贵，刘开迪，周志田. 我国南北地区经济发展差距及演变分析 [J]. 中国科学院院刊，2018，33 (10)：87 - 96.

[202] 杨兰桥. 推进我国城市群高质量发展研究 [J]. 中州学刊，2018 (7)：21 - 25.

[203] 杨丽华，孙桂平. 京津冀城市群交通网络综合分析 [J]. 地理与地理信息科学，2014，30 (2)：77 - 81.

[204] 杨荣海，李亚波. 边界效应会制约中国跨境经济合作区建设吗——以中越、中老和中缅的数据为例 [J]. 国际经贸探索，2014，30 (3)：73 - 84.

[205] 杨艳昭，封志明，赵延德，等. 中国城市土地扩张与人口增长协调性研究 [J]. 地理研究，2013，32 (9)：1668 - 1678.

[206] 杨振山，孙艺芸. 城市收缩现象、过程与问题 [J]. 人文地理，2015，30 (4)：6 - 10.

[207] 杨志民，化祥雨，叶娅芬，等. 金融空间联系与 SOM 神经网络中心等级识别——以浙江省县域为例 [J]. 经济地理，2014，34 (12)：93 - 98.

[208] 叶斌，汤晋. 从公共政策视角浅析欧洲高速铁路整合规划 [J]. 国际城市规划，2010，25 (2)：97 - 100.

[209] 叶德珠，潘爽，武文杰，等. 距离、可达性与创新——高铁开通影响城市创新的最优作用半径研究 [J]. 财贸经济，2020 (2)：1 - 16.

[210] 尹宏玲，徐腾. 我国城市人口城镇化与土地城镇化失调特征及差异研究 [J]. 城市规划学刊，2013 (2)：10 - 15.

[211] 于宝，冯春，朱倩等. 中国高速铁路网络脆弱性分析 [J]. 中国

安全科学学报，2017，27（9）：110 – 115.

[212] 余泳泽，潘妍. 高铁开通缩小了城乡收入差距吗？——基于异质性劳动力转移视角的解释 [J]. 中国农村经济，2019（1）：79 – 95.

[213] 俞路，赵佳敏. 京沪高铁对沿线城市地区间溢出效应的研究——基于 2005～2013 年地级市面板数据 [J]. 世界地理研究，2019，28（1）：47 – 57.

[214] 曾冰. 我国省际边界效应的再检验——基于空间计量交互模型 [J]. 云南财经大学学报，2016（1）：62 – 71.

[215] 曾轩芬，韩天尧，康乐乐，等. 高铁促进了沿线城市之间的学术合作吗？[J]. 图书情报知识，2019（1）：88 – 98.

[216] 张贝贝，李志刚. "收缩城市"研究的国际进展与启示 [J]. 城市规划，2017，41（10）：103 – 108，121.

[217] 张浩然，衣保中. 基础设施、空间溢出与区域全要素生产率——基于中国 266 个城市空间面板杜宾模型的经验研究 [J]. 经济学家，2012（2）：61 – 67.

[218] 张恒龙，陈方圆. 高铁对区域协调发展的影响分析——基于徐兰客运专线的实证分析 [J]. 上海大学学报（社会科学版），2018，35（5）：97 – 112.

[219] 张洪鸣，孙铁山. 高铁如何影响沿线及周边城市的产业分布与结构转型？——基于空间计量模型的机制分析 [J]. 产业经济研究，2022（6）：1 – 13.

[220] 张杰飞，李国平，柳思维. 中国农业剩余劳动力转移理论模型及政策分析：Harris – Todaro 与新经济地理模型的综合 [J]. 世界经济，2009（3）：82 – 95.

[221] 张京祥，冯灿芳，陈浩. 城市收缩的国际研究与中国本土化探索 [J]. 国际城市规划，2017，32（5）：1 – 9.

[222] 张婧，沈玉芳，刘曙华，等. 区域金融协调发展研究——基于长三角经济一体化的实证 [J]. 地域研究与开发，2010，29（5）：33 – 38.

[223] 张俊. 高铁建设与县域经济发展——基于卫星灯光数据的研究 [J]. 经济学（季刊），2017，16（4）：1533 – 1562.

[224] 张克中，陶东杰. 交通基础设施的经济分布效应——来自高铁开通的证据 [J]. 经济学动态，2016（6）：62-73.

[225] 张兰霞，秦勇，王莉. 高速铁路加权复杂网络特性分析 [J]. 铁道科学与工程学报，2016，13（2）：201-209.

[226] 张辽. 要素流动、产业转移与区域经济发展 [D]. 武汉：华中科技大学，2013.

[227] 张梦婷，俞峰，钟昌标，等. 高铁网络、市场准入与企业生产率 [J]. 中国工业经济，2018（5）：137-156.

[228] 张明斗，刘奕，曲峻熙. 收缩型城市的分类识别及高质量发展研究 [J]. 郑州大学学报（哲学社会科学版），2019，52（5）：47-51.

[229] 张书明，王晓文，王树恩. 高速铁路经济效益及其影响因素研究 [J]. 山东社会科学，2013（2）：174-177.

[230] 张学良. 中国交通基础设施促进了区域经济增长吗——兼论交通基础设施的空间溢出效应 [J]. 中国社会科学，2012（3）：60-77.

[231] 张雪薇，宗刚. 高铁开通对劳动生产率的影响研究——基于生产性服务业集聚和产业结构变迁视角 [J]. 软科学，2020（11）：1-11.

[232] 张勋，王旭，万广华，等. 交通基础设施促进经济增长的一个综合框架 [J]. 经济研究，2018，53（1）：50-64.

[233] 张艳，华晨. 解析高铁作为城市空间重组的结构性要素：法国里昂案例分析 [J]. 国际城市规划，2011（6）：102-109.

[234] 张杨波. 高铁时代下的时空压缩与社会分化——以武广客运专线开通事件为例 [J]. 湖北行政学院学报，2011（2）：59-64.

[235] 张幼文等. 要素收益与贸易强国道路 [M]. 北京：人民出版社，2016.

[236] 张幼文，薛安伟. 要素流动对世界经济增长的影响机理 [J]. 世界经济研究，2013（2）：3-8，87.

[237] 张月玲，吴涵，叶阿忠. 要素集聚及外溢对中国经济发展效率的影响 [J]. 软科学，2016，30（7）：24-29.

[238] 张治栋，吴迪. 产业空间集聚、要素流动与区域平衡发展——基于长江经济带城市经济发展差距的视角 [J]. 经济体制改革，2019（4）：42-48.

[239] 张治栋，吴迪，周姝豆. 生产要素流动、区域协调一体化与经济增长 [J]. 工业技术经济，2018，37（11）：58－66.

[240] 张座铭，付书科，易明. 湖北高铁经济效应综合评价及政策创新研究 [J]. 湖北社会科学，2016（8）：69－75.

[241] 赵丹，张京祥. 高速铁路影响下的长三角城市群可达性空间格局演变 [J]. 长江流域资源与环境，2012（4）：391.

[242] 赵家辉，李诚固，马佐澎，等. 城市精明收缩与我国老工业基地转型 [J]. 城市发展研究，2017，24（1）：135－138，152.

[243] 赵静，黄敬昌，刘峰. 高铁开通与股价崩盘风险 [J]. 管理世界，2018，34（1）：157－168，192.

[244] 赵康杰，景普秋. 要素流动对中国城乡经济一体化发展的非线性效应研究——基于省域面板数据的实证检验 [J]. 经济问题探索，2019（10）：1－12.

[245] 赵德起，陈娜. 中国城乡融合发展水平测度研究 [J]. 经济问题探索，2019（12）：1－28.

[246] 赵儒煜，邵昱晔. 要素流动与区际经济增长 [J]. 求索，2011（2）：69－71.

[247] 赵祥. 城市经济互动与城市群产业结构分析——基于珠三角城市群的实证研究 [J]. 南方经济，2016（10）：109－120.

[248] 赵秀峰. 从比较优势探索白银市发展特色经济的新途径 [J]. 中国国土资源经济，2004（4）：22－25，48.

[249] 赵雪娇. 城市群发展中分工的深化与抑制 [D]. 杭州：浙江大学，2018.

[250] 赵勇，白永秀. 知识溢出：一个文献综述 [J]. 经济研究，2009，44（1）：144－156.

[251] 赵云，李雪梅. 基于可达性的知识溢出估计模型——高速铁路网络的影响分析 [J]. 软科学，2015，29（5）：55－58.

[252] 钟业喜，陆玉麒. 基于可达性角度的区域发展机会公平性评价——以江西省为例 [J]. 地理科学，2009，29（6）：809－816.

[253] 钟韵，胡晓华. 粤港澳大湾区的构建与制度创新：理论基础与

实施机制 [J]. 经济学家, 2017 (12): 50-57.

[254] 周海波, 胡汉辉, 谢呈阳, 等. 地区资源错配与交通基础设施: 来自中国的经验证据 [J]. 产业经济研究, 2017 (1): 100-113.

[255] 周浩, 余壮雄, 杨铮. 可达性、集聚和新建企业选址——来自中国制造业的微观证据 [J]. 经济学: 季刊, 2015, 14 (4): 1393-1416.

[256] 周加来, 李刚. 区域经济发展差距: 新经济地理、要素流动与经济政策 [J]. 经济理论与经济管理, 2008 (9): 29-34.

[257] 周君, 刘钊, 王亚军. 国内外高速铁路建设与运营模式比较 [J]. 铁路工程造价管理, 2013, 28 (3): 51-53.

[258] 周锐波, 胡耀宗, 石思文. 要素集聚对我国城市技术进步的影响分析——基于 OLS 模型与门槛模型的实证研究 [J]. 工业技术经济, 2020, 39 (2): 110-118.

[259] 周亚雄. 基础设施、区域经济增长和区域差距的关系研究 [D]. 天津: 南开大学, 2014.

[260] 朱启荣, 言英杰. 中国外贸增长质量的评价指标构建与实证研究 [J]. 财贸经济, 2012 (12): 87-93.

[261] 朱文涛. 高铁服务供给对省域制造业空间集聚的影响研究 [J]. 产业经济研究, 2019 (3): 27-39.

[262] 邹璇. 要素流动、产业转移与经济增长 [D]. 天津: 南开大学, 2009.

[263] Abadie A. Semiparametric difference-in-difference estimators [J]. *Review of Economic Studies*, 2005, 72 (1): 1-19.

[264] Achour H, Belloumi M. Investigating the causal relationship between transport infrastructure, transport energy consumption and economic growth in Tunisia [J]. *Renewable and Sustainable Energy Reviews*, 2016, 56 (1): 988-998.

[265] Adler N, Nash C, Pels E A J H. High-speed rail & air transport competition: Game engineering as tool for cost-benefit analysis [J]. *Social Science Electronic Publishing*, 2010, 44 (7): 812-833.

[266] Ahlfeldt G M, Feddersen A. Fromperiphery to core: measuring agglomeration effects using high-speed rail [J]. *Journal of Economic Geography*,

2018, 18 (2): 355 – 390.

[267] Albalate D, Campos J, Jiménez J L. *Tourims and high speed rail in Spain: Does the AVE increase local visitors* [R]. Working Paper, Research Institute of Applied Economics, 2015, 27 (1): 1 – 23.

[268] Anderson J E, Van Wincoop E. Gravity with gravitas: A solution to the border puzzle [J]. *American Economic Review*, 2003, 93 (1): 170 – 192.

[269] Andersson D E, Shyr O F, Fu J. Does high-speed rail accessibility influence residential property prices? Hedonic estimates from southern Taiwan [J]. *Journal of Transport Geography*, 2010, 18 (1): 166 – 174.

[270] Anselin L. *Spatial Econometrics: Methods and Models* [M]. Dordrecht: Kluwer Academic press, 1988.

[271] Audretsch D B, Feldman M P. R&D spillovers and the geography of innovation and production [J]. *American Economic Review*, 1996, 86 (3): 630 – 640.

[272] Azariadis C, Stachurski J. Poverty traps [J]. *Handbook of Economic Growth*, 2005, 5 (1): 295 – 384.

[273] Baldwin R E, Forslid R, Philippe, Martin et al. *Economic geography and public policy* [M]. Princeton: Princeton University Press, 2003.

[274] Baldwin R E, Krugman P. Agglomeration, integration and tax harmonisation [J]. *European Economic Review*, 2004, 48 (1): 1 – 23.

[275] Banister D, Berechman J. *Transport investment and economic development* [M]. London: University College Press, 2003.

[276] Banister D, Berechman Y. Transport investment and the promotion of economic growth [J]. *Journal of Transport Geography*, 2001 (9): 209 – 218.

[277] Banister D, Thurstain – Goodwin M. Quantification of the non-transport benefits resulting from rail investment [J]. *Journal of TransportGeography*, 2011 (19): 212 – 223.

[278] Barro R J, Sala – I – Martin X. Convergence across states and regions [J]. *Brookings Papers on Economic Activity*, 1991, 19 (1): 107 – 182.

[279] Barro R J, Sala – I – Martin X. Convergence [J]. *Journal of Politi-*

cal Economy, 1992, 100 (2): 223 – 251.

[280] Baum – Snow N, Brandt L, Henderson J V, Turner M A, Zhang Q. Roads, railroads and decentralization of chinese cities [J]. *Review of Economics and Statistics*, 2017, 99 (3): 435 – 448.

[281] Behrens K. International integration and regional inequalities: How important is national infrastructure? [J] . *The Manchester School*, 2004, 79 (5), 952 – 971.

[282] Bel G, Holst M. Evaluation of the impact of bus rapid transit on air pollution in Mexico city [J]. *Transport Policy*, 2018 (63): 209 – 220.

[283] Bertolini L, Clercq F L, Kapoen L. Sustainable accessibility: A conceptual framework to integrate transport and land use plan-making. Two test-applications in the Netherlands and a reflection on the way forward [J]. *Transport Policy*, 2005, 12 (3): 207 – 220.

[284] Bertolini L, Clercq F L, Straatemeier T. Urban transportation planning in transition [J]. *Transport Policy*, 2008, 15 (2): 69 – 72.

[285] Beyzatlar M A, Karacal M, Yetkiner H. Granger-causality between transportation and GDP: a panel data approach [J]. *Transportation Research Part A: Policy & Practice*, 2014, 63 (1): 43 – 55.

[286] Blanco H, Alberti M, Forsyth A, Krizek K J, Rodriguez D A, Talen E, Ellis C. Hot, congested, crowded and diverse: Emerging research agendas in planning [J]. *Progress inPlanning*, 2009, 71 (4): 153 – 205.

[287] Blum U, Haynes K E, Karlsson C. Introduction to the special issue The regional and urban effects of high-speed trains [J]. *Annals of Regional Science*, 1997, 31 (1): 1 – 20.

[288] Bonnafous A. The regional impact of the TGV [J]. *Transportation*, 1987, 14 (2): 127 – 137.

[289] Bontje M. Facing the challenge of shrinking cities in East Germany: The case of Leipzig [J]. *Geo Journal*, 2004, 61 (1): 13 – 21.

[290] Bougheas S, Demetriades P O, Mamuneas T P. Infrastructure, specialization, and economic growth [J]. *Canadian Journal of Economics/revue Ca-*

nadienne Déconomique, 2010, 33 (2): 506 – 522.

［291］BrÖCker J, Korzhenevych A, Carsten Schürmann. Assessing spatial equity and efficiency impacts of transport infrastructure projects ［J］. *Transportation Research Part B Methodological*, 2010, 44 (7): 795 – 811.

［292］Cantos P, Gumbau – Albert M, Maudos J. Transport infrastructures, spillover effects and regional growth: evidence of the Spanish case ［J］. *Transport Reviews*, 2005, 25 (1), 25 – 50.

［293］Cao J, Liu X C, Wang Y H, Li Q Q. Accessibility impacts of China's high speed rail network ［J］. *Journal of Transport Geography*, 2013, 28 (2): 12 – 21.

［294］Cao X, Ouyang S, Yang W, Luo Y, Li B, Liu D. Transport accessibility and spatial connections of cities in the Guangdong – Hongkong – Macao greater bay area ［J］. *Chinese Geographical Science*, 2019, 29 (5): 820 – 833.

［295］Capello R, Camagni R. Beyond optimal city Size: An evaluation of alternative urban growth patterns ［J］. *Urban Studies*, 2000, 37 (9): 1479 – 1496.

［296］Caporaso J A. *The European Union: Dilemmas of regional integration* ［M］. New York: Routledge, 2018.

［297］Castells – Quintana D. Malthus living in a slum: Urban concentration, infrastructure and economic growth ［J］. *Journal of Urban Economics*, 2017, 98 (3): 158 – 173.

［298］Cervero R. Efficient urbanisation: Economic performanceand the shape of the metropolis ［J］. *Urban Studies*, 2001, 38 (10): 1651 – 1671.

［299］Charnoz P, Lelarge C, Trevien C. Communication costs and the internal organisation of multi – plant businesses: Evidence from the impact of the French high-speed rail ［J］. *The Economic Journal*, 2018, 128 (610): 949 – 991.

［300］Chatman D G, Noland R B. Do public transport improvements increase agglomeration economies? A review of literature and an agenda for research ［J］. *Transport Reviews*, 2011, 31 (6), 725 – 742.

［301］Chen C L, Hall P. The wider spatial-economic impacts of high-speed trains: a comparative case study of Manchester and Lille sub-regions ［J］. *Journal of Transport Geography*, 2012, 24 (4): 89 – 110.

[302] Chen C L. Reshaping Chinese space-economy through high-speed trains: Opportunities and challenges [J]. *Journal of Transport Geography*, 2012, 22 (3): 312 – 316.

[303] Chen J, Fleisher B M. Regional income inequality and economic growth in China [J]. *Journal of Comparative Economics*, 1996, 22 (2): 141 – 164.

[304] Chen Z, Haynes K E. Impact of high speed rail on housing values: An observation from the Beijing – Shanghai line [J]. *Journal of Transport Geography*, 2015, 43 (1): 91 – 100.

[305] Chen Z, Haynes K E. Impact of high-speed rail on regional economic disparity in China [J]. *Journal of Transport Geography*, 2017, 65 (8): 80 – 91.

[306] Chen Z H, Li Y, Wang P. Transportation accessibility and regional growth in the Greater Bay Area of China [J]. *Transportation Research Part D: Transport and Environment*, 2020, 86 (8): 1 – 21.

[307] Chen Z, Wang Y. Impacts of severe weather events on air and high-speed rail delays [J]. *Transportation Research Part D: Transport and Environment*, 2019 (1): 168 – 183.

[308] Chen Z, Xue J, Rose A. Haynes K. Impact of high speed rail investment on the economy and environment in China: A dynamic CGE analysis [J]. *Transportation Research Part A: Policy and Practice*, 2016 (92): 232 – 245.

[309] Ciccone A, Hall R E. Productivity and the density of economic activity [J]. *American Economic Review*, 1996, 86 (1): 54 – 70.

[310] Coelli T, Rao D S P, O'Donnell C J, Battese G E. *An introduction to efficiency and productivity analysis* [M]. Boston: Kluwer Academic Publishers, 1998.

[311] Cohen J P. The broader effects of transportation infrastructure: Spatial econo-metrics and productivity approaches [J]. *Transportation Research Part E*, 2010 (46): 317 – 326.

[312] Combes P P, Mayer T, Jacques – François T. Economic geography: The integration of regions and nations [J]. *Université Paris1 Panthéon – Sorbonne*

(*Post – Print and Working Papers*), 2008, 9 (1): 1 – 25.

[313] Condeco – Melhorado A, Tillema T, De Jong T, Koopal R. Distributive effects of new highway infrastructure in the netherlands: The role of network effects and spatial spillovers [J]. *Journal of Transport Geography*, 2014 (34): 96 – 105.

[314] Coto – Millán P, Inglada V, Rey B. Effects of network economies in high-speed rail: The Spanish case [J]. *Annals of Regional Science*, 2007, 41 (4): 911 – 925.

[315] Dai N, Hatoko M. Reevaluation of Japanese high-speed rail construction: Recent situation of the north corridor Shinkansen and its way to completion [J]. *Transport Policy*, 2007, 14 (2): 150 – 164.

[316] David B A, Maksim B. The role of R&D and knowledge spillovers in innovation and productivity [J]. *European Economic Review*, 2020, 123 (4): 1 – 24.

[317] Deng T T. Impacts of transport infrastructure on productivity and economic growth: Recent advances and researchchallenges [J]. *Transport Reviews*, 2013, 33 (6), 686 – 699.

[318] Diao M, Leonard D, Sing T F. Spatial-difference-in-differences models for impact of new mass rapid transit line on private housing values [J]. *Regional Science and Urban Economics*, 2017 (67): 64 – 77.

[319] Diao M, Zhu Y, Zhu J. Intra-city access to inter-city transport nodes: The implications of high-speed-rail station locations for the urban development of Chinese cities [J]. *Urban Studies*, 2017, 54 (10): 2249 – 2267.

[320] Dinkelman T. The Effects of rural electrification on employment: New evidence from South Africa [J]. *American Economic Review*, 2011, 101 (7): 3078 – 3108.

[321] Djankov S, Freund C, Pham C S. Trading on time [J]. *Review of Economics Statistics*, 2010, 92 (1): 166 – 173.

[322] Démurger S. Infrastructure development and economic growth: An explanation for regional disparities in China? [J]. *Journal of Comparative Econom-*

ics, 2001, 29 (1): 95 – 117.

[323] Donaldson D, Hornbeck R. Railroads and american economic growth: A "market access" approach [J]. *Quarterly Journal of Economics*, 2016, 131 (2): 799 – 858.

[324] Donoghue D, Gleave B. A note on methods for measuring industrial, agglomeration [J]. *Regional Studies*, 2004, 38 (4): 419 – 427.

[325] Drennan M P, Brecher C. Does public transit use enhance the economic efficiency of urban areas? [J]. *Journal of Transport and Land Use*, 2012, 5 (3): 53 – 67.

[326] Eberts R W, Mcmillen D P. Chapter 38 Agglomeration economies and urban public infrastructure [J]. *Handbook of Regional & Urban Economics*, 1999, 3 (3): 1455 – 1495.

[327] Edward L Glaeser, H D Kallal , J A Scheinkman, Andrei Shleifer. Growth in cities [J]. *Journal of Political Economy*, 1992 (12): 1126 – 1152.

[328] Engel C, Rogers J H. How wide is the border? [J]. *American Economic Review*, 1996, 86 (5): 1112 – 1125.

[329] Englmann F C, Walz U. Industrial centers and regional growth in the presence of local inputs [J]. *Journal of Regional Science*, 1995, 22 (6): 22 – 31.

[330] Faber B. Trade integration, market size, and industrialization: Evidence from China's national trunk highway system [J]. *Review of Economic Studies*, 2014, 81 (3): 1046 – 1070.

[331] Fallah B N, Partridge M D, Olfert M R. Urban sprawl and productivity: Evidence from US metropolitan areas [J]. *Papers in Regional Science*, 2011, 90 (3): 451 – 472.

[332] Feldman M R. *The geography of innovation* [M]. Berlin: Springer, 1994.

[333] Fernald J G. Highways to prosperity? Assessing the link between public capital and productivity [J]. *American Economic Review*, 1999, 89 (3): 619 – 638.

[334] Fingleton B, Longhi S. The effects of agglomeration on wages: Evi-

dence from the micro-level [J]. *Journal of Regional Science*, 2013, 53 (3): 443 – 463.

[335] Fontes M J, Ribeiro A, Silva J. Accessibility and local development: Interaction between cross-border accessibility and local development in portugal and spain [J]. *Procedia – Social and Behavioral Sciences*, 2014 (111): 927 – 936.

[336] Forslund U M, Johansson B. Assessing road investments: Accessibility changes, cost benefit and production effects [J]. *Annals of Regional Science*, 1995, 29 (2): 155 – 174.

[337] Fujita M, Hu D. Regional disparity in China 1985 – 1994: The effects of globalization and economic liberalization [J]. *Annals of Regional Science*, 2001, 35 (1): 3 – 37.

[338] Fujita M, Ogawa H. Multiple equilibria andstructural transition of non-monocentric urban configurations [J]. *Regional Science Urban Economics*, 1982, 12 (2): 161 – 196.

[339] Funke M, Niebuhr A. Regional geographic research and development spillovers and economic growth: Evidence from West Germany [J]. *Regional Studies*, 2005, 39 (1): 143 – 153.

[340] Garmendia M, Ribalaygua C, Ureña J M. High speed rail: Implication for cities [J]. *Cities*, 2012, 29 (6): 26 – 31.

[341] Ghani E, Goswami A G, Kerr W R. Highways and spatial location within cities: Evidence from India [J]. *The World Bank Economic Review*, 2016 (4): 1 – 12.

[342] Givoni M. The development and impact of the modern high speed train [J]. *Transport Reviews*, 2006, 26 (5): 593 – 612.

[343] Graham D J, Dender K V. Estimating the agglomeration benefits of transport investments: Some tests for stability [J]. *Transportation*, 2011, 38 (3): 409 – 426.

[344] Graham D J. Variable returns to agglomeration and the effect of road traffic congestion [J]. *Journal of Urban Economics*, 2007, 62 (1): 103 – 120.

［345］Greenstone M, Hornbeck R, Moretti E. Identifying agglomeration spillovers: Evidence from winners and losers of large plant openings ［J］. *Journal of Political Economy*, 2010, 118 （3）: 536 –598.

［346］Grengs J. Job accessibility and the modal mismatch in Detroit ［J］. *Journal of Transport Geography*, 2010, 18 （1）: 42 –54.

［347］GU D, Newman G, Kim J H, et al. Neighborhood decline and mixed land uses: Mitigating housing abandonment in shrinking cities ［J］. *Land Use Policy*, 2019, 83 （2）: 505 –511.

［348］Guirao B, Campa J L, Casado – Sanz N. Labour mobility between cities and metropolitan integration: The role of high speed rail commuting in Spain ［J］. *Cities*, 2018, 78 （2）: 1 –15.

［349］Gutiérrez J, González R, Gómez G. The European high-speed train network: Predicted effectson accessibility patterns ［J］. *Journal of Transport Geography*, 1996, 4 （4）: 227 –238.

［350］Gutiérrez J. Location, economic potential and daily accessibility: An analysis of the accessibility impact of the high-speed line Madrid – Barcelona – French border ［J］. *Journal of Transport Geography*, 2001, 9 （4）: 229 –242.

［351］Haase A, Bernt M, Grobmann K, Mykhnenko V, Rink D. Varieties of shrinkage in European cities ［J］. *European Urban and Regional Studies*, 2016, 23 （1）: 86 –102.

［352］Haggett P. *Locational analysis in human geography* ［M］. London: Edward Arnold Ltd, 1965.

［353］Hall P. Magic carpets and seamless webs: Opportunities and constraints for high-speed trains in Europe ［J］. *Built Environment*, 2009, 35 （1）: 59 –69.

［354］Hansen B E. Sample splitting and threshold estimation ［J］. *Econometrica*, 2000, 68 （3）: 575 –603.

［355］Hansen B E. Threshold effects in non-dynamic panels: Estimation, testing, and inference ［J］. *Journal of Econometrics*, 1999, 93 （2）: 345 –368.

［356］Hansen W G. How accessibility shapes land use ［J］. *Journal of the*

American Planning Association, 1959, 25 (2): 73 –76.

[357] Harris R D F, Tzavalis E. Inference for unit roots in dynamic panels where the time dimension is fixed [J]. *Journal of Econometrics*, 1999 (91): 201 –226.

[358] Hattori K, Kaido K, Matsuyuki M. The development of urban shrinkage discourse and policyresponse in Japan [J]. *Cities*, 2017, 69 (2): 124 –132.

[359] Haughwout A F. Public infrastructure investments, productivity and welfare in fixed geographical areas [J]. *Journal of Public Economics*, 2002 (83): 405 –428.

[360] Hawas Y E, Hassan M N, Abulibdeh A. Amulti-criteria approach of assessing public transport accessibility at a strategic level [J]. *Journal of Transport Geography*, 2016, 57 (12): 19 –34.

[361] He D, Yin Q, Zheng M, Gao P. Transport and regional economic integration: Evidence from the Chang –Zhu –Tan region in China [J]. *Transport Policy*, 2019, 79 (4): 193 –203.

[362] Henderson J V, Wang H G. Urbanization and city growth: The role of institutions [J]. *Regional Science Urban Economics*, 2007, 37 (3): 283 –313.

[363] Hiramatsu T. Job and population location choices and economic scale as effects of high speed rail: Simulation analysis of Shinkansen in Kyushu, Japan [J]. *Research in Transportation Economics*, 2018, 72 (12): 15 –26.

[364] Hirota R. Air –Rail links in Japan: Present situation and future trends [J]. *Japan Railway Transport Review*, 2004, 51 (7): 4 –15.

[365] Hollander J B. *Polluted and dangerous: America's worst abandoned properties and what can be done about them* [M]. Burlington: University of Vermont Press, 2009.

[366] Hong J, Chu Z, Wang Q. Transport infrastructure and regional economic growth: Evidence from China [J]. *Transportation*, 2011, 38 (5): 737 –752.

[367] Hornok C, Koren M. Administrative barriers to trade [J]. *Journal of International Economics*, 2015 (96): 110 –122.

[368] Hou Q, Li S M. Transport infrastructure development and changing spatial accessibility in the greater pearl river delta, China, 1990 – 2020 [J]. *Journal of Transport Geography*, 2011, 19 (6): 1350 – 1360.

[369] Hsieh C T, Klenow P J. Misallocation and manufacturing TFP in China and India [J]. *Quarterly Journal of Economics*, 2009, 124 (4): 1403 – 1448.

[370] Huang X, Jia F, Xu X, Yu S. The threshold effect of market sentiment and inflation expectations on gold price [J]. *Resources Policy*, 2019, (62): 77 – 83.

[371] Huermann H, Siebel W. *Die schrumpfende stadt und die stadtsoziologie* [M]. Wiesbaden: Soziologische Stadtforschung. VS Verlag für Sozialwissenschaften, 1988.

[372] Hung M, Wang Y. Mandatory CSR disclosure and shareholder value: Evidence from China [R]. Working Paper. University of Southern California and The Hong Kong University of Science and Technology, 2014.

[373] Jacobs J. *The economy of cities* [M]. New York: Vintage, 1969.

[374] Jaekyung L, Galen N, Yunmi P. A Comparison of vacancy dynamics between growing and shrinking cities using the land transformation model [J]. *Sustainability*, 2018, 10 (5): 1513 – 1529.

[375] Jiang S Q, Shi A N, Peng Z H, et al. Major factors affecting cross-city RD collaborations in China: evidence from cross-sectional co-patent data between 224 cities [J]. *Scientometrics*, 2017, 111 (3): 1251 – 1266.

[376] Jiang X, Zhang L, Xiong C, et al. Transportation and regional economic development: Analysis of spatial spillovers in China provincial regions [J]. *Networks and Spatial Economics*, 2016, 16 (3): 769 – 790.

[377] Jiang Y L, Harry J P, Bin Yu. Relocation of manufacturing industry from the perspective of transport accessibility—An application of percolation theory [J]. *Transport policy*, 2018, 63 (4): 10 – 29.

[378] Jiao J J, Wang J E, Jin F J, Du Chao. Understanding relationship between accessibility and economic growth: A case study from China (1990 – 2010) [J]. *Chinese Geographical Science*, 2016 (6): 103 – 116.

［379］ Jia S M, Zhou C Y, Qin C L. No difference in effect of high-speed rail on regional economic growth based on match effect perspective? ［J］. *Transportation Research Part A Policy Practice*, 2017, 106（8）: 144 – 157.

［380］ Ke X, Chen H, Hong Y, et al. Do China'shigh-speed-rail projects promote local economy? —New evidence from a panel data approach ［J］. *China Economic Review*, 2017（44）: 203 – 226.

［381］ Khavarian – Garmsir A R, Pourahmad A, Hataminejad H, Farhoodi R. Climate change and environmental degradation and the drivers of migration in the context of shrinking cities: A case study of Khuzestan province, Iran ［J］. *Sustainable Cities and Society*, 2019, 47（2）: 1 – 12.

［382］ Kim K S. High-speed rail developments and spatial restructuring: A case study of the capital region in South Korea ［J］. *Cities*, 2000, 17（4）: 251 – 262.

［383］ Krugman P. *Geography and trade* ［M］. Cambridge MA: MIT Press. 1991.

［384］ Krugman P. Increasing returns and economic geography ［J］. *Journal of Political Economy*, 1991, 99（3）: 483 – 499.

［385］ Krugman P. Scale economies, product differentiation, and the pattern of trade ［J］. *The American Economic Review*, 1980, 70（5）: 950 – 959.

［386］ Lang C. Heterogeneous transport costs and spatial sorting in a model of New Economic Geography ［J］. *Papers in Regional Science*, 2010, 89（1）: 191 – 202.

［387］ LeSage J, Pace R K. *Introduction to spatial econometrics* ［M］. Boca Raton: CRC Press, 2009.

［388］ Lesthaeghe R. *The second demographic transition in western countries: an interpretation* ［M］//Gender and Family Change in Industrialized Countries Eds K O Mason, A – M Jensen. Oxford: Clarendon Press, 1995.

［389］ Levinson D, Mathieu J M, Gillen D, Kanafani A. The full cost of high-speed rail: an engineering approach ［J］. *The Annals of Regional Science*, 1997, 31（2）: 189 – 215.

［390］ Liang L, Zhu L. Major factors affecting China's inter-regional research collaboration: Regional scientific productivity and geographical proximity ［J］. *Scientometrics*, 2002, 55 (2): 287 – 316.

［391］ Li H C, Strauss J, Hu S X, et al. Do high-speed railways lead to urban economic growth in China? A panel data study of China's cities ［J］. *The Quarterly Review of Economics and Finance*, 2018, 69 (8): 70 – 89.

［392］ Lin Y T. Travel costs and urban specialization patterns: Evidence from China's high speed railway system ［J］. *Journal of Urban Economics*, 2017, 98 (3): 98 – 123.

［393］ Li X, Huang B, Li R, et al. Exploring the impact of high speed railways on the spatial redistribution of economic activities – Yangtze River Delta urban agglomeration as a case study ［J］. *Journal of Transport Geography*, 2016, 57 (12): 194 – 206.

［394］ Li Y, Chen Z. & Wang P. Impact of high-speed rail on urban economic efficiency in China ［J］. *Transport Policy*, 2020, 97 (8): 220 – 231.

［395］ Li Z, Xu H. High-speed railroads and economic geography: Evidence from Japan ［J］. *Journal of Regional Science*, 2016, 58 (3): 1 – 23.

［396］ Long Y, Wu K. Shrinking cities in a rapidly urbanizing China ［J］. *Environment and Planning A*, 2016, 48 (2), 220 – 222.

［397］ López, Elena, Gutiérrez, Javier, Gómez, Gabriel. Measuring regional cohesion effects of large-scale transport Infrastructure investments: An accessibility approach ［J］. *European Planning Studies*, 2008, 16 (2): 277 – 301.

［398］ Ma H, Fang C, Pang B, et al. The effect of geographical proximity on scientific cooperation among Chinese cities from 1990 to 2010 ［J］. *PloS one*, 2014, 9 (11): e111705.

［399］ Mallach, A. What we talk about when we talk about shrinking cities: The ambiguity of discourse and policy response in the United States ［J］. *Cities*, 2017, 69 (1): 109 – 115.

［400］ Marshall A. Principles of economics: an introductory volume ［J］. *Social Science Electronic Publishing*, 1920, 67 (1742): 457 – 480.

［401］ Martí – Henneberg J. European integration and national models for railway networks （1840 – 2010） ［J］. *Journal of Transport Geography*, 2013, 26 （1）: 126 – 138.

［402］ Martinez – Fernandez C, Audirac I, Fol S, Cunningham – Sabot E. Shrinking cities: Urban challenges of globalization ［J］. *International Journal of Urban and Regional Research*, 2012, 36 （2）: 213 – 225.

［403］ Martín J C, Reggiani A. Recent methodological developments to measure spatial interaction: synthetic accessibility indices applied to high-speed train investments ［J］. *Transport Reviews*, 2017, 27 （5）: 551 – 571.

［404］ Mccallum J. National borders matter: Canada – U. S. regional trade patterns ［J］. *American Economic Review*, 1995, 85 （3）: 615 – 623.

［405］ Meijers E, Hoekstra J, Leijten M, Louw E, Spaans M. Connecting the periphery: Distributive effects of new infrastructure ［J］. *Journal of Transport Geography*, 2012 （22）: 187 – 198.

［406］ Meijers E J, Burger M J. Spatial structure and productivity in US metropolitan areas ［J］. *Environment and Planning A*, 2010, 42 （6）: 1383 – 1402.

［407］ Mlachila M, Tapsoba, René, Tapsoba S J A. A quality of growth index for developing countries: A proposal ［J］. *Social Indicators Research*, 2016, 134 （2）: 675 – 710.

［408］ Monzón A, Ortega E, López E. Efficiency and spatial equity impacts of high-speed rail extensions in urban areas ［J］. *Cities*, 2013, 30 （2）: 18 – 30.

［409］ NelleA, Großmann K, Haase D, Kabisch S, Rink D, Wolff M. Urban shrinkage in Germany: An entangled web of conditions, debates and policies ［J］. *Cities*, 2017, 69 （2）: 116 – 123.

［410］ Niebuhr A, Stiller S. Integration effects in border regions—A survey of economic theoryand empirical studies ［J］. *Hwwa Discussion Papers*, 2002, 10 （3）: 1 – 23.

［411］ Nitsch V. Border effects and border regions: Lessons from the German unification ［J］. *HWWA Discussion Papers*, 2002, 24 （1）: 23 – 38.

［412］ Ortega E, López E, Monzón A. Territorial cohesion impacts of high-speed rail at different planning levels [J]. *Journal of Transport Geography*, 2012, 24 (4): 130 – 141.

[413] Park J Y, Kwon C, Son M. Economic implications of the Canada—U. S. border bridges: Applying a binational local economic model for international freight movements [J]. *Research in Transportation Business Management*, 2014, 11 (6): 123 – 133.

[414] Parr J. Agglomeration economies: Ambiguities and confusions [J]. *Environment Planning A*, 2001, 34 (4): 717 – 731.

[415] Perl A D, Goetz A R. Corridors, hybrids and networks: three global development strategies for high speed rail [J]. *Journal of Transport Geography*, 2015, 42 (1): 134 – 144.

[416] Polèse M, Shearmur R. Why some regions will decline: A Canadian case study with thoughts on local development strategies [J]. *Papers in Regional Science*, 2006, 85 (1): 23 – 46.

[417] Popper D E, Popper F J. Small can be beautiful: Coming to terms with decline [J]. *Planning*, 2012, 68 (7): 20 – 23.

[418] Puga D. Agglomeration and cross-border infrastructure [J]. *Eib Papers*, 2008, 13 (2): 102 – 124.

[419] Qin Y. 'No county leftbehind?' The distributional impact of high-speed rail upgrades in China [J]. *Journal of Economic Geography*, 2017, 17 (3): 489 – 520.

[420] Redding S J. Goods trade, factor mobility and welfare [J]. *Journal of International Economics*, 2016, 101 (1): 148 – 167.

[421] Redding S J, Sturm D M. The costs of remoteness: Evidence from German division and reunification [J]. *American Economic Review*, 2008, 98 (5): 1766 – 1797.

[422] Requena F, Llano C. The border effects in Spain: An industry-level analysis [J]. *Empirica*, 2010, 37 (4): 455 – 476.

[423] Rieniets T. Shrinking cities: Causes and effects of urban population losses in the twentieth century [J]. *Nature and Culture*, 2009, 4 (3): 231 – 254.

[424] Rokicki B, Stepniak M. Major transport infrastructure investment and regional economic development—An accessibility-based approach [J]. *Journal of Transport Geography*, 2018, 72 (8): 36 – 49.

[425] Romer P M. Endogenous technological change [J]. *Journal of Political Economy*, 1990, 98 (5): 71 – 102.

[426] Rose A K, Wincoop E V. National money as a barrier to international trade: The real case for currency union [J]. *American Economic Review*, 2001, 91 (2): 386 – 390.

[427] Sasaki K, Ohashi T, Ando A. High-speed rail transit impact on regional systems: Does the Shinkansen contribute to dispersion? [J]. *Annals of Regional Science*, 1997, 31 (1): 77 – 98.

[428] Schetke S, Haase D. Multi-criteria assessment of socio-environmental aspects in shrinking cities: Experiences from Eastern Germany [J]. *Environmental Impact Assessment Review*, 2008, 28 (7): 483 – 503.

[429] Schilling J, Logan J. Greening the rust belt: Agreen infrastructure model forright sizing America's shrinking cities [J]. *Journal of the American Planning Association*, 2008, 74 (4): 451 – 466.

[430] Shao S, Tian Z, Yang L. High speed rail and urban service industry agglomeration: Evidence from China's YangtzeRiver Delta region [J]. *Journal of Transport Geography*, 2017 (64): 174 – 183.

[431] Shaw S L, Fang Z, Lu S, et al. Impacts of high speed rail on railroad network accessibility in China [J]. *Journal of Transport Geography*, 2014, 40 (8): 112 – 122.

[432] Shi J, Zhou N. How cities influenced by high speed rail development: A case study in China [J]. *Journal of Transportation Technologies*, 2013, 3 (2): 7 – 16.

[433] Sánchez – Mateos H S M, Givoni M. The accessibility impact of a new high-speed rail line in the UK – a preliminary analysis of winners and losers [J]. *Journal of Transport Geography*, 2012, 25 (9): 105 – 114.

[434] Song F, Zhang K H. Urbanisation and city size distribution in China

[J]. *Urban Studies*, 2002, 39 (12): 2317 – 2327.

[435] Steinführer A, Haase A. Demographic change as future challenge for cities in east Central Europe [J]. *Geografiska Annaler B*, 2007, 89 (2): 95 – 110.

[436] Sun F, Mansury Y S. Economic impact of high-speed rail on household income in China [J]. *Transportation Research Record*, 2016, 2581 (1): 71 – 78.

[437] Sun H. *Foreign Investment and economic development in China*, 1979—1996 [M]. London: Ashgate Publishing Limited, 1998.

[438] Taylor P, Hoyler M. The spatial order of European cities under conditions of contemporary globalisation [J]. *Tijdschrift voor economische en Sociale Geografie*, 2000, 91 (2): 176 – 189.

[439] Tham S Y, Goh S K, Wong K, et al. Bilateral export trade, outward and inward FDI: A dynamic gravity model approach using sectoral data from Malaysia [J]. *Emerging Markets Finance and Trade*, 2018, 54 (12): 2718 – 2735.

[440] Timberlake M. *The polycentric metropolis: Learning from Mega – City regions in Europe* [M]. London: Earthscan, 2008.

[441] Ullman E L. American commodity flow [J]. *Land Economics*, 1957, 33 (4): 369 – 370.

[442] Ureña J M, Menerault P, Garmendia M. The high-speed rail challenge for big intermediate cities: A national, regional and local perspective [J]. *Cities*, 2009, 26 (5): 266 – 279.

[443] Venables A J. Equilibrium locations of vertically linked industries [J]. *International Economic Review*, 1996, 37 (2): 341 – 359.

[444] Vickerman, R. Can high-speed rail have a transformative effect on the economy? [J]. *Transport Policy*, 2018, 62 (S1): 31 – 37.

[445] Vickerman R. High-speed rail and regional development: The case of inter-mediate stations [J]. *Journal of Transport Geography*, 2015 (42): 157 – 165.

[446] Vickerman R, Ulied A. Indirect and wider economic impacts of high speed rail [J]. *Economic analysis of high speed rail in Europe*, 2006 (1): 89 – 118.

［447］ Wang J J, Xu J, He J. Spatial impacts of high-speed railways in China: a total-travel-time approach ［J］. *Environment and Planning A*, 2013, 45 (9): 2261 –2280.

［448］ Wang L, Liu Y, Sun C, Liu Y. Accessibility impact of the present and future high-speed rail network: A case study of jiangsu province, China ［J］. *Journal of Transport Geography*, 2016, 54 (7): 161 –172.

［449］ Wang Y, Yao Y. Sources of China's economic growth 1952 – 1999: incorporating human capital accumulation ［J］. *China Economic Review*, 2003, 14 (1): 32 –52.

［450］ Watts D J, Strogatz S H. Collective dynamics of 'small-world' networks ［J］. *Nature*, 1998, 393 (4): 440 –442.

［451］ Wiechmann T, Pallagst K M. Urban shrinkage in Germany and the USA: A comparison of transformation patterns and local strategies ［J］. *International Journal of Urban and Regional Research*, 2012, 36 (2): 261 –280.

［452］ Willigers J, Wee B V. High-speed rail and office location choices. A stated choice experiment for the Netherlands ［J］. *Journal of Transport Geography*, 2011, 19 (4): 745 –754.

［453］ Wu K, Fang C L, HuangH B, et al. Comprehensive delimitation and ring identification on urban spatial radiation of regional central cities: Case study of Zhengzhou ［J］. *Journal of Urban Planning and Development*, 2013, 139 (4): 258 –273.

［454］ Xiao H J, Duan Z Y, Zhou Y, et al. CO_2 emission patterns in shrinking and growing cities: A case study of Northeast China and the Yangtze River Delta ［J］. *Applied Energy*, 2019, 251 (8): 1 –10.

［455］ Xie Y C, Gong H M, Lan H, Zeng S. Examining shrinking city of Detroit in the context of socio-spatial inequalities ［J］. *Landscape & Urban Planning*, 2018, 177 (3): 350 –361.

［456］ Xu Z L, Zhu N. City size distribution in China: Are large cities dominant? ［J］. *Urban Studies*, 2009, 46 (10), 2159 –2185.

［457］ Yang X T, Qiu Y P, Fang Y P, et al. Spatial variation of the relationship betweentransport accessibility and the level of economic development in Qinghai – Tibet Plateau, China [J]. *Journal of Mountain Science*, 2019, 16 (8): 1883 – 1900.

[458] Yin M, Bertolini L, Duan J. The effects of the high-speed railway on urban development: International experience and potential implications for China [J]. *Progress in Planning*, 2015 (98): 1 – 52.

[459] Yu D, Wei Y D. Spatial data analysis of regional development in greater beijing, China, in a gis environment [J]. *Papers in Regional Science*, 2008, 87 (1): 97 – 117.

[460] Zhang J, Hu F, Wang S, et al. Structural vulnerability and intervention of high speed railway networks [J]. *Physica A: Statistical Mechanics and its Applications*, 2016 (462): 743 – 751.

[461] Zhang W X, Nian P, Lyu G. A multimodal approach to assessing accessibility of a high-speed railway station [J]. *Journal of Transport Geography*, 2016, 54 (54): 91 – 101.

[462] Zhang X L. Transport infrastructure, spatial spillover and economic growth: Evidence from China [J]. *Frontiers of Economics in China*, 2008, 3 (4): 585 – 597.

[463] Zhang X Q, Ma L, Zhang J. Dynamic pricing for passenger groups of high-speed rail transportation [J]. *Journal of Rail Transport Planning & Management*, 2017, 6 (4): 346 – 356.

[464] Zheng S, Kahn M E. China's bullet trains facilitate market integration and mitigate the cost of mega city growth [J]. *Science Foundation in China*, 2013, 110 (1): 1248 – 1253.

后　记

　　党的二十大报告明确提出"建成世界最大的高速铁路网"。这是以习近平同志为核心的党中央对铁路建设发展成就的高度肯定和最大褒奖，激励着广大铁路建设者以更加奋发有为的精神状态掀起建设热潮。与此同时，新时代背景下，实现交通强国的目标需要充分发挥高铁建设所带来的经济效益。作为中国新基建工程中的重要组成部分，高铁建设对于区域经济发展产生了重要影响。随着全国主要经济中心之间高铁线路的建成通车，人们日益增长的旅行需求得到了很好的满足，要素流动的加快和时间成本的降低给中国的区域空间格局带来了根本性的变化。正如新经济地理学理论所揭示的那样，高铁建设为沿线城市带来了更大的市场潜力，不仅是由于它自身快速便捷的优势，更是由于它能够通过促进要素流动、拉动产业投资、增加劳动力就业的方式来影响区域经济发展。因此，高铁建设所产生的经济效益超出了纯粹的交通投资。

　　高铁建设最主要的目的是承担旅客运输任务，其背后体现了要素流动的经济学含义。值得注意的是，虽然既有文献在高铁经济的研究领域取得了丰硕的研究成果，但仍然缺乏系统完整的理论分析框架，在影响机制分析、区域对比研究和稳健性检验等方面也存在诸多值得改进之处，这在某种程度上会导致核心概念的界定不清，并且难以有效评估高铁建设所产生的净影响。有鉴于此，笔者基于要素流动的视角，深入探讨高铁建设对中国区域经济发展的影响。具体来说，本书基于集聚经济、复杂网络、空间相互作用和空间溢出四个理论，从高铁开通、高铁服务供给和交通可达性三个视角出发，聚焦当前中国区域经济学研究领域最关心的前沿或现实问题，包括长三角区域一体化、收缩型城市转型发展、粤港澳大湾区协调发展等，系统开展相应的实证研究。最后结合各区域经济发展实际情况，从现代交通运输体系构建、城市发展战略制定和跨境交通网络建设等多个层面提出了针对性的政策建议，以期更好地发挥高铁建设所带来的要素流动效应，并最终为实现中国区域经济高质量发展提供有益的借鉴。

本书由笔者独立撰写完成。此外，本书在出版方面得到多方面的支持，感谢安徽大学长三角一体化发展研究院（创新发展战略研究院）的支持，感谢安徽省高校人文社会科学研究重点项目（编号 2023AH050016）的支持，感谢经济科学出版社刘丽老师为本书的编辑出版所做的辛苦工作！

限于作者的学识和能力，本书的研究深度和广度有待进一步拓展。敬请各位读者批评指正，笔者将继续努力！

李 彦

2023 年 12 月